BRATISLAVA
Etappe 1
Etappe 2
ppe 3
UNGARN
Neusiedler See
Seewinkel
Parndorfer Platte
Kittsee
Berg
Edelstal
Prellenkirchen
Pama
Deutsch-Haslau
Wolfsthal
Hainburg/D.
Markthof
Devin
Engelhartstetten
Kopfstetten
Eckartsau
Bad Deutsch Altenburg
Petronell-Carnuntum
Rohrau
Potzneusiedl
Gattendorf
Bruck/L.
Bruckneudorf
Parndorf
Zurndorf
Deutsch-Jahrndorf
Rajka
Bezenye
Leitha
Nickelsdorf
Hegyeshalom
Jois
Neusiedl/S.
Weiden/S.
Breitenbrunn
Gols
Mönchhof
Halbturn
Podersdorf/S.
Frauenkirchen
St. Andrä am Zicksee
Zicksee
Andau
Tadten
Illmitz
Lange Lacke
Apetlon
Wallern im Bgld.
Pamhagen
Sarród
Fertőd
Hegykő
Hidegség
Fertőhomok
Fertőboz
Pereszteg
Mosonszolnok
Mosonudvar
Újrónafő
Jánossomorja
Mosonmagyaróvár
Máriakálnok
Kimle
Károlyháza
Dunakiliti
Feketeerdö
Halászi
Damózseli
Lickópuszta
Mosonújhely
Gyaerte
Lébény
Bormázpuszta
Tárnokréti
Mosonszentmiklós
Hanságliget
Cakóháza
Győrsövényház
Bősárkány
Acsálag
Maglóca
Barbacs
Bezi
Enese
Földsziget
Castárimajor
Osli
Csorna
Kóny
Agyagosszergény
Kapuvár
Vitnyéd
Farád
Dör
Rábacsécsény
Rábatamási
Bágyogszovát
Jobaháza
Fertőszentmiklós
Babót
Bogyoszló
Rábaporány
Nagylózs
Röjtökmuzsaj
Hövej
Szilsárkány
Rábacsanak
Sopronkövesd
Magyarkeresztúr
Egyed
Csapod
Himód
Mihályi
Zsebeháza
Szil
Lövő
Vadosfa
Und
Völcsej
Pusztacsalád
Győró
Sobor
Sopronhorpács
Cirák
Szany
Rábaszentandrás
Rába
Beled
Edve
Egyházasfalu
Újkér
Dénesfa
Vág
Zsira
Iván
Vásárosfalu
Varkeszö
Marcaltö
Répceszemere
Rábakecöl
Kemenesszentpéter
Egyházaskeszö
Szakony
Simaság
Pápoc
Répcelak
Sajtoskál
Lócs
Nagygeresd
Nick
Vámoscsalád
Bük
Tombaládony
Uraiújfalu
Kemeneshögyész
Nagyacsád
Marcal
Trnávka
Báč
Kyselica
Blatná na Ostrove
Lehnice
Hrubý Šúr
Nová Dedinka
Fertőhomok
© arbeitsgemeinschaft kartographie

Grenzenlos Radeln 3

ISBN 978-3-85439-727-4

1011 Wien, Marc-Aurel-Straße 9
T: +43/1/536 60-0, F: +43/1/536 60-935
E: bv@falter.at, service@falter.at
W: faltershop.at

Die GPS-Daten zu den Routen finden Sie unter:
falterverlag.at/gps
Das Passwort zum Download: falterverlag8125

Lektorat: Helmut Gutbrunner
Fotos: Die Fotos stammen zum größten Teil von Julia Köstenberger; detaillierter Bildnachweis auf Seite 352
Karten: arbeitsgemeinschaft kartographie
GPS-Daten: Sothany Kim
Grafik, Layout, Bildbearbeitung: Marion Großschädl, Reini Hackl und Nadine Weiner
Druck: Finidr, s.r.o., 73701 Český Těšín

FSC
www.fsc.org
MIX
Papier aus verantwortungsvollen Quellen
FSC® C014138

Wir haben bei diesem Buch im Sinne der Umwelt auf die Verpackung mit Plastikfolie verzichtet.

Dieses Buch erhebt keinen Anspruch auf Vollständigkeit. Obwohl wir versucht haben, so gründlich wie möglich zu sein, können wir Änderungen bei aktuellen Angaben wie Öffnungszeiten, Telefonnummern etc., die sich nach Erscheinen des Buches ergeben haben, nicht ausschließen. Bitte haben Sie dafür Verständnis, dass wir keine inhaltliche Haftung übernehmen.

Legende:

= Einkaufen
= Essen, Trinken
= Übernachten
= Campen
= Bankomat
= Öffentliche Verkehrsmittel

Julia Köstenberger

Grenzenlos Radeln 3

Natur erleben, Geschichte erfahren.
Die schönsten Touren zwischen
Österreich und Ungarn

FALTER VERLAG

Inhalt

3 Faszinierendes Welterbe
Landschaft Fertő / Neusiedler See 103

6 Unter den Bergen

7 Im Zickzack durch die Weinidylle

Einleitung

Eine Zickzacklinie von 365 Kilometern durch Westpannonien: das ist die Grenze zwischen Österreich und Ungarn, die in dieser Form seit rund hundert Jahren besteht und unsere Radtour bestimmt. Es erwarten uns hübsche Perlen wie Sopron (Ödenburg) und Kőszeg (Güns), beeindruckende (Wallfahrts-)Kirchen, Burgen und Schlösser. Wir radeln auf unglaublich geschichtsreichem Boden: vom Heideboden durch den Hanság, vorbei am Neusiedler See, durch das Land unter dem Geschriebenstein bis ins Tal der Raab.

Die Landschaften haben wahrlich viel zu erzählen: von dem Zerfall Österreich-Ungarns und der neuen Grenze, die erst 1921 bis 1923 unter Schwierigkeiten gezogen wurde und die das Burgenland formte. Sie erinnern an den Eisernen Vorhang, das Leben an der toten Grenze und die Ungarnkrise 1956. Wir hören oft vom europäischen Epochenjahr 1989, als ein Picknick bei Sopron zum Meilenstein auf dem Weg zum Fall der Berliner Mauer wurde. Aber immer wieder stoßen wir auch auf die dunkelsten Phasen des 20. Jahrhunderts: Auswirkungen der Weltkriege, Verfolgung, Verschleppung und Vertreibung von zahllosen Menschen, ... unvorstellbare Verbrechen in der NS-Zeit. Niemals vergessen!

Auf Routen, die teilweise schon die Römer kannten, radeln wir durch eine jahrhundertealte Grenzregion. Burgen zeugen von zahlreichen Kämpfen um Machtbereiche und den Kriegen mit dem Osmanischen Reich. Diese wechselhafte Geschichte mit Verheerungen und Neuansiedlungen führte zu einer ungewöhnlich großen sprachlichen und religiösen Vielfalt in der Bevölkerung, die bis heute sichtbar ist. Regelmäßig begegnen uns Szenen aus der Habsburgermonarchie, ungarische Magnaten und der Kult um die Stephanskrone.

Wir erleben die Weite der pannonischen Puszta und die sanften Ausläufer der Alpen, die oft von Weinreben bedeckt sind. Das Grüne Band Europa, gewissermaßen ein positives Erbe des Eisernen Vorhangs, begleitet uns auf unserer Reise. Die Fahrt schafft Bewusstsein für viele, auch sehr aktuelle Fragen: Verkehrsplanung, Migration, Tourismus, Klimakrise bis zur Gedenkkultur.

„Grenzenlos Radeln 3" zwischen Österreich und Ungarn – das ist eine intensive Begegnung mit einer historisch spannenden Region in Mitteleuropa.

Beim Dreiländerstein am Dreiländereck Österreich – Ungarn – Slowenien

Der dritte Band von „Grenzenlos Radeln" entstand unter außergewöhnlichen Umständen zwischen 2020 und 2023. Die Maßnahmen zur Eindämmung der Corona-Pandemie beeinträchtigten die Recherchen zeitweise massiv: geschlossene Museen und Bibliotheken, Grenzsperren, eingeschränkte Reisemöglichkeiten. Die ersten Touren vor Ort waren alles andere als „grenzenlos". Die Abgeschiedenheit des Burgenlands bei geschlossenen Grenzen erinnerte an Zeiten des Eisernen Vorhangs. Um die Siedlung Albertkázmérpuszta kreiste ich anderthalb Jahre, bis der kleine Grenzübergang bei Halbturn endlich wieder passierbar war.

Umso schöner war es, wieder über die Grenze fahren zu können und das Land zu erkunden. Diese wunderbare Landschaft in Westpannonien lässt sich genießen, wenn ein grenzenloses und friedliches Europa gelebt wird.

Julia Köstenberger
Wien, im Jänner 2024

Allgemeine Informationen und Tipps

Der Weg ist das Ziel. Wir bleiben diesem Motto treu und radeln zu den interessantesten Orten und Stellen in den faszinierenden Grenzregionen, um den Hauch der Geschichte zu erleben. Unser Einzugsbereich von der Staatsgrenze umfasst jeweils circa zehn Kilometer. Auch der Zickzack-Grenzverlauf macht sich deutlich bemerkbar. So zählt unsere Gesamtroute etwa 610 Kilometer.

Acht Etappen / Gesamtlänge: ca. 610 Kilometer. Im Buch werden acht unterschiedlich lange Etappen beschrieben, die sich aus landschaftlichen und inhaltlichen Gesichtspunkten ergeben. Man kann diese jeweils je nach persönlichem Programm, Rad und Kondition in ein bis drei Tagen bewältigen; für ein intensives Kennenlernen und Erkunden braucht es Zeit. Die Etappen können unabhängig voneinander absolviert werden: Die Start- und Endpunkte liegen direkt an oder zumindest in akzeptabler Distanz zu einer Bahnstation (10 bis 20 km). Letzteres betrifft die mittleren und südlichen Gebiete (vgl. Punkt *Mit der Bahn)*. Es liegt nahe, die Kapitel 5 + 6 sowie die Kapitel 7 + 8 zu kombinieren und die Stadt Szombathely als nahen Verkehrsknotenpunkt zu nützen.

Auf der Fahrt bevorzugen wir markierte Fern- und Regionalrouten. Zu den *Hauptrouten* zählen: Eurovelo 13 (EV 13, Iron-Curtain-Trail), R1 – Jubiläumsradweg, Paradiesroute Südburgenland (kurz: Paradiesroute) und Eurovelo 14 (EV 14, Waters

Wegschilder und Markierungen

of Central Europe Route). Nur in Ausnahmefällen benützen wir Wege bzw. Straßen abseits von markierten Radrouten.

Zum Eurovelo 13 (Iron-Curtain-Trail) und Grünen Band Europa. Die „Grenzenlos-Radeln-Tour" folgt auf vielen Kilometern dem Iron-Curtain-Trail. Die europäische Fernradroute führt über 10.400 Kilometer durch zwanzig Länder und erinnert an die politische Teilung Europas im Kalten Krieg. Die Idee zum Iron-Curtain-Trail hatte ein Abgeordneter des EU-Parlaments, der deutsche Grünen-Politiker *Michael Cramer* (*1949). Der Eurovelo 13 soll einen Beitrag zur Schaffung einer europäischen Identität leisten und den sanften Tourismus fördern. Seit 2019 ist die Fernradroute ein vom Europarat *zertifizierter Kulturweg* („Straße des Eisernen Vorhangs").

Der Iron-Curtain-Trail verläuft nicht selten durch einsame Naturlandschaften, durch das *Grüne Band Europa (European Green Belt)*, das am Eisernen Vorhang entstand. Auf unserer Tour zeigt sich dieses wunderbar in den Nationalparks Neusiedler See – Seewinkel / Fertő-Hanság, im Naturpark Geschriebenstein-Írottkő, in der Weinidylle und im Dreiländer-Naturpark Raab-Őrség-Goričko.

Kartenmaterial. Im Buch geben Übersichtskarten und Wegbeschreibungen grundsätzlich Orientierung, doch sollte man jedenfalls Detailkarten mitführen. Am besten fährt man mit der empfehlenswerten Onlinekarte *de.mapy.cz* (Ansicht „Wanderkarte"). (Hinweise auf konventionelle Karten siehe in den Kapiteln). Die Gratiskarten der Tourismusverbände/-büros reichen meist aus, wenn man keine Extratouren abseits von markierten Routen macht. Beim Burgenland Tourismus sind drei Regionalkarten erhältlich *(www.burgenland.info)*.

Wichtige Informationen zur Radtour. Das *Gelände* der vorgeschlagenen Route ist über weite Strecken für Genussradlerinnen und Genussradler geeignet. Die vorhandenen Steigungen können auf dem „Biobike" (d. h. ohne Elektromotor) mit durchschnittlicher Grundkondition und mit etwas Zeit problemlos bewältigt werden. Die sportlichsten Abschnitte liegen im Süden auf der Verbindungsroute zwischen Güssing und Szentgotthárd (Kap. 7/8, → S. 311) und im Dreiländereck mit Slowenien (Kap. 8,

→ S. 335). Die größte Herausforderung – der Geschriebenstein (Kap. 6) – wäre nur bei geschlossenen Grenzen unumgänglich, ein Ausflug steht aber auf dem Programm (→ S. 227, S. 258).

Wegbeschaffenheit / Verkehr: Unsere Routen verlaufen hauptsächlich auf gut befestigten (teils auch holprigen) Güterwegen oder asphaltierten Straßen sowie manchmal auf „Trails" (Schotter-, Kies-, Feldwegen). Mit einem *Trekkingbike* kommt man überall sehr gut voran. Fast immer radeln wir auf verkehrsarmen Straßen bzw. Radstreifen (Detailangaben am Beginn der einzelnen Kapitel bzw. in den Wegbeschreibungen.)

Herbst im Lutschburger Weingebirge

Wind und Wetter: Die *Radsaison* beginnt Mitte/Ende März mit der ersten Blüte der Obstbäume, was man nicht versäumen sollte. Der Sommer ist in Westpannonien recht heiß und trocken, und in der Puszta bzw. zwischen den Feldern haben wir nur wenig Schatten. Daher: (Trink-)Pausen an lauschigen Plätzen einplanen! Sehr reizvoll ist das Radeln auch im Herbst, wenn die verfärbten Blätter der Weinreben und Wälder die Landschaft neu in Szene setzen und in Weingebieten Sturmzeit herrscht. Nicht zu unterschätzen ist der (Gegen-)Wind, der sich vor allem im Norden am Heideboden und in der Region beim Neusiedler See stark entfalten kann.

Nicht vergessen: Ein kleines Werkzeug und eine Erste-Hilfe-Tasche für den Notfall, Wasser (mind. 1–1½ Liter), etwas Proviant, Sonnencreme und ein Handy.

Notrufnummern. Euronotruf/Segelyhívó 112
Ungarn: Rettung/Mentők 104, Polizei/Rendőrség 107, Feuerwehr/Tűzoltók 105
Österreich: Rettung 144, Polizei 133, Feuerwehr 122 | Fahrradpannenservice des ARBÖ 123 (Partner der Burgenland-Card/für Mitglieder) und des ÖAMTC 120 (für Mitglieder)

Vorschrift ist Vorschrift. In Ungarn gibt es keine Helmpflicht (Ö: Pflicht bis 12 Jahre), aber die Pflicht zur Nutzung von Radwegen. Es herrscht absolutes Alkoholverbot (in Ö: Grenze bei 0,8 Promille). Bei schlechten Sichtverhältnissen und nachts müssen außerhalb von Siedlungsgebieten Warnwesten getragen werden. In den *Naturschutzgebieten* und *Nationalparks* ist das Radfahrverbot bzw. Wegegebot zu beachten!

Der Fall der Schengen-Grenzen zwischen Österreich und Ungarn kam 2007, d. h. formelle Personenkontrollen wurden abgeschafft und der einfache Übertritt über die Grüne Grenze wurde möglich. Allerdings können Ausnahmenregelungen gesetzt werden. In solchen Phasen müssen *Grenzübergangsstellen* benützt werden. Seit der Flüchtlingskrise 2015 überwacht Österreich mithilfe des Bundesheers die Grenze zu Ungarn genauer und führt Kontrollen durch. Jedenfalls gilt immer: *Reisepass* oder *Personalausweis* dabeihaben!

Sprache / Währung. Ein kleiner Ungarisch-Sprachführer im Anhang hilft durch die wichtigsten Situationen. Meist wird man mit Englisch und Deutsch gut durchkommen. In Ungarn gilt die nationale Währung *Forint*. Oft, aber nicht immer, wird der *Euro* akzeptiert. Bei Museumsbesuchen sollte man mit Forint ausgerüstet sein. Der Umrechnungskurs für einen Euro schwankt zwischen 350 und 400 Forint.

Unterkünfte / Ausflüge. Radfahren ist vor allem im Burgenland ein wachsender Zweig im Tourismussektor. Man wirbt unter dem Motto „*Radland*" mit 3.300 Kilometern Radrouten. Die Website des Burgenland Tourismus hält einige nützliche Informationen bereit *(www.burgenland.info)*, z. B. auf den Seiten:

- Radeln im Burgenland (Radfreundliche Betriebe und Services): *www.burgenland.info/erleben/sportlich-aktiv/mit-dem-rad*
- E-Bike-Verleih und Ladestationen: *www.burgenland.info/e-bike-verleih*

Das Angebot an Unterkünften für Radreisende wird immer besser. Dennoch – wer nicht auf Nervenkitzel steht, sollte im Vorhinein seine *Quartiere* planen und buchen: Das gilt im Besonderen außerhalb von größeren Ortschaften und während der Hauptsaison. In manchen Regionen, vor allem im Südburgenland, sind günstige Zimmer recht knapp. Die beliebten Kellerstöckl werden meist nur für mehrere Nächte vergeben. In den Kapiteln findet man bei jedem beschriebenen Ort einen Hinweis darauf, ob grundsätzlich Unterkünfte vorhanden sind. Genaue und aktuelle Informationen geben die angeführten Webseiten der Gemeinden und der regionalen Tourismusverbände (siehe jeweilige Kapitel).

Mit etwas Planung steht einem abwechslungsreichen Aufenthalt nichts im Wege: Wanderungen, Exkursionen, Kanufahrten, Ausflüge, Museumsbesuche ... Vor allem die *Nationalparks* und *Naturparks* haben vielfältige Programme und vermitteln die Besonderheiten der Regionen. Die Angebote der burgenländischen Naturparks erscheinen jährlich in der Broschüre „Naturpark Erlebnisse" *(www.naturparke.at/arge-naturparke-burgenland/publikationen).* Wer im Burgenland übernachtet, sollte die Ermäßigungen der Burgenland Card studieren *(card.burgenland.info).*

Feiertage in Österreich und Ungarn. *Jänner:* 1.1. (A/H) Neujahrstag, 6.1. (A) Dreikönigstag
März/April: 15.3. (H) Nationalfeiertag / Tag des Unabhängigkeitskampfes (1848); (A/H) Ostern
Mai/Juni: 1.5. (A/H) Staatsfeiertag bzw. Tag der Arbeit; (A) Christi Himmelfahrt; (A/H) Pfingsten; (A) Fronleichnam
August: 15.8. (A) Mariä Himmelfahrt; 20.8. (H) Nationalfeiertag / St. Stephanstag
Oktober: 23.10. (H) Nationalfeiertag / Tag der Republik; 26.10. (A) Nationalfeiertag
November: 1.11. (A/H). Allerheiligen
Dezember: 8.12. (A) Maria Empfängnis; 25.12./26.12. (A/H) Christtag und Stefanitag / Weihnachtsfeiertage

Öffentlicher Verkehr (mit Radtransport)

Mit der Bahn. Mit etwas Vorbereitung ist nachhaltiges Reisen in Kombination mit der Schiene gut möglich. Um unliebsamen Überraschungen vorzubeugen, sollte man rechtzeitig überprüfen, ob die jeweilige Bahnstrecke frei von *Baustellen* ist. Leider nehmen Schienenersatzbusse keine Räder mit.

Fahrpläne, Angebote, Online-Tickets, Informationen über Preise, Zugausstattung und Streckenstörungen sind auf den Seiten der Bahngesellschaften ÖBB *(www.oebb.at)* und GYSEV/ Raaberbahn *(www2.gysev.hu/de)* zu finden. In Österreich gibt es für Kleingruppen (2 bis 5 Personen) das Einfach-Raus-Radticket als preiswertes Angebot. Es gilt in Nah- und Regionalzügen in Österreich (werktags ab 9 Uhr, sonst ganztags) sowie auf den Korridorstrecken über Sopron. In Ungarn ist das Bahnfahren zum Normalpreis recht günstig. Fahrkarten sind auch beim Zugbegleitpersonal erhältlich, wenn es keine Kaufmöglichkeit am Einstiegsbahnhof gibt. Regionalzüge haben oft Niederflurwaggons – dennoch sind geringe Niveauunterschiede zum Bahnsteig möglich. Ausnahmen sind in der Auflistung „Streckennetz" gekennzeichnet (* teilweise nicht barrierefrei).

Streckennetz: Im *Norden* bis ins Mittelburgenland (Kap. 1 bis Kap. 4/5 – Deutschkreutz) steht eine gut ausgebaute Bahninfrastruktur zur Verfügung, die Tagesausflüge von Wien aus erlauben. Die für uns wichtigsten Strecken sind: 1. Ostbahn (Wien–Bratislava-Petržalka), 2. Ostbahnzweig (Wien–Nickelsdorf bzw. Hegyeshalom), 3. Neusiedler Seebahn (Neusiedl am See–Pamhagen bzw. Fertőszentmiklos) mit Direktzügen von/nach Wien, 4. Pottendorfer Linie+Raaberbahn – Direktzüge Wien–Sopron–Deutschkreutz, 5. Mattersburgerbahn* (Wiener Neustadt–Sopron, Korridorzüge bis Deutschkreutz).

Im *mittleren und südlichen Bereich* (Kap. 5 bis Kap. 8) bilden die Strecken der GYSEV Nr. 15/Nr. 21 entlang der ungarischen Westgrenze (Sopron–Szombathely–Szentgotthárd) eine wichtige Achse zur Annäherung. Von den *Bahnhöfen* Bük, Szombathely und Körmend radelt man nur zehn bis fünfzehn Kilometer zur Grenze (markierte Routen). Die Bahnhöfe in Sopron und Szombathely sind jedoch nur eingeschränkt barrierefrei. Dazu kommt die Stichbahn GYSEV Szombathely–Kőszeg (Kap. 6). Mit der Region ist *Graz* über die Steirische Ostbahn verbunden: Regionalzüge fahren über Fehring nach Szentgotthárd, und Railjets* bringen Reisende direkt nach Szombathely (Reservierungspflicht beachten!).

Im „Rücken" unseres Gebiets liegt die Thermenbahn (ÖBB Wiener Neustadt–Hartberg–Fehring)* Die Strecke entlang der steirischen Thermenlinie stellt auf österreichischem Gebiet eine Verbindung zwischen Nord und Süd mit Regionalzügen her. Ein Quereinstieg in unsere Route erfordert die Bewältigung von Hügeln und/oder größeren Distanzen. Am günstigsten liegen die *Bahnhöfe* Friedberg, Fürstenfeld und Fehring (Umstieg in die Steirische Ostbahn).

Historische Abriss

„Unsere" Region von „Grenzenlos Radeln 3" – ein schmaler Landstreifen mitten in Europa – hat als altes und umstrittenes Grenzland eine sehr wechselvolle und bewegte Geschichte. Ein Überblick über die wichtigsten Themen und Ereignisse im Kontext soll uns bei der Zeitreise Orientierung geben.

Von der Urgeschichte bis ins frühe Mittelalter

Die frühen Phasen der Siedlungsgeschichte (ab dem 5. Jahrtausend v. Chr.) streifen wir nur. So treffen wir auf Funde der Jungsteinzeit und Bronzezeit und bemerken teils bedeutende (Höhen-)Siedlungen der Illyrer aus der Hallstattzeit (800–400 v. Chr.) bzw. ihre Hügelgräberfelder. Das Eisenerzvorkommen in manchen Regionen führte in der Eisenzeit zu merkbarem Wohlstand. Ab 400 v. Chr. lebten keltische Stämme im Land. Die Römer eroberten um 15 v. Chr. das keltische Königreich Noricum und machten 8 n. Chr. Pannonien zu ihrer Provinz. Das *Römische Reich* hatte vom ersten bis zum vierten Jahrhundert an der Donau seine Grenze (Limes). Zu den wichtigsten Städten im Gebiet gehörten Scarbantia (Sopron) und Savaria (Szombathely), die an der römischen Bernsteinstraße lagen.

In der Zeit der sogenannten *Völkerwanderung* zogen Goten, Hunnen, Langobarden, Slawen und Awaren in die Region. Letztere beherrschten den pannonischen Raum etwa 200 Jahre lang. Sie rangen noch im 8. Jahrhundert mit dem Frankenreich und slawischen Stämmen um Einfluss. Das Awarenreich zerfiel in den Auseinandersetzungen mit Karl dem Großen. Das Frankenreich ließ um 800 bairisch-fränkische Siedler kommen. Die karolingische Mark im Osten reichte bis zum Plattensee (Balaton) bzw. zur Donau.

Streifzug durch das Mittelalter

Ende des 9. Jahrhunderts drangen die *Magyaren* in das Karpatenbecken und in den westpannonischen Raum vor. Für die ersten Millenniumsfeiern Ungarns (1896) wurde das Jahr 896 als Bezugspunkt festgelegt. Die siegreichen Schlachten der Magyaren unter der Führung von *Árpád* bei Brezalauspurc (heute Bratislava) im Jahr 907 gelten als Abschluss der ungarischen Landnahme. Sie beendeten das „Großmährische Reich" (ca. 833–907), das die heu-

König Stephan I.
(Fresko auf dem Rathaus in Kőszeg)

tige Slowakei als ihren historischen Vorgängerstaat betrachtet, und die karolingische Mark im Gebiet. In den folgenden Jahrzehnten fielen die Magyaren bis weit nach Mittel- und Westeuropa ein. Eine Wende brachte der Sieg des ostfränkischen Königs Otto I. auf dem Lechfeld (bei Augsburg) im Jahr 955.

976 wurden die *Babenberger* mit der Mark an der Donau (Ostarrichi) belehnt, deren Gebiet erst allmählich bis March, Thaya und Leitha ausgedehnt werden konnte (1042). Im Osten begründete der christlich erzogene *Árpáde Stephan (István) I.*, der 997 Großfürst geworden war, im Jahr 1000 das *Königreich Ungarn* und übernahm das Christentum als Staatsreligion. Dieses Ereignis war Anlass für die zweiten Millenniumsfeiern Ungarns im Jahr 2000. König Stephan I. heiratete die Herzogstochter Gisela von Bayern und rief deutschsprachige Adelige, Siedler und Fachleute ins Land.

Auch spätere Könige luden „hospites“ (Gäste) für den Aufbau der Grenzregion ein. Über einen längeren Zeitraum hatte unsere Region als *breiter Grenzstreifen* (Gyepü) gedient. Dieser war nur dünn von Grenzwächtervölkern besiedelt, wie den Petschenegen aus Asien. Es entstanden Befestigungsanlagen, die im 12./13. Jahrhundert zu steinernen Burgen ausgebaut wurden. Um dieses Gebiet in Mitteleuropa wurde in den folgenden Jahrhunderten oft gekämpft.

Der „*Mongolensturm*“ 1241/42 zwang König Bela IV. dazu, Friedrich II. von Babenberg um Unterstützung zu bitten, der dafür die Komitate Moson (Wieselburg), Sopron (Ödenburg) und Vas (Eisenburg) verlangte. Ohne sich an die Vereinbarung zu halten, besetzte Friedrich der Streitbare die Gebiete und sollte dies später mit dem Leben bezahlen. 1246 starb der letzte männliche Babenberger in einer Schlacht gegen Ungarn bei Neufeld an der Leitha. Im folgenden Machtkampf um das Herzogtum Österreich setzte sich 1251 der böhmische Thronfolger Ottokar II. Přemysl durch. Dies bedeutete nicht, dass in unserer Region Ruhe einkehrte – sie blieb Streitobjekt und Ort von militärischen Ereignissen (vgl. S. 166). Nach einem Vierteljahrhundert besiegte der römisch-deutsche König Rudolf I. von Habsburg am 26. August 1278, auch mit Unterstützung von Ungarn, den „Eisernen König" Ottokar II. in der *Schlacht von Dürnkrut und Jedenspeigen*. Daraufhin gelangten die einst babenbergischen Länder in den Besitz der *Habsburger*. In Westungarn hatten sich die *Güssinger / Günser* (Németújvári / Kőszegi) einen großen Machtbereich geschaffen, den aber Albrecht I. von Habsburg in der *„Güssinger Fehde"* 1289/90 eindämmte und 1327 der ungarische König Karl Robert von Anjou endgültig brach.

Mitte des 15. Jahrhunderts führte der plötzliche Tod Albrechts II. von Habsburg 1439, der zu diesem Zeitpunkt Herzog von Österreich, römisch-deutscher König sowie König von Böhmen und Ungarn war, zu komplizierten Verhältnissen und Auseinandersetzungen in Mitteleuropa. Herzog Friedrich V. Habsburg (ab 1452 Kaiser Friedrich III.) wurde Vormund des nachgeborenen Thronerben Ladislaus Postumus, erhielt von der Königswitwe die ungarische Krone und gelangte in den (Pfand-)

Ein Tal voller Geschichte – das Stremtal bei Güssing

Besitz westungarischer Gebiete. In Ungarn etablierte sich ab 1446 *Janós Hunyadi* als Reichsverweser und Heeresführer. Ladislaus Postumus übernahm offiziell 1452/53 die Herrschaft in Ungarn und Böhmen, starb aber bereits 1457.

In Ungarn wurde 1458 *Matthias Corvinus (Mátyás Hunyadi)* zum König gewählt, 1459 ließ sich Kaiser Friedrich III. auf der Burg Güssing von westungarischen Magnaten zum Gegenkönig küren (→ S. 308). Allerdings behauptete sich der junge Matthias Corvinus als Herrscher (1458–1490), und so übergab Friedrich III. 1463 die „Heilige Krone" für Geld und für westungarische Gebiete als Pfand. Ab 1477 ging der Ungarnkönig gegen Österreich vor und nahm 1485 sogar Wien ein. Erst nach dem Tod Corvinus' 1490 eroberte Maximilian I. Wien und Niederösterreich wieder zurück und konnte einige westungarische Gebiete behalten. Darauf einigten sich die Habsburger mit dem Jagiellonen Vladislav II., der sich in Böhmen und Ungarn als König durchsetzte.

In der Zeit der Osmanischen Kriege

Ungarn hatte schon seit Jahrzehnten gegen die Osmanen zu kämpfen, und in der *Schlacht bei Mohács 1526* fiel der letzte Jagiellone, König Ludwig (Lajos) II. Aufgrund von Erbverträgen hatte der Habsburger Ferdinand I. Anspruch auf die Krone von Böhmen und Ungarn. Allerdings wählten die ungarischen Stände einen Gegenkönig, János Szapolyai. Es folgten zwölf Jahre Bürgerkrieg in Ungarn, während gleichzeitig die Osmanen nach Mitteleuropa vordrangen. 1529 scheiterte die *„Erste Türkenbelagerung"* Wiens, und ein weiterer Versuch geriet 1532 bei *Kőszeg (Güns)* ins Stocken (→ S. 240).

Nur die westlichen und nordwestlichen Gebiete des Königreichs Ungarn befanden sich in der Hand Habsburgs. Das Osmanische Reich hielt zentrale Teile des Landes besetzt und kontrollierte das nominell unabhängige Fürstentum Siebenbürgen. So verlegte Ferdinand I. die ungarische Hauptstadt 1536 von Buda nach Pozsony-Pressburg. Auch Sopron (Ödenburg) war fallweise Schauplatz von Krönungen und ungarischen Landtagen (→ S. 168). Unser verheerter Landstreifen wurde mithilfe von Bevölkerungsgruppen, die aus Kroatien geflüchtet waren, wiederbelebt. Zudem bot er damals (vorerst) Raum für protestantische Gläubige.

Im 17. Jahrhundert erschütterten weiterhin Kriege, Aufstände und Pestepidemien das Land. Die Auseinandersetzungen zwischen den protestantischen Ständen in Böhmen und Kaiser Ferdinand II. weiteten sich zum *Dreißigjährigen Krieg* (1618–1648) aus. Der Fürst von Siebenbürgen, Gábor Bethlen, nützte um 1620 die Lage zum Kampf der ungarischen protestantischen Opposition gegen Habsburg (→ S. 197). Ende 1621 wurde der Frieden von Nikolsburg (Mikulov) geschlossen. Im Laufe der Jahrzehnte gewann die Gegenreformation weiter an Boden.

Der Konflikt mit dem Osmanischen Reich flammte immer wieder auf. Hervorzuheben ist die *Schlacht von Szentgotthárd/Mogersdorf* (→ S. 329) 1664, in der eine breite Allianz aus christlichen Truppen siegte. Den Frieden von Vasvár (Eisenburg) bewerteten viele ungarische Adelige jedoch als „Schandfrieden". Es kam zur *Magnatenverschwörung* gegen Kaiser Leopold I., die 1671 mit Hinrichtungen der Anführer endete (→ S. 232). Dagegen stiegen die habsburgtreuen *Esterházys* zum bedeutendsten Adelsgeschlecht in Westungarn auf. Sie besaßen überwiegend den nördlichen Teil unserer Region. Währenddessen waren im Süden die *Batthyánys* die wichtigsten Grundherren. Beide Familien ermöglichten zur Belebung ihrer Besitztümer in manchen Ortschaften die Ansiedlung von vertriebenen Juden. Die Batthyánys gestatteten auch den Aufenthalt von Roma.

Die Abwehr der *„Zweiten Türkenbelagerung"* Wiens 1683 bildete die Wende zur Gegenoffensive und zur schrittweisen Befreiung Ungarns. Damals, im Jahr 1687, erlangte Kaiser Leopold I. die Erblichkeit der Ungarischen Krone für die Habsburger (→ S. 77). Gegen das absolutistische Regime wehrten sich ungarische Adelige unter der Führung des Magnaten Ferenc II. Rákóczy: Die *„Kuruzzen"* plünderten die Grenzgebiete, bis 1711 der Frieden von Szatmár geschlossen wurde.

Vom Aufbau zum Zerfall der Donaumonarchie

Nach der langen Phase der Kriege und Zerstörungen wurde im 18. Jahrhundert unsere Region neu erschlossen. Zahlreiche Barockbauten entstanden, die den Sieg über „Ungläubige" und die gewonnene Macht symbolisierten. Der Protestantismus wurde etwa hundert Jahre, bis zum Toleranzpatent Kaiser Josephs II. 1781, stark unterdrückt. In Besiedlungsaktionen kamen zahlreiche Menschen aus deutschen Ländern nach (Süd-)Ungarn, die sogenannten „Schwaben". Ein kleiner Teil blieb in Westungarn.

Das 19. Jahrhundert brachte Industrialisierung und Umwälzungen. Die *Revolutionsereignisse von 1848/49* waren neben politischen und sozialen Themen von der nationalen Frage bestimmt. Ungarn strebte unter Führung von *Lajos Kossuth* die staatliche Unabhängigkeit von Österreich an. Die ungarischen Revolutionäre ignorierten aber die Interessen der nichtmagyarischen Völker. So schlugen sich Slowaken und Kroaten zum Teil auf die Seite des Kaisers, in der trügerischen Hoffnung auf eine Verbesserung ihrer nationalen Lage. „Unser" Landstreifen war bei diesen Ereignissen Durchzugsgebiet für Militär. Den Freiheitskampf Ungarns konnte Kaiser Franz Joseph I. mit Unterstützung Russlands niederschlagen.

Nach der Niederlage Österreichs im Deutschen Krieg gegen Preußen (1866) musste Kaiser Franz Joseph I. vom Zentralismus und Neoabsolutismus abrücken und politische Zugeständnisse machen. So kam es 1867 zum *österreichisch-ungarischen Ausgleich*. Ungarn erhielt in innenpolitischen Fragen Selbstständigkeit, während in Bereichen wie Außenpolitik und Kriegswesen eine Realunion bestand. Die k. u. k. Doppelmonarchie hatte mit dem Kaiser von Österreich und König von Ungarn ein Staatsoberhaupt in Personalunion. In der ungarischen Reichshälfte forcierte die Regierung die *Magyarisierung* im öffentlichen Leben. Dennoch war die nationale Frage im vielfältigen, aber vielerorts deutschsprachigen Westungarn kein großes Thema. Dieses wurde vor allem in Vereinen in Wien diskutiert.

Der für Österreich-Ungarn katastrophale Verlauf des Ersten Weltkriegs führte zum Ende der Habsburgermonarchie. Aufgrund der schwierigen wirtschaftlichen Lage kam es zu Abschottungstendenzen zwischen den beiden Reichshälften. Zudem förderte die Erklärung des US-Präsidenten Woodrow Wilson vom Jänner 1918 über die Grundsätze der Nachkriegsregelungen, wie die autonome Entwicklung der Völker Österreich-Ungarns, die nationalen Kräfte im Vielvölkerreich. Am 16. Oktober 1918 versuchte Kaiser Karl I. mit dem Völkermanifest die Habsburgermonarchie als Bundesstaat zu retten, doch es war zu spät. Am 28. Oktober 1918 wurde in Prag die Unabhängigkeit der Tschechoslowakei (ČSR) erklärt. Am 30. Oktober 1918 entstand Deutschösterreich und am 31. Oktober 1918 löste Ungarn offiziell die Realunion mit Österreich. In den Staaten standen die Ausrufungen der Republiken bevor. Mitte November verzichtete Kaiser Karl I. auf die Ausübung der Regierungsgeschäfte in Deutschösterreich (11.11.) und Ungarn (13.11.), jedoch nicht auf den Thron.

Neue Grenzen und Zwischenkriegszeit

Mit dem *Zerfall der Habsburgermonarchie* begannen sofort die Auseinandersetzungen um die neuen Grenzen. Ungarn kämpfte militärisch an vielen Fronten, unter anderem gegen die ČSR um das Gebiet der Slowakei. Deutschösterreich erhob zwar Anspruch auf deutschsprachige Gebiete in Westungarn, erklärte es aber aus realpolitischen bzw. wirtschaftlichen Gründen nicht zum Staatsterritorium. Am 6. Dezember 1918 riefen Aktivisten in Mattersburg die Republik Heinzenland (nach den Bewohnern des mittleren und südlichen Burgenlandes, den „Heinzen", „Heanzen" oder „Hianzen") aus, scheiterten jedoch schon im Ansatz.

In Ungarn konnte wegen politischer Krisen eine kommunistische Räterepublik unter der Führung von Béla Kun an die Macht gelangen. Sie existierte über hundert Tage (vom 21. März bis 1. August 1919) und richtete den autonomen Gau „Deutschwestungarn" ein. Die Angst vor kommunistischen Umwälzungen beeinflusste die Entscheidungen der Siegermächte. So sprachen sie Österreich im *Vertrag von Saint-Germain-en-Laye* vom 10. September 1919 Teile der deutschsprachigen Gebiete in Westungarn zu, auch um für mehr Agrarland zu sorgen.

Nach dem Sturz der Räterepublik etablierte sich in Ungarn ein rechtskonservatives Regime, an dessen Spitze ab März 1920 Miklós Horthy als Reichsverweser eines Königreichs stand. Den *Vertrag von Trianon* vom 4. Juni 1920 unterzeichnete Ungarn nur unter Protest: Zwei Drittel des Territoriums und mehr als die Hälfte der Bevölkerung gingen an Nachfolgestaaten verloren. Drei Millionen Ungarn lebten somit im Ausland. Am 26. Juli 1921 trat der Vertrag in Kraft. Einen Monat später gaben die Siegermächte Österreich die Erlaubnis, das Burgenland – ohne Einsatz des Bundesheeres – in Besitz zu nehmen.

Doch das neue Bundesland befand sich großteils unter der Kontrolle von Freischärlergruppen („Lumpengarden"), die mit Unterstützung der ungarischen Regierung gegen eine Abtretung des Gebietes an Österreich kämpften. Die österreichischen Gendarmen und Zollwachebeamten stießen im Mittel- und Südburgenland auf heftigen Widerstand, sodass Wien den ersten Versuch der Landnahme (28.8.–10.9.1921) abbrach (→ S. 161). Am 4. Oktober 1921 rief ein Anführer der Freischärler, Pál Prónay, den Kleinstaat Leitha-Banat (Lajta-bánság) aus. Das Burgenland drohte in Anarchie zu versinken.

Auf Vermittlung Italiens schlossen Ungarn und Österreich am 13. Oktober 1921 in den Venediger Protokollen einen Kompromiss: Budapest stellte den Abzug militärischer Einheiten aus Westungarn in Aussicht, dafür war Wien mit einer Volksabstimmung in Ödenburg (Sopron) einverstanden (→ S. 171). Kurz darauf versuchte Karl Habsburg zum zweiten Mal, auf den ungarischen Thron zurückzukehren (→ S. 341). Das Scheitern der Königstreuen erleichterte die Räumung des Landstreifens von Freischärlern, und im November 1921 übernahm das Bundesheer problemlos das neue Bundesland. Am 5. Dezember 1921 übergab die Interalliierte Kommission das Territorium offiziell – ohne das Abstimmungsgebiet Ödenburg (Sopron). Dieses blieb schließlich aufgrund des Votums von Mitte Dezember 1921 bei Ungarn. In Detailfragen zog sich die Festlegung der österreichisch-ungarischen Grenze noch bis 1923 hin (→ S. 282).

Danach spielte die Frage Westungarns bzw. des Burgenlandes trotz manch revisionistischer Töne keine Rolle mehr. Die politischen Beziehungen zwischen Österreich und Ungarn entwickelten sich in der Zwischenkriegszeit relativ gut. Die neue Staatsgrenze hatte allerdings für die zerrissenen Regionen beträchtliche Folgen für Wirtschaftsbeziehungen, (Verkehrs-)Infrastruktur – und Lebensläufe.

„Anschluss“ und Zweiter Weltkrieg

Nach dem „Anschluss“ Österreichs an NS-Deutschland im März 1938 begann im Burgenland sofort die Verfolgung von politischen Gegnern, Juden, Roma und Sinti. Im Oktober wurde das Bundesland auf die Nachbargaue aufgeteilt. Die Grenzen zu Ungarn blieben unverändert. Doch mit Unterstützung Adolf Hitlers konnte Budapest im Zuge einer revisionistischen Politik ab 1938 und als Kriegspartner ab April 1941 einige Gebiete wiedererlangen (Südslowakei, Karpatoukraine, Teile Siebenbürgens, Übermurgebiet u. a.). Im Land setzte das Horthy-Regime eine antisemitische Politik um, diskriminierte und unterdrückte die jüdische Bevölkerung. Die Ungarndeutschen gerieten zuneh-

Bedeutende westpannonische Stadt: Sopron (Ödenburg)

mend unter den Einfluss des 1938 gegründeten „Volksbundes der Deutschen in Ungarn", der zum Instrument des Nationalsozialismus wurde.

NS-Deutschland warb unter den Ungarndeutschen für den Dienst in der SS, später kam es zur Zwangsmusterung. Am 19. März 1944 besetzte die Wehrmacht Ungarn, um das Land, das mit einem Separatfrieden spekulierte, zu kontrollieren. Bis Mitte Juli wurden etwa 437.000 jüdische Personen in NS-Konzentrationslager verschleppt. Dann stoppte Reichsverweser Miklós Horthy auf internationalen Druck die Deportationen. Als Horthy am 15. Oktober 1944 den Kriegsaustritt Ungarns ankündigte, übernahmen mithilfe der deutschen Besatzung die Pfeilkreuzler (Nyilas) die Macht. Das faschistische Regime unter Ferenc Szálasi lieferte zigtausende „Leihjuden" an NS-Deutschland zur Zwangsarbeit aus (→ S. 54). Auch Sinti und Roma sowie politische Gegner litten unter dem entfesselten Terror.

Im Dezember 1944 flüchtete die Pfeilkreuzlerregierung vor der Roten Armee in den Raum Kőszeg und Ende März 1945 weiter in den Westen. Damals erreichte die Rote Armee die Reichsgrenze bzw. Österreich. Die NS-Verbrechen an ungarisch-jüdischen Zwangsarbeitern in dieser Endphase und das Kriegsgeschehen waren allgegenwärtig.

Nachkriegszeit, Kalter Krieg und Ende des Eisernen Vorhangs

Der Sieg der Alliierten 1945 brachte die Wiederherstellung Österreichs und bedeutete für Ungarn den Verlust der seit 1938 angegliederten Gebiete. Als Folge der NS-Politik und Kriegszeit wurden aus Ungarn wie aus anderen Staaten Ost-/Südosteuropas große Teile der deutschsprachigen Bevölkerung vertrieben und ausgesiedelt (ca. 250.000 Personen). Nach einer Regierungsverordnung vom 29. Dezember 1945 waren jene zu deportieren, die Mitglied der SS oder des Volksbundes gewesen waren, sowie jene, die sich bei der Volkszählung 1941 zur deutschen Nationalität oder Muttersprache bekannt hatten. Eine Änderung eines magyarisierten Namens in einen deutsch klingenden galt ebenfalls als Grund. In die ausgedünnten Ortschaften Westungarns kamen Neusiedler, die ihrerseits vertrieben worden waren, z. B. Ungarn aus der Tschechoslowakei.

Ungarn geriet nach 1945 in die sowjetische Einflusssphäre und errichtete 1948/49 eine kommunistische Einparteiendiktatur sowie Grenzsperranlagen, den *Eisernen Vorhang* (→ S. 279). In Österreich gelang der Wiederaufbau der parlamentarischen Demokratie, das Land erhielt 1955, nach zehn Jahren Besatzungszeit, die volle Souveränität zurück und erklärte seine Neutralität. Das Beispiel strahlte nach Ungarn aus, wo im Oktober 1956 eine Revolution gegen das kommunistische System ausbrach. Den Aufstand schlugen sowjetische Truppen nieder. Die *Ungarnkrise 1956* betraf das Burgenland unmittelbar als erstes Fluchtziel von etwa 180.000 Menschen (→ S. 89).

Etwa zehn Jahre später begannen sich die Beziehungen zwischen Österreich und Ungarn wieder zu verbessern, in den 1970er-Jahren sprach man scherzhaft von der k. u. k. Periode (nach den Politikern Bruno Kreisky und Janós Kádár). Der sogenannte „*Gulaschkommunismus*" erlaubte den Ungarn im Vergleich zu anderen „Ostblock"-Staaten mehr Freiheiten und erleichterte den Tourismus für den Gewinn von Devisen. Die Grenzregionen litten aber weiterhin durch den Eisernen Vorhang.

Ein „stiller" *Transformationsprozess* ab 1987/88 lockerte das kommunistische System in Ungarn, das große wirtschaftliche Probleme hatte. Im Jahr 1989 bekam der Eiserne Vorhang an der österreichich-ungarischen Grenze Lücken, die zum Zusammenbruch des kommunistischen Ostblocks beitrugen (→ S. 55, S. 141).

Am 23. Oktober 1989 wurde in Ungarn die Republik ausgerufen.

Verschwindende Grenzen im Pinkaboden?

Europäische Integration und Gegenwart

Die politische Wende von 1989 ermöglichte eine dynamische Entwicklung in Europa: die Wiedervereinigung Deutschlands und die *Erweiterung der Europäischen Union* von zwölf (1989) auf 28 (2013) Mitgliedstaaten. 1995 trat Österreich bei, im Jahr 2004 kamen die Nachbarländer Tschechien, die Slowakei und Ungarn hinzu. Im Dezember 2007 wurden die Schengen-Grenzen und formale Grenzkontrollen zwischen diesen Ländern aufgehoben, wenn auch Ausnahmeregelungen gelten (können). 2011 öffnete sich der Arbeitsmarkt in Österreich für die osteuropäischen Nachbarn vollständig. Es bestehen enge Verflechtungen zwischen den Staaten und Regionen im Herzen Europas.

Die Euphorie von 1989 war schnell verflogen, die hohen Erwartungen erfüllten sich nicht. Die Europäische Union steht immer wieder vor großen Herausforderungen: Wirtschaftskrisen, Migrations- und Fluchtbewegungen, mangelnde Solidarität, Populismus, Aufkeimen von Nationalismus, der Brexit 2020, die Corona-Pandemie und der Ukrainekrieg seit 2022, undemokratische Tendenzen ... Ungarn entwickelte sich unter Ministerpräsident Viktor Orbán und dessen Partei Fidesz zu einer illiberalen Demokratie; im September 2022 stufte das EU-Parlament das System als Wahlautokratie ein.

Und die Geschichte lehrt: Ein Leben in Demokratie, Freiheit und Frieden ist keine Selbstverständlichkeit.

1 Über den Dreiländer-Heideboden

Von Kittsee nach Halbturn

Dreiländereck Österreich – Ungarn – Slowakei

1 Von Kittsee nach Halbturn

Route: 75 km

Kartenmaterial:
- Raderlebnis Neusiedler See (Tourismuskarte mit Radrouten/ neusiedlersee.com) [nur Öst.]
- Kompass Karte Burgenland WK 227, Karte 1 (1:50.000) [nur Öst.]
- Szarvas-Wanderkarte Szigetköz / Kleine Schüttinsel, Hanság, Fertő (1:80.000)

Wichtige Links zur Region:
- Neusiedler See Tourismus: www.neusiedlersee.com
- Tourismus-information Szigetköz: szigetkozportal.hu/de/

Unsere Tour beginnt im nördlichen Heideboden. Mitten hindurch fließt die Leitha (Lajta) – die Geografie hat hier den neueren Begriff Leithaboden gefunden, doch sei's drum: Wir radeln über den historischen Heideboden zwischen Donau und Neusiedler See: ein Landstrich der sprachlichen und religiösen Vielfalt, der durch die Staatsgrenzen geteilt und von der Geschichte geprägt wurde.

Bratislava, einst die ungarische Komitatsstadt Pozsony-Pressburg, blickt uns noch lange nach. Die Dreiländerregion erzählt von der schwierigen Grenzziehung, einem gescheiterten slawischen Korridor und einer Bahnstrecke als Schicksalslinie. Der Dreiländerstein in der einsamen Heide markierte vierzig Jahre lang die „tote Grenze", heute ziehen große Verkehrsadern Mitteleuropas daran vorbei. In Hegyeshalom erinnern wir uns an Szenen des Jahres 1989, wo der Eiserne Vorhang starke Risse bekam.

Von der landwirtschaftlichen Erschließung des Heidebodens zeugen Meierhofsiedlungen des 19. Jahrhunderts. Am Ende entdecken wir habsburgische Gefilde, begegnen Kaiser Karl VI., Maria Theresia und Erzherzog Friedrich im Schloss Halbturn und einen interessanten Sonderfall.

Gut zu wissen

Radfahren in der Region. Das *Gelände* zwischen Kittsee und Halbturn ist großteils brettleben. Nur zwischen Nickelsdorf und Halbturn bemerken wir im Ansatz einen Schotterkörper auf der Parndorfer Platte. Wie die vielen Windräder vermuten lassen, bläst öfter eine Brise über den Heideboden. Unsere Räder rollen hier fast durchwegs auf Asphalt, und nur einmal auf einem kurzen *Trail*, dem groben Schotterweg zwischen dem Dreiländereck und Rajka (1,5 km).

Im ungarischen Abschnitt merken wir vermehrt *Verkehr* im Umfeld, haben aber entlang der Schnellstraßen Radwege zur Verfügung. Wer die einsame Heide in Österreich bevorzugt, wählt in Deutsch Jahrndorf die Abkürzung auf dem EV 13 nach Nickelsdorf. Unter-

BRATISLAVA
(Preßburg)
SLOWAKEI
UNGARN
Kittsee
(138)
Etappe 1
Pama
(Bijelo Selo)
(137)
Aussichtsturm LIFE+
Deutsch Jahrndorf
Dreiländerstein
Rajka
(Ragendorf)
Variante EV 13
Zurndorf
Nickelsdorf
(144)
Hegyeshalom
(Strass-Sommerein)
Bezenye
(Bizonja)
Denkmal 1989
Kleylehof
Mönchhof
(131)
Halbturn
(130)
Johanneskapelle
Schloss
Albertkázmérpuszta
Szent István templom
Rusovce
(135)
Jarovce
Petržalka
Čunovo
Mosonszolnok
Wolfsthal
Berg
Edelstal
Prellenkirchen
Gattendorf
Karlova Ves
DONAU
DUNAJ
Leithakanal
Kleine Leitha
Komitatskanal
Lajta
Windpark
Csardahof
Zeiselhof
Pamamuhle
Karlhof
Königswarte 344
Hindler Berg 298
Parndorfer Platte
Karlwald
0 2 km

wegs sind die *Bahnhöfe* Nickelsdorf und Hegyeshalom günstige Zu- und Ausstiegspunkte.

Ohne Markierung, R1, Distanz: 2,1 km

Vom Bahnhof Kittsee zum Startpunkt (Lindenallee)

Unser Startpunkt liegt im Norden von Kittsee hinter dem Neuen Schloss. Vom Bahnhof radeln wir auf der Hauptstraße durch den Ort, folgen nach der Kirche dem R1 in die Industriestraße und kommen an einer Schokoladenfabrik (→ S. 40) sowie einem Sportplatz vorbei. Auf dem Weg Richtung Berg halten wir beim Rastplatz (mit Ortsplan) am Beginn der ehemaligen Lindenallee. Sie führte einst direkt vom Schloss nach Pressburg-Pozsony (Bratislava). Die Verbindung säumen heute viele Marillenbäume. Übrigens ist Kittsee Österreichs größte Marillengemeinde, so blühen im Frühling auf den Plantagen 35.000 Bäume.

★ EINE ANNÄHERUNG AN DIE REGION DER VIER BURGEN

Wir beginnen unsere Fahrt in Kittsee, auch wenn der Ort an die Slowakei grenzt. Doch die Geschichte empfiehlt uns diesen Startpunkt für eine Annäherung. Von hier aus sehen wir noch die Stadt Bratislava, die bis 1918 als ungarische Komitatsstadt Pozsony (dt. Pressburg) für den nördlichen Bereich unseres Erkundungsgebiets eine wichtige Rolle spielte.

Im Grunde hinterließ Pressburg auch Spuren im Namen Burgenland. Das westungarische Gebiet, das der Republik Österreich im Vertrag von Saint-Germain-en-Laye 1919 zugesprochen wurde, benötigte eine offizielle Bezeichnung. Denn das oft gebrauchte „Deutschwestungarn“ war natürlich nicht möglich. In der Diskussion kam der Begriff „Vierburgenland“ auf, den Adalbert Wolf, ein Aktivist aus Neusiedl, 1918 gefunden haben soll. Der Name bezieht sich auf die Silbe „-burg“ der vier betroffenen Komitate: Pressburg (Pozsony), Wieselburg (Moson), Ödenburg (Sopron) und Eisenburg (Vas). Pozsony-Pressburg kam jedoch 1918/19 zur Tschechoslowakei und erhielt den

Ein Blick von Kittsee nach Pressburg (Bratislava)

Namen Bratislava. So sprachen die Österreicher vom „Dreiburgenland" – und letztlich wurde daraus das Burgenland. Vermutlich brachte der Frauenkirchner Gregor Meidlinger Staatskanzler Karl Renner auf diese Idee, angeblich kurz vor der Unterzeichnung des Friedensvertrags im September 1919. Ab Oktober 1919 war der Name Burgenland offiziell in Gebrauch. Indirekt verweist er auf die schwierige Entstehungsgeschichte des Bundeslandes. Aber Touristiker hätten sich wohl keinen besseren Namen einfallen lassen können.

Das Burgenland heißt auf Kroatisch Gradišće (*grad* = Burg). In Ungarn kursieren mehrere Ausdrücke, etwa Őrvidék, Felsőőrvidék und Várvidék. Meist wird der Begriff unübersetzt übernommen.

Kittsee

Kittsee (slowak. Kopčany, ung. Köpcsény, kroat. Gijeca) ist die nördlichste Gemeinde des Burgenlandes. Durch die geografische Nähe, die offenen Grenzen und die günstige Verkehrsanbindung könnte man Kittsee als Vorort von Bratislava bezeichnen. Jedenfalls präsentiert sich Kittsee mit seiner guten Infrastruktur als ein wichtiges Zentrum im pannonischen Dreiländer-

Seehöhe: 136 m

Marktgemeindeamt Kittsee, Schlosspark 1, Tel. +43 2143 2203, www.kittsee.at
ÖBB Ostbahn (Wien–Bratislava-Petržalka)

eck. Kein Wunder, dass sich viele Menschen aus der Slowakei hier ansiedeln und die Marktgemeinde seit einigen Jahren stark wächst.

Ohne Markierung
Distanz: 650 m

Von der Lindenallee zum Neuen Schloss Kittsee

Wir schauen zur Hauptsehenswürdigkeit – zum Neuen Schloss. Der direkte Zugang über die alte Allee ist längst verwachsen und verbaut. So radeln wir zurück zum Sportplatz und halten uns rechts, um zum Eingang des Schlossparks zu kommen. Uns empfängt ein neobarockes schmiedeeisernes Portal, das im Jahr 1900 den österreichisch-ungarischen Pavillon auf der Pariser Weltausstellung zierte.

Neues Schloss Kittsee

Das Schloss Kittsee wurde früher oft „Fenster in den Osten“ genannt. Das war zu jener Zeit, als hier das *Ethnographische Museum* residierte (1974–2008). Die Außenstelle des Wiener Volkskundemuseums präsentierte in 34 Jahren 87 Ausstellungen mit Schwerpunkten zu Ost- und Südosteuropa. Sie schloss ihre Pforten, weil die Fördergelder nicht mehr reichten. Eigentlich sehr schade, denn der Standort im grenzenlosen Dreiländereck ist doch wie geschaffen für eine solche Bildungseinrichtung. Und immerhin wurde im Schloss Kittsee im September 2003 die *Europaregion Centrope* gegründet. Unter diesem Dach arbeiten Wien, Niederösterreich, Südmähren, die Kreise Bratislava und Trnava sowie die Komitate Győr-Moson-Sopron und Vas verstärkt zusammen.

Fünfzehn Jahre lang lag das Schloss im Dornröschenschlaf, bis im November 2022 das Gemeindeamt in einen Schlosstrakt übersiedelte. An der Restaurierung der Innenräume, die derzeit nicht zu besichtigen sind, wird gearbeitet. Aber die „Schlosswirtin“ heißt Gäste herzlich willkommen.

Im beinahe wildromantischen Schlosspark unternehmen wir gedanklich einen *historischen Streifzug.* 1676 bis 1868 befand sich Kittsee im Besitz der Magna-

Neues Schloss Kittsee

tenfamilie Esterházy, die das in den 1660er-Jahren errichtete Schloss in der Mitte des 18. Jahrhunderts umbaute. Die Nähe zu Pressburg, damals Krönungsstadt Ungarns, erforderte einen repräsentativen Anstrich für Feste und Empfänge. So kam auch die ungarische Königin und österreichische Erzherzogin Maria Theresia mehrmals zu Besuch.

Ein besonderer Gast stellte sich bereits 1698 ein, nämlich der russische Zar Peter I. Dieser reiste eigentlich inkognito durch Europa, vor allem, um den Schiffsbau zu studieren. Ein sehr feierlicher Moment war der kurze Aufenthalt der *Heiligen Stephanskrone* in Kittsee auf dem Transport von Wien nach Ofen (Pest). Joseph II. schickte kurz vor seinem Tod die Krone nach Ungarn zurück. Das bedeutende Symbol der ungarischen Herrschaftsmacht (→ S. 245) wurde am 18. Februar 1790 mit Trommelwirbel, Paukenschlägen und Bollerschüssen empfangen. Am nächsten Tag rollte der Kronwagen weiter ins Landesinnere Ungarns.

1868 verkauften die Esterházy das Gut Kittsee an die Grafen Batthyány (ab 1915 Fürst Batthyány-Strattmann). Nach den Wirrnissen der Weltkriege und der Besatzungszeit veräußerten 1961 die Batthyány-Strattmann ihren Kittseer Besitz an Private. 1965 erwarb die Gemeinde das Schloss samt Park, um den drohenden Verfall zu stoppen. Seit 1979 beleben mehrmals im Jahr Sonntagsmatinees das Schloss und den Park: Beim *Pannonischen Forum Kittsee* treten Künstler aus Nah und Fern auf *(www.kittsee.at/veranstaltungen-tickets-und-informationen)*. Und im Sommer findet ein klassisches Musikfestival statt *(www.sommerfestival.at)*.

Ohne Markierung, R1
Distanz: 1,2 km

Vom Schloss Kittsee zum jüdischen Friedhof

Für die Fahrt durch den Ort holen wir im Gemeindeamt eine Karte. Gegenüber dem großen Parkportal erinnert ein Platz mit einem Gedenkstein an *Ladislaus IV. Batthyány(-Strattmann)* (1870–1931). Ihm begegnen wir auch in Güssing (→ S. 305). Kittsee verdankt Ladislaus IV. die Gründung des Krankenhauses (1898), das am *Hauptplatz* neben der Kirche seinen Dienst versieht. Über die Obere Hauptstraße gelangen wir dorthin. Weiter südlich, bei Hauptplatz Nr. 15, halten wir kurz bei einer *Brunnenskulptur* (Bildhauer: Ralph Hünert, 2002). Der von Wasser umspülte Stein symbolisiert vier Sprach-/Volksgruppen der Region (die österreichische, slowakische, ungarische und kroatische) sowie die Donau. Früher war die Vielfalt im Land noch größer.

Brunnenskulptur

Kittsee hatte bis 1938 auch eine jüdische Gemeinde. Wir begeben uns auf Spurensuche und spazieren links über den *Joseph-Joachim-Platz*. Hier steht das Geburtshaus des bekannten Violinisten Joseph Joachim (1831–1907), der vom Judentum zum Protestantismus konvertierte. Um die Ecke wartet das *Alte Schloss* „Am Schanzl“. Hier wachte an einer (nicht mehr vorhandenen) Donauschlinge im 13. Jahrhundert eine

Wasserburg, die mehrmals in Kriegen zerstört wurde. Daneben finden wir den jüdischen Friedhof.

Jüdischer Friedhof von Kittsee

Kittsee war einst ein Zentrum jüdischen Lebens in Westungarn (bzw. im Burgenland), wo ab etwa 1690 die sogenannten *Siebengemeinden* (hebräisch *Schewa Kehilot*) entstanden: Kittsee, Frauenkirchen, Eisenstadt, Mattersburg, Kobersdorf, Lackenbach und Deutschkreutz. Wie kam es dazu?

1670/71 hatte Kaiser Leopold I. die jüdische Bevölkerung aus Oberösterreich, Wien und Niederösterreich vertreiben lassen, viele waren in angrenzende Gebiete geflüchtet, wie auch nach Westungarn. Paul I. Esterházy (→ S. 77) gewährte den jüdischen Vertriebenen in einem Schutzbrief von 1692 in einigen seiner Gemeinden eine gewisse Autonomie. Dafür zahlten die „*Hochfürstlich Esterházy'schen Schutzjuden*" dem Fürsten „Toleranztaxen". Ähnliches geschah im Süden auf den Besitzungen der Batthyány (→ S. 252). Die Grundherren erhofften sich von der Ansiedlung eine Belebung des Warenhandels auf ihren Ländereien, die durch die vielen Kriege und Seuchen sehr in Mitleidenschaft gezogen wurden.

Die „Stätte der Ewigkeit" *(bet olam)* in Kittsee wurde im 18. Jahrhundert angelegt und gehört zu den wenigen noch existierenden Zeugnissen der Siebengemeinden. Hier liegt der bekannte Illustrator religiöser Schriften *Chajim Ascher ben Anschel*, der im 18. Jahrhundert wirkte, begraben. Die etwa 230 Grabsteine mit ihren meist hebräischen Inschriften erzählen, dass die Siebengemeinden traditionell orthodox geprägt waren. Im Alltagsleben waren sie durch ihre Herkunft mit dem deutschsprachigen Raum verbunden. 1821 lebten in Kittsee rund 790 Personen jüdischen Glaubens, später sank die Zahl aufgrund von Abwanderung deutlich. 1938 vertrieben die Nationalsozialisten sechzig Mitbürger gewaltsam aus dem Ort (→ S. 38). Die Synagoge von Kittsee befand sich in der Herrengasse Nr. 15 und wurde 1950 abgetragen.

Jüdischer Friedhof in Kittsee

Die Erinnerung an diese zeitweise verdrängte Vergangenheit wurde ab den 1980er-Jahren von der engagierten Direktorin der Kittseer Hauptschule, Irmgard Jurkovich, mit Projekten wachgerüttelt. Im Ort findet seit 1988 jährlich eine Gedenkfeier statt, die inzwischen in den Europäischen Tag der jüdischen Kultur (1. Sonntag im September) eingebettet ist.

Webtipp: border(hi)stories, Sammlung Rajka – Ragendorf: www.borderhistories.eu/items/browse?collection=39

★ APRIL 1938: VERTREIBUNG DER JÜDISCHEN BEVÖLKERUNG AM BEISPIEL KITTSEE

Nach dem „Anschluss" Österreichs an NS-Deutschland brach die Katastrophe über die jüdische Bevölkerung herein, besonders schnell im Burgenland. NS-Landeshauptmann Tobias Portschy kündigte am 2. April 1938 an, das Burgenland „judenrein" zu machen. Innerhalb kürzester Zeit zerstörte der NS-Terror die jahrhundertealte jüdische Besiedlung in diesem Gebiet. 1934 hatte die Volkszählung noch etwa 3.600 jüdische Burgenländer registriert.

Internationales Aufsehen riefen die Ereignisse im Dreiländereck hervor. In der Seder-Nacht, dem Auftakt des Pessachfests, des 15./16. April 1938 holte die Gestapo die jüdischen Mitbürger in und um Kittsee brutal aus ihren Häusern. In der folgenden Nacht trieben die

Nationalsozialisten die verzweifelten Menschen zur Donau hin und setzten sie auf der Käsmacher-Insel (heute: Sihot') nahe Theben (Devín) aus. Unter ihnen war auch der 78-jährige Rabbiner Zvi Hirsch Perles.

Die ČSR hatte seit Mitte März 1938 ihre Grenzen geschlossen. Nach einem kurzen Aufenthalt in Bratislava in Polizeigewahrsam kamen die Vertriebenen zunächst ins Niemandsland auf den Antonienhof (Janíkov dvor) im Süden von Petržalka. Der Vizepräsident der Orthodoxen-Israelitischen Kultusgemeinde Pressburgs, Aaron Grünhut, erreichte nach zähen Verhandlungen mit Ungarn die provisorische Unterbringung auf einem französischen Schleppboot, das bei Rajka (→ S. 49) anlegte. Etwa sechzig bis siebzig Personen lebten vier Monate eingesperrt auf engstem Raum ohne die Möglichkeit, an Land zu gehen. Grünhut half bei der legalen Emigration in verschiedenste Länder, nach China, Palästina und in die USA.

Exkursion durch Chikago und zur Schoko-Csárda

Besichtigungsroute: 1,8 km

Chicago im Burgenland? Auf der Preßburger Straße radeln wir am Friedhof vorbei und halten nach „Chikago" Ausschau. Ein *Ortsteil von Kittsee* nennt sich nach einer Stadt in den USA, die manche als die größte burgenländische Stadt der Welt bezeichnen. Hier streifen wir erstmals das Phänomen der Amerikawanderung der Burgenländer (→ S. 294). Viele meinen, dass Rückkehrer aus den USA um 1910 das Viertel gegründet hätten. Doch die Gemeinde Kittsee widersprach dieser These 1952 offiziell. Ein Rückwanderer soll wegen der raschen Bautätigkeit in Kittsee und der schematischen Anlage verwundert gesagt haben: „Ihr bauts ja da wie in Chicago". Der Name „Chikago" war geboren.

Welcome to Chikago

Wir durchqueren das Viertel und biegen bei der fünften Gasse nach links in die *Betriebsstraße* ab, wo in den

Zwischen Kittsee und Pama

Firma Franz Hauswirth, Industriestraße 1, www.chocolate-austria.com. Mo–Fr 8.30–18.30, Sa 9–17 Uhr. Besichtigung des Werks für Einzelpersonen und Kleingruppen mit Audioguide gratis. Größere Gruppen nach Anmeldung unter Tel. +43 2143 2400

1960er-Jahren eine Schokoladenfabrik errichtet wurde. Das Kittseer Familienunternehmen Hauswirth kann als Sinnbild dafür dienen, dass die schlechte wirtschaftliche Lage im Burgenland – der Hauptgrund für die Auswanderung – Geschichte ist. Heute hat die Firma zwei Filialen in der Slowakei und exportiert etwa fünfzig Prozent der Ware in mehr als dreißig Länder. So reisen Schokohasen und Co. z. B. nach Griechenland, Südafrika, Kanada, China, Marokko und Australien. Die *„Schoko-Csárda"*, ein Verkaufsladen mit Kostproben, ist für die „Süßen" unter uns ein Muss. Nebenbei kann man seinen Wortschatz der slowakischen und ungarischen (Naschkatzen-)Sprache anhand der dreisprachigen Schilder erweitern. Unsere Runde beenden wir bei der „Vielfalt-Brunnenskulptur".

EV 13 / R1
Distanz: 7 km

Von Kittsee nach Pama

Von der *Brunnenskulptur* (Hauptplatz 15) starten wir in die Tour. Auf der Unteren Hauptstraße führt die Route EV 13 / R1 zunächst auf der Nebenfahrbahn Richtung Bahnhof. Bald zweigt rechts die Pamastraße ab, die das Ziel vorgibt. Unsere Route nützt aber nach der Unterführung der Nordostautobahn Güterwege.

Wir radeln den Autobahndamm entlang, queren vorsichtig die Bahngleise der Ostbahn. Diese entstand 1897 als Teil der Verbindung zwischen Sopron (Ödenburg) und Pozsony (Pressburg). Der Abschnitt Parndorf–Kittsee (bzw. Bratislava-Petržalka) war im Kalten Krieg eingestellt worden, 1998/99 wurde er dann wiedereröffnet. Wir machen einen Zwischenstopp bei einem *Aussichtsturm*, um über den grenzenlosen Heideboden zu blicken. In der Silhouette von Pama sehen wir die Lagersilos der Firma Schaffelhofer. Diese ist Partnerin von etwa 200 Biobauern auf dem Heideboden in Österreich, Ungarn und der Slowakei. Am Ende der Geraden neben der Bahnstrecke biegen wir rechts über die Gleise ab und folgen der Route ins Zentrum von Pama.

Aussichtsturm LIFE+ Großtrappe Pama

Wir befinden uns am Rand des *Europaschutzgebiets „Parndorfer Platte – Heideboden“* (70 km²), das sich über weite Teile vom Dreiländereck bis nach Pama erstreckt: ein bedeutender Lebensraum für Großtrappen *(www.grosstrappe.at)*. Um 1990 galten diese hier bereits als ausgestorben. Jagd und schwindende Rückzugsräume hatten den Bestand der Vögel stark dezimiert. Seit 2004/05 hat man mithilfe von EU-Förderungen die als Freileitung ausgeführten Mittelspannungsleitungen zum Schutz der behäbigen Tiere kilometerweise in den Boden verlegt und für mehr Brachland gesorgt. So sehen wir im Osten eine große Fläche ohne Strommasten (und Windräder). Auch angrenzende Landstriche in der Slowakei und Ungarn wurden in Schutzgebiete umgewandelt, die man nicht betreten darf.

Im Heideboden wächst die Population der Großtrappen wieder, ein weltweit seltenes Phänomen. Im Dreiländereck leben etwa 650 Individuen. Zum Vergleich dazu: Global wird die Anzahl der Großtrappen auf etwa 30.000 geschätzt – Tendenz fallend. In unserem Gebiet sind auch gerne andere Vogelarten unterwegs, etwa Greifvögel, die sich für die Großtrappen als Beute interessieren.

Aussichtsturm bei Pama

Pama (Bijelo Selo)

Seehöhe: 137 m

Gemeinde Pama, Hauptplatz 1, Tel. +43 2142 5221, www.gemeinde-pama.at

ÖBB Ostbahn (Wien-Bratislava-Petržalka)

Čuvarnica (Kindergarten), Osnovna škola (Volksschule), Općinski stan (Gemeindeamt) … Einige Aufschriften lassen erkennen, dass wir in einen Ort mit einem bemerkenswerten Anteil an Burgenlandkroaten gekommen sind. Amtlich heißt Pama auch Bijelo Selo, das bedeutet „Weißes Dorf". Man hat keine gesicherte Erklärung, wie es zu dem Ortsnamen kam. Der Legende nach sollen eine römische Siedlung / Villa „Alba villa" oder weiß blühende Birnenbäume der Grund dafür sein. Letztere spiegeln sich im ungarischen Lajtakörtvélyes wider, wie das Dorf bis 1921 hieß. Pama (historisch auch „Baumern") könnte „bei den Bäumen" heißen. Im *Ortszentrum* fällt das Gemeindeamt auf, ein Gebäude (Edelhof), das früher den Grundbesitzern Batthyány gehörte.

Zurück zu Bijelo Selo, dessen Entwicklung im 20. Jahrhundert recht typisch verlief: Laut Volkszählung von 1910 war die überwiegende Mehrheit des Ortes „kroatisch" (658 Kroaten, 209 Deutsche, 157 Ungarn und 3 „Zigeuner"). Unter der NS-Herrschaft geriet die kroatische Bevölkerung unter starken Assimilationsdruck, Zeitungen und Predigten in kroatischer Sprache wurden verboten. Die Volkszählung von 1951 wies dann eine deutschsprachige Mehrheit aus. Die Zahl der Angehörigen der kroatischen Volksgruppe blieb auch in den folgenden Jahrzehnten rückläufig. Genaue aktuelle Zahlen gibt es nicht, da die Umgangssprache in Volkszählungen seit 2011 nicht mehr erhoben wird.

Viele Menschen der älteren Generation verwenden Burgenlandkroatisch noch als Umgangssprache. Und die Kinder lernen über die Zweisprachigkeit ihres Ortes. In PamaPama / Bijelo Selo führt vor allem der Verein Tamburica Bijelo Selo (1999 gegründet) die Traditionen der Burgenlandkroaten weiter. Gute Kontakte bestehen zu den kroatischsprachigen Siedlungen in Ungarn und der Slowakei.

Von Pama nach Deutsch Jahrndorf

EV 13 / B211
Distanz: 7,2 km

Vom Hauptplatz fahren wir auf der Hauptstraße in Richtung Osten, vorbei an einem Denkmal für NS-Opfer aus Pama. Am Ortsrand beginnt links neben der Straße ein Rad- und Fußgängerweg, auf dem wir über die pannonische Ebene ziehen können. Plötzlich heißt es „Stop" – wir wechseln die Seite, denn die slowakische Grenze rückt bis an den Straßenrand vor. Bei der *Wallfahrtskapelle am Zeiselhof* nehmen wir diese Auffälligkeit unter die Lupe.

Um den Weg von Deutsch Jahrndorf zum Bahnhof in Pama nicht durch einen Grenzübergang zu behindern, legte die internationale Grenzziehungskommission 1922 die damals österreichisch-ungarische Staatsgrenze entlang der Straße fest. Somit lag der Zeiselhof in zwei Staaten. Das Gut gehörte zu diesem Zeitpunkt Stephanie von Belgien, der Witwe Kronprinz Rudolfs. Sie besaß ein Schloss im nahen Karlburg (ung. Oroszvár, heute slowak. Rusovce) und vermachte den Besitz 1945 der Ungarischen Benediktinerkongregation St. Martinsberg / Pannonhalma (bei Győr). 1947 kam

Achtung! Staatsgrenze

der ungarische Teil durch Grenzveränderungen zur Tschechoslowakei und wurde verstaatlicht. Der österreichische Teil ist noch heute im Eigentum des Ordens. Nach der kurzen Rast radeln wir nach Deutsch Jahrndorf – ganz ohne Grenzstelle.

Deutsch Jahrndorf

Seehöhe: 133 m

Gemeinde Deutsch Jahrndorf, Obere Hauptstr. 12, Tel. +43 2144 201, www.deutsch-jahrndorf.at

Dorfmuseum im Gerätehaus Obere Hauptstr. 42. Besichtigung nach Anmeldung unter Tel. +43 2144 201 (Gemeindeamt)

Deutsch Jahrndorf (Németjárfalu / Nemecké Jarovce) ist die *östlichste Gemeinde Österreichs*, sie liegt direkt im Dreiländereck. Etwa 600 Menschen leben hier. Mit den Nachbargemeinden Rusovce (Slowakei) und Rajka (Ungarn) blickt der Ort auf eine über 800-jährige, eng verwobene Geschichte zurück.

In der Mitte des Breitangerdorfs sind einige Spuren der Jubiläumsfeier von 2008 zu finden: eine Kugel aus kleinen Metallstücken (Entwurf: Konrad Schneider), unter denen einige Eckdaten der Ortsgeschichte versteckt sind, sowie eine kleine Holzhütte mit alten Fotos von Bewohnern. Von Einheimischen wird sie Tschardake genannt – dies war früher eine regional verbreitete Vorrichtung zum Trocknen von Maiskolben, Holz und Kräutern. Außerdem gibt es im ehemaligen Gerätehaus der Feuerwehr ein *Dorfmuseum*.

Etwas rückversetzt in der Kirchengasse finden wir die römisch-katholische *Kirche Hl. Bartholomäus*. Ihre Wurzeln reichen bis ins Mittelalter, was an den romanischen Teilen des massiven Ostturms zu erkennen ist. Im 17. Jahrhundert wurde das Gebäude zeitweise von den evangelischen Gläubigen genutzt, da diese im Ort die große Mehrheit stellten. Dann folgte eine Phase des Verbots der offenen Ausübung des evangelischen Glaubens (1673–1781). Die Protestanten aus der Region reisten damals für den Besuch eines Gottesdienstes nach Pressburg. Nach dem Toleranzpatent Josephs II. 1781 waren zunächst unauffällige Bethäuser (ohne Turm) erlaubt.

Das Ortsbild Deutsch Jahrndorfs wird heute von der *Evangelischen Pfarrkirche A.B.* geprägt (Untere Hauptstraße 36). Das Gotteshaus wurde 1837/38 am unteren Ende des Angers nach Plänen des Pressburgers Gottfried Brendel erbaut, nachdem das Bethaus baufällig geworden war. 1876 emanzipierte sich Deutsch Jahrndorf als eigenständige evangelische Gemeinde von Ragendorf (Rajka, → S. 49). Bis zur Grenzziehung 1922 betreute sie die Filiale in Karlburg (Rusovce) mit.

Von Deutsch Jahrndorf zum Dreiländerstein

Ohne Markierung
Distanz: 4,1 km

Am Platzerl vor der evangelischen Kirche können wir uns anhand der Karte für die Weiterfahrt zum Dreiländerstein orientieren. Zu den letzten Gebäuden, die wir in Deutsch Jahrndorf sehen, gehört das um 1924/25 errichtete *ehemalige Zollhaus* (Untere Hauptstraße 54). Zollwache und Polizei sind nach dem Beitritt der Nachbarländer zum Schengen-Abkommen ausgezogen. Die Gemeinde erwarb das Haus und richtete Wohnungen ein.

Die fast schnurgerade Verbindungstraße zwischen Deutsch Jahrndorf und Rajka wurde 2020 ausgebaut und brachte einen Anschluss an die

Dreiländerstein

Autobahn in Ungarn. Es scheint aber, dass sich das Verkehrsaufkommen im lokalen Rahmen hält. An der Grenze führen zwei Feldwege – ein österreichischer und ein ungarischer – zum Dreiländereck.

Seehöhe: 135 m

Dreiländerstein und Skulpturenpark

Inmitten der einsamen pannonischen Ebene, die an dieser Stelle recht unschön von Bahngleisen, Autobahn und Schnellstraßen sowie Grenzlinien zerschnitten wird, liegt das Dreiländereck von Österreich, Ungarn und der Slowakei. In dieser Zusammensetzung existiert es erst seit der Gründung der Slowakei 1993, davor hieß der dritte Nachbarstaat Tschechoslowakei. Der *Dreiländerstein* markiert den östlichsten Punkt Österreichs. Die Jahreszahl 1922 am österreichischen Grenzstein erinnert daran, dass das Burgenland erst Ende 1921 tatsächlich ein Bestandteil Österreichs und dann die Grenze konkret ausgepflockt wurde.

Drei Nachfolgestaaten der Donaumonarchie hatten Interesse an dem Landstreifen. Österreich argumentierte mit dem mehrheitlich deutschsprachigen Gebiet, aber vor allem benötigte der Kleinstaat mehr Agrarland. Ungarn bestand auf seine historischen Grenzen – auf die „Länder der heiligen Stephanskrone". Und die Tschechoslowakei verfolgte die Idee eines etwa dreißig Kilometer breiten Korridors nach Süden Richtung Adria und berief sich auf die kroatischen Dörfer der Region. Die in sprachlicher und religiöser Hinsicht vielfältige Bevölkerung in diesem „Zwischenland" lebte lange in Unsicherheit und Ungewissheit. Mehr als drei Jahre dauerte das schwere Ringen um das ehemalige Westungarn.

Am Heideboden wurde letztlich die Bahnstrecke Bratislava–Csorna zu einer Art Schicksalslinie. Sie sollte der ČSR als möglichst grenzfreier Verkehrskorridor in den Süden dienen, weshalb die Ortschaften entlang dieser Gleise bei Ungarn verblieben. Die ČSR erhielt als Brückenkopf Petržalka, und 1947 zusätzlich

Im Dreiländer-skulpturenpark

die Dörfer Jarovce (Horvátjárfalu), Rusovce (Oroszvár) und Čunovo (Dunacsún). Erst damals verlagerte sich der Dreiländerpunkt von Kittsee hierher. Beim Dreiländerstein erinnert ein Stück Stacheldraht an die dann folgenden vierzig Jahre am Eisernen Vorhang.

Der *Dreiländerskulpturenpark* entstand bald nach dem Wendejahr 1989. 1992 nützten Künstler aus Österreich, der Slowakei, Ungarn, den Niederlanden, den USA, Großbritannien und Japan die neue politische Situation für ein internationales Bildhauersymposion in Rusovce. Inspiriert vom Dreiländerland widmeten sich die meisten dem Thema Freundschaft (siehe Infotafel). Der Leiter des Symposions Lindabrunn, Mathias Hietz, initiierte den *Skulpturenpark*, der am 30. September 1992 eröffnet wurde. Die zwölf Werke um den Dreiländerstein wirken heute wie ein Ruhepol, während rundum die hektische Welt pulsiert. Hier vertiefen wir uns noch in einige Gedanken zu den vielen Sprachen im „Zwischenland" (→ S. 48).

Vom Dreiländereck nach Rajka

Ohne Markierung, SacroVelo
Distanz: 4,3 km

Wir ergreifen die erste Gelegenheit, um nach Ungarn zu radeln, und besuchen die Partnergemeinde von Deutsch Jahrndorf: Rajka. Dabei bewältigen wir

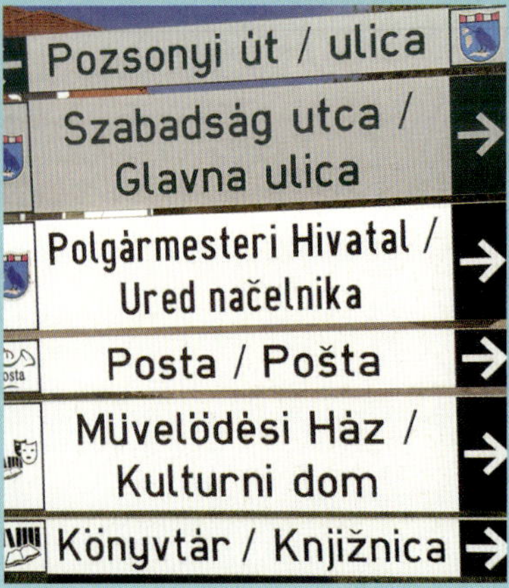

Hinweisschilder in Bezenye

SPRACHEN IM „ZWISCHENLAND“

Jo nápot! Guten Tag! Dobar dan! Latscho di! In „unserem“ Landstreifen rollt sich ein bunter „Fleckerlteppich“ aus Sprachen und Mundarten aus. „Verflechtungen“ erkennt man sogar im Wort *„Grenze“*. Es stammt vom slawischen *granica* und ließ sich hier in der Mundart als *Granitz* nieder. Das ungarische *határ* (Grenze, Grenzgebiet) lebt im Burgenland friedlich als *Hotter* (Gemeindegebiet).

Üdvözöljük! Willkommen! Dobro došli! Die „großen“ Sprachen Ungarisch, Deutsch und Kroatisch (zum Teil auch Slowakisch und Slowenisch) zeigen sich in Ortstafeln und Aufschriften. Die Dörfer und Ortschaften hatten aber bis etwa in die Mitte des 20. Jahrhunderts deutlich hörbare Eigenheiten und Dialekte – lokale Ausprägungen von Ungarisch (ung.), Kroatisch (kroat.) und Hianzisch (hz.), der deutschen Ui-Mundart der Region, die ihren Namen wohl dem Wort „hia(n)z“ (jetzt) verdankt. Das Burgenland-Roman (rom.) zählt übrigens seit 2011 offiziell zum immateriellen Kulturerbe Österreichs.

Sehr unterhaltsam sind die *gemeinsamen Begriffe* (Reihenfolge: 1. hz./dt., 2. ung., 3. kroat., 4. rom.): Berühmt-berüchtigt als Trinkgelage oder Fest ist der Mulatschag / mulatság / mulatovanje / mulatschago (ung. mulatság – Feier, Unterhaltung). Im Wortsalat gibt es z. B.: Grumpirn / grumpli / krompir / krumpa (dt. Grundbirne = Erdapfel/Kartoffel), Umuakn / uborka / buborak / boborka (ung. uborka – Gurke), Kugariz / kukorice / kukorica / kukurica (slawisch kukuruza – Mais, Kukuruz). Diesen trocknete man früher in den Tschardaken (ung. csárda – Scheune). Sehr bekannt sind auch der Bäick / pék / pek(ar) / pekari (dt. Bäcker) und die Tschisma / csizma / čižma (ung. csizma, türk. Čizme – Stiefel).

In Ungarn grüßen viele international mit *Szia!* (engl. See you), doch da und dort ist noch das vertraute *Servus (Szervusz)* zu hören. Zum Abschied rufen einige *Dscha Devleha* (rom. Geh mit Gott), *Zbogom* (kroat. Mit Gott) oder *Pfiat di* (dt. Behüte dich Gott).

Bahnübergang bei Rajka (Bahnstrecke Bratislava–Hegyeshalom)

einen kurzen verkehrstechnischen Hürdenlauf mit einem kurzen Trail (Variante*): Zurück auf der Straße kommen wir 1,5 km nach der Grenze zur Auffahrt zur Brücke mit Autobahnanschluss, die wir links liegen lassen. Wir folgen rechts der Route SacroVelo auf einer groben *Schotterstraße* zu einer anderen Brücke über die Autobahn (ca. 1,5 km). Bei den Gleisen der Bahnstrecke Bratislava–Csorna fahren wir nach links zum unbeschrankten Übergang (Achtung!). Zuletzt queren wir vorsichtig eine stark befahrene Straße und landen endlich auf einem Radweg. Wir fahren etwa 350 m nach rechts (Richtung Süden).

* Variante (14,4 km): Zurück nach Deutsch Jahrndorf und auf dem EV 13 durch die einsame Heidelandschaft nach Nickelsdorf (nur in Österreich).

Rajka (Ragendorf)

Seehöhe: 125 m

Rajkai Önkormányzati Hivatal, Szabadság tér 1, Tel. +36 96 222 011, rajka.asp.lgov.hu

GYSEV Nr. 132 (Bratislava-Petržalka–Rajka), GYSEV Nr. 1 (Rajka–Hegyeshalom)

In Rajka (Ragendorf / Rakindrof) begrüßt uns der Großfürst der Magyaren, Árpád, höchstpersönlich. Das Denkmal im nordwestlichen Zipfel Ungarns erinnert an Árpáds Sieg bei Bratislava im Jahr 907, der als wichtige Etappe der magyarischen Landnahme gilt (→ S. 17). So begegnet uns schon auf den ersten Metern in Ungarn der Kult um das historische Reich. Die Skulptur von László Bujtás entstand 2017 auf private Initiative

Besichtigungs-route: 1,5 km

und dient faktisch als Mini-Ersatz für die Millenniumssäule in Devín bei Bratislava. Diese hatten 1919 tschechoslowakische Legionäre zerstört.

Rajka war einst ein Dorf, das vom Krebsfang in der Donau lebte. Dies legt jedenfalls der alte Name Rákfalva bzw. Ragendorf nahe (ung. *rák* = Krebs). Über Jahrhunderte lebte in der Gemeinde eine mehrheitlich deutschsprachige Bevölkerung, darunter übrigens Vorfahren von Franz Liszt (→ S. 206). In Erinnerung daran erhielten vor einigen Jahren manche Straßen im Ortskern Zusatzschilder mit den historischen deutschen Namen. Vom Árpád-Denkmal radeln wir die *Petőfi Sándo utca (Schustergasse)* Richtung Ortszentrum. Nach wenigen Metern führt rechts die *Móricz Zsigmond utca (Schupfengasse)* zum evangelischen Friedhof und zur *evangelischen Kirche*. Am Kirchengebäude entdecken wir alte deutschsprachige Inschriften: den Dank an Kaiser Joseph II. für das Toleranzpatent und für die Erlaubnis zur Errichtung des Bethauses im Jahr 1784. (Der Kirchturm folgte erst 1923).

Bei der Kirche wurde 2016 anlässlich des 70. Jahrestages der *Vertreibung* der Ragendorfer Deutschen ein Gedenkstein errichtet. Mehr als 800 Personen waren hier 1946 von der „Repatriierung" nach Deutschland betroffen (→ S. 79). Zwei Jahre zuvor hatte die deutsche Okkupationsmacht über 200 jüdische Mitbürger Rajkas verschleppt. Auch ihnen wurde 2019 ein Denkmal gewidmet. Dieses liegt abseits unserer Route im nordöstlichen Ortsteil auf dem Areal der einstigen Synagoge in der Mártírok utca. 1945/46 kamen die „telepes" nach Rajka – neue Siedler. Sie stammten aus der Slowakei und waren Angehörige der ungarischen Minderheit, die wiederum aus ihrer Heimat vertrieben worden waren.

Mártírok utca
GPS: 47.9980200N, 17.2080200E

Ins Zentrum kommen wir über das Friedhofsgasserl (Temető köz) und die erste Quergasse nach rechts. Der *Szabadság tér* mit dem ziemlich kämpferischen Kriegerdenkmal von 1926 ist nicht zu übersehen. Auf ihm erkennt man die Auswirkung der Magyarisierungspolitik zumindest auf die Vornamen. Dagegen überraschen

Árpád-Denkmal

heute auf dem *Gemeindeamt* zweisprachige, ungarisch-deutsche Tafeln. Etwa zehn Prozent macht die deutschsprachige Minderheit in Rajka aus, und es gibt eine deutsche Selbstverwaltung. Gegenwärtig wächst der Ort durch den Zuzug aus Bratislava, denn hier lebt man günstiger als in der slowakischen Hauptstadt.

Zum Schluss schauen wir zu einer klassischen Sehenswürdigkeit: Die katholische *Martinskirche (Szent Márton templom)* ruft mit ihrem markanten Turm zu sich. Dieser soll auf den Resten eines römischen Wachturms stehen. Ja, hier entlang der nahen Donau verlief vor 2000 Jahren die Grenze des Römischen Reichs, der Limes. Im 14. Jahrhundert wurde die Turmkapelle gebaut, im 17./18. Jahrhundert kam das barocke Kirchenschiff hinzu, ebenso die Skulpturengruppe mit der Kreuzigungsszene.

EV 6,
ohne Markierung
Distanz: 11,7 km

Wurcz-Haus (kroatische Sammlung) / Wurcz-ház
Ady Endre utca 11,
Tel. +36 96 223 074 2
www.bezenye.hu,
Mo–Fr 14–16 Uhr,
Besuch nach Voranmeldung drei Werktage im Voraus

Von Rajka nach Hegyeshalom

Vom Szabadság tér folgen wir dem EV 6 aus Rajka. Baustellen, Puszta, Schnellstraße und Bahnlinie beherrschen die Szenerie, und wir radeln auf einem eigenen Streifen sicher zum Nachbarort: *Bezenye / Bizonja (Pallersdorf)* begrüßt uns auch auf Kroatisch. Die Abzweigung nach Hegyeshalom finden wir bald nach der Ortseinfahrt. In der Ady Endre utca steht übrigens auch das älteste Gebäude der Siedlung (Nr. 11): das *Wurcz-Haus* mit einer kroatischen Sammlung. Auf der Landstraße nach Hegyeshalom sind wir meist allein unterwegs. Bei der Einfahrt nach Hegyeshalom queren wir die Lajta (Leitha), die an dieser Stelle durch einen Kanal zweigeteilt ist.

Seehöhe: 127 m

Hegyeshalmi Polgármesteri Hivatal, Fő u. 134,
Tel. +36 96 568 250,
hegyeshalom.hu

ÖBB / MÁV Ostbahn (Wien-Hegyeshalom)
GYSEV Nr. 1 (Rajka-Hegyeshalom),
GYSEV Nr. 16 (Hegyeshalom-Szombathely)

Besichtigungsroute: 1,1 km

Hegyeshalom (Straß-Sommerein)

Der Name Hegyeshalom (Straß-Sommerein/Štros) ist eng mit dem internationalen Grenzübergang und dem großen Bahnknotenpunkt verbunden. Den Ort dahinter kennt man kaum. An manchen Stellen wirkt er noch wie ein altes Straßendorf, auch wenn im Zweiten Weltkrieg Bomben viel zerstörten und am Ortsrand Reihenhäuser aus dem Boden schießen.

Im Zentrum ergründen wir den Ursprung des Ortsnamens. Die ungarische Version nennt den „Spitz-Hügel", auf der eine alte Kirche mit einem Wehrturm thront. Die *St. Bartholomäus Kirche* (Szent Bertalan apostol templom) geht auf das 13. Jahrhundert zurück und war einst der heiligen Maria geweiht. „Sancta Maria" verwandelte sich auf Deutsch in „Sammaria" und schließlich in Sommerein. Am Fuße des Kirchhügels liegt ein riesiger Kopf. Er symbolisiert als *Sammeldenkmal* die Opfer der Weltkriege, der Aussiedlung und des Ungarnaufstands (Künstler: Tibor Rieger, 1993).

Wir machen einen Abstecher zum großen Bahnhof. Bei der Kirche queren wir die Hauptstraße und fahren auf der Kossuth Lajos utca geradeaus: Infotafeln

Denkmal beim „Spitzhügel“

heben die wenigen erhaltenen älteren Gebäude hervor – eine kleine Ortskapelle, ein Postamt und ein renoviertes Schulgebäude aus der Zwischenkriegszeit. Aus dieser Zeit stammt auch der Spruch „Hiszek Magyarország feltámadasabán“ („Glaube an die Auferstehung Ungarns“), der auf dem *Trianon-Kreuz* (→ S. 246) in der Nähe des Bahnübergangs zu lesen ist. Das Denkmal von Anfang der 2000er-Jahre zeigt die Gebietsverluste Ungarns nach dem Ersten Weltkrieg (derzeit entfernt wegen Renovierung). Doch wir pflegen den europäischen Gedanken und erinnern uns an Ereignisse des Jahres 1989, die sich in der Umgebung von Hegyeshalom abspielten (→ S. 55).

Beim *Bahnübergang* überblicken wir die beeindruckende Gleisanlage des Grenzbahnhofs. In

Hegyeshalom kreuzen sich die Bahnstrecken Bratislava–Csorna–Szombathely und Wien–Budapest. Mit dem Zug ins österreichische Exil flüchtete übrigens Anfang August 1919 der Führer der ungarischen Räterepublik, *Béla Kun*. Die Grenzstation war damals noch in Bruck an der Leitha. Wir folgen rechts der Vasút utca (Bahnhofsstraße) zum Vorplatz des *Bahnhofs*, den eine Dampflokomotive aus den 1940er-Jahren ziert.

Hier stehen wieder einige *Denkmäler*: für Gefallene der beiden Weltkriege, für die Opfer des Kommunismus und die Vertreibung der Ungarndeutschen aus Straß-Sommerein am 10. Mai 1946. Eine Gedenktafel (2009) ist den 124 ungarischen Juden gewidmet, die 1944/45 in Hegyeshalom beim Arbeitsdienst, Bombardierungen und infolge des „Todesmarschs" starben. Im November/Dezember 1944 lieferten in Hegyeshalom Pfeilkreuzler etwa 50.000 Menschen an die SS aus: 50.000 jüdische Männer und Frauen, Junge und Alte. Davon hatten ungefähr 30.000 einen mehrtätigen „Todesmarsch" aus Budapest – 250 Kilometer zu Fuß – durchgemacht. Hunderte hatten diesen nicht überlebt. Mitarbeiter des Internationalen Roten Kreuzes und Vertreter neutraler Staaten versuchten in Hegyeshalom, besonders geschwächte Menschen mithilfe von Schutzbriefen zu retten. Mehrmals auf unserer Tour begegnen wir dem schrecklichen Schicksal der ungarisch-jüdischen Zwangsarbeiter am Südostwall (→ S. 256).

Heimatmuseum / Német Tájház
Rákóczi utca 24,
Tel. +36 70 584 6766,
nemettonkorheyes@gmail.com,
Facebook: Hegyeshalmi Német Nemzetiségi Önkormányzat

Radroute
Distanz: 3,8 km

Von Hegyeshalom zum Grenzübergang

Vom Bahnhof nehmen wir die Szent István kiraly utca und die zweite Straße links, die Rákóczi utca. Hier befindet sich das *Deutsche Heimatmuseum* (Német Tájház). Am Ende der Straße biegen wir rechts ab und radeln zur Hauptstraße. Auf einem Radstreifen/-weg passieren wir das ehemalige Zollhaus aus den 1920er-Jahren und später das *einstige Areal einer Grenzkaserne* am Siedlungsrand. Um 2022 wurde darauf eine Wohnhausanlage (Meggyliget Lakópark) errichtet, die über eine kleine Brücke über den Leitha-Nebenkanal erreichbar ist. Nach einem Bahnübergang erreichen wir

WO DER EISERNE VORHANG ZWEIMAL FIEL

Der Abbau des Eisernen Vorhangs bei Hegyeshalom

In Hegyeshalom bekam der Eiserne Vorhang im Jahr 1989 zweimal große Risse. Hier begann die reformbereite Volksrepublik Ungarn, die gefürchteten Grenzvorrichtungen abzureißen. Die Entscheidung dazu fiel im Februar 1989 aus Kostengründen. Die Staatsangehörigen Ungarns genossen ohnehin seit Anfang 1988 mit dem Weltpass Reisefreiheit. Die Grenzwache hatte es daher meist mit Menschen aus der DDR und Rumänien zu tun – und mit zahllosen Fehlalarmen des veralteten Signalsystems. Vorsichtshalber informierte Budapest vorab die Sowjetunion über den heiklen Schritt. Der Kremlchef Michail Gorbatschow nahm das Vorhaben einfach zur Kenntnis.

Ungarn wollte mit dem Abbau des Stacheldrahtzauns sein Image und die Beziehungen zu Österreich verbessern. So lud man zu einer „historischen" Pressekonferenz nach Hegyeshalom. Hier erklärte am 2. Mai 1989 Balázs Nováky, Oberst der Grenzwache, die Anlagen seien „technisch veraltet, moralisch untragbar und politisch überflüssig". Dann gingen die Grenzsoldaten in der Nähe des Orts vor den Linsen der Fotografen ans ungewohnte Werk. Sie hatten dafür schon am 18. April an der Grenze zur Tschechoslowakei geheim geprobt. Über das Ende des Grenzzauns berichteten die Medien verhalten bis positiv. (Die Grenzwache hatte weiterhin Schießbefehl und die Aufgabe, Flüchtende aufzuhalten.) Trotz Zensur sprach sich die Nachricht bis in die DDR durch und beeinflusste „Urlaubspläne".

Vier Monate später, in der Nacht zum 11. September, öffnete Ungarn seine Grenzen für DDR-Bürger. Etwa 50.000 gestrandete „Touristen" reisten in den folgenden Wochen meist über Hegyeshalom / Nickelsdorf in den Westen. Der kommunistische Ostblock geriet weiter ins Wanken.

Historische Bundesstraße an der Grenze

bald die Grenze: eine verlassene Grenzstation, verrostete Leitplanken, ein teils überwucherter Parkplatz, ein Hauch von Prärie ... und in der Ferne das Rauschen des Verkehrs.

Grenzübergang Hegyeshalom–Nickelsdorf

Der Grenzübergang Hegyeshalom–Nickelsdorf ist seit 1947 der wichtigste zwischen Österreich und Ungarn. Bis zur Grenzänderung zugunsten der Tschechoslowakei verlief die Hauptroute über Kittsee. Zu Zeiten des Kalten Krieges war auf der Straße zwischen Hegyeshalom und Nickelsdorf wenig los, aber der ungarische „Gulaschkommunismus" ließ Tourismusreisen aufkommen. Ab 1978 durften Österreicher ohne Visum einreisen, wenn auch unter strengen Kontrollen.

Nach dem Fall des Eisernen Vorhangs versanken die Ortschaften an der Bundesstraße in der Verkehrslawine (Grenzübertritte 1986: 1,2 Millionen Pkw, 1992: 3,7 Millionen Pkw). Seit Ende 1994 rollt diese hauptsächlich über die Ostautobahn A 4. Heute spricht man von etwa zehn Millionen Kraftfahrzeugen pro Jahr.

Die alte Bundesstraße war Schauplatz vieler historischer Ereignisse: Wir denken an die Ungarnkrise 1956 (→ S. 89). Nach Ausbruch der Kämpfe rollten viele Hilfskonvois des Roten Kreuzes über die Grenze hin und her. Dahinter reihte sich am 1. November 1956 ein Auto mit einem besonderen Passagier ein: Paul V. Esterházy (1901–1989) flüchtete auf diesem Weg aus Ungarn. Sieben Jahre Haft in einem kommunistischen Gefängnis in Budapest lagen hinter ihm. Und im Herbst 1989 starteten hier am Grenzübergang Hegyeshalom zahllose Trabis in den Westen, meist über die parallele „Neuteilung“ (Trasse ab 1976), aber auch über die alte Gerade. Die DDR-Bürger erhielten nach der Grenze 700 Schilling Begrüßungsgeld für Benzin, um weiter in die BRD fahren zu können.

Seitdem hat sich Europa stark verändert: Ende 2007 feierte die politische Prominenz am Autobahnübergang das Ende der Schengen-Grenzen und das Aus für formale Grenzkontrollen: So winkten am 20. Dezember die Regierungschefs Österreichs und Ungarns, Alfred Gusenbauer und Ferenc Gyurcány, die Autos durch. Zwei Tage später fand ein europäischer Festakt statt, bei dem z. B. EU-Ratspräsident José Manuel Barroso anwesend war.

Dann kam die Flüchtlingskrise 2015. Im Sommer und Herbst erreichten etwa 300.000 Geflüchtete hauptsächlich aus Syrien, Afghanistan und dem Irak Österreich. Davon trafen mindestens neunzig Prozent in Nickelsdorf ein. Im September waren dies bis zu 15.000 Personen pro Tag. In der herausfordernden Situation sorgten Hilfsorganisationen, Freiwillige, Behörden und Bundesheer für Erstbetreuung, Transitquartiere und

Weitertransport. Seit 2016 stehen an der Grenze bei Nickelsdorf ein Gittertor, mobile Zaunelemente und Container als Teile des aktuellen „Grenzmanagements".

B26
Distanz: 3,6 km

Vom Grenzübergang nach Nickelsdorf

Die Fahrt auf der historischen, etwas rumpeligen Bundesstraße ist seit etwa 2013 ein Privileg für Radreisende. In einer einzigartigen Atmosphäre bewegen wir uns gefühlt zwischen Raum und Zeit, jedenfalls aber direkt auf der Staatsgrenze. Am Ende landen wir auf der heutigen B 10. Ein Radstreifen begleitet uns ins Ortzentrum von Nickelsdorf. Beim ehemaligen Zollhaus, wo bis Mitte der 1970er-Jahre ein Grenzbalken stand, kann man zum Bahnhof abbiegen. Für uns geht es leicht aufwärts weiter bis zu der auf einer Erhöhung (Rastplatz) liegenden Kirche.

Nickelsdorf

Seehöhe: 130 m

Großgemeinde Nickelsdorf, Obere Hauptstraße 3, Tel. +43 2146 2201, www.nickelsdorf.at
Tourismusverband Nickelsdorf, Obere Hauptstraße 3a
ÖBB Ostbahn (Wien-Hegyeshalom)

Im recht ruhigen Nickelsdorf (Miklóshalma / Mikištrof) begrüßt uns die Kirche hl. Nikolaus aus dem Jahr 1905. An der Rückseite des Kriegerdenkmals lenkt eine ungewöhnliche *Gedenktafel* die Aufmerksamkeit auf einen Puzzlestein im geschichtsreichen Boden (Tafel von 1908, 2017 erneuert), einen Moment der *ungarischen Revolution 1848* (→ S. 22). Jedes Jahr um den 15. März – dem Tag des Ausbruchs der Revolution in Budapest 1848 – halten in Nickelsdorf ungarische Vereine seit 1986 eine Gedenkveranstaltung ab.

Ein Blick in den chaotischen *Herbst 1848*: Der ungarische Revolutionsführer Lajos Kossuth hielt am 23. Oktober mit seinen Generälen im katholischen Pfarrhof von Nickelsdorf Kriegsrat ab. Was war geschehen? Budapest hatte den Angriff der Einheiten des Kroaten Josip (Joseph) Jelačić abgewehrt. Dieser marschierte daraufhin nach Wien, wo die Revolution erneut aufgeflammt war. Kossuth trat dafür ein, Jelačić zu folgen, die Leitha-Grenze zu überschreiten und den belagerten Revolutionären in Wien zu Hilfe zu kommen. Am 30. Oktober kam es bei Schwechat

Impressionen Anfang Juni bei Nickelsdorf

zur Schlacht gegen kaiserliche Truppen und Jelačić. Der Versuch zur Entsatzung Wiens scheiterte, doch der Widerstand der ungarischen Revolution hielt sich noch bis August 1849.

Zur Gegenwart: Erstaunlich sind die kulturellen und kreativen Aktivitäten in dem Grenzort mit etwa 1.800 Hauptwohnsitzern. Der *Verein Kugel* (Kultur und Geschichte erleben) setzt seit 2003 viele Projekte um, z. B. Ausstellungen, Theateraufführungen und historische (Rad-)Wanderungen. Bereits seit Ende der 1970er-Jahre ist die *Jazzgalerie Nickelsdorf* in der Jazzwelt bekannt. Diese veranstaltet das genreübergreifende Festival *Nickelsdorfer Konfrontationen*.

www.kugelverein.at
www.konfrontationen.at
www.novarock.at

Und wer hat nicht schon einmal vom *Nova Rock-Festival* gehört? 2005 richtete der burgenländische Veranstalter Ewald Tatar bei Nickelsdorf erstmals das Nova Rock aus, das über die Jahre zu einem riesigen Event heranwuchs. So herrscht jedes Jahr im Juni auf den „Pannonia Fields" Ausnahmezustand, vier Tage lang feiern zigtausende Musikfans. Die übrige Zeit surren hier die vielen Windräder eintönig vor sich hin.

Denkmal 1989 (Detailansicht)

EV 13
Distanz: 13,9 km

Von Nickelsdorf nach Albertkázmérpuszta

Am Fuße des Kirchhügels führt der EV 13 am Gemeindeamt vorbei in Richtung Süden hinaus auf die Äcker. Am Rande der Parndorfer Platte radeln wir einem Windpark entgegen und überqueren über eine Brücke die *Ostautobahn A 4*. Jenseits davon liegen die *„Pannonia Fields"* und der *„Pannonische Bienengarten Nickelsdorf"*, der den Wildbienen gewidmet ist.

Der Rastplatz mit dem *Denkmal „Flucht & Hilfe 1989"* (Franz Gyolcs, 2019) gibt Anlass zum Nachdenken. Wird es auch einmal ein Denkmal zur Flüchtlingskrise 2015 geben? Wir erinnern uns an den auf der A 4 bei Parndorf abgestellten Kühltransporter, in dem am 27. August 2015 71 Personen gefunden wurden, die qualvoll erstickt waren. Kriege, Unterdrückung und Existenzangst treiben Menschen zur Flucht. Im Frühjahr 2022 wurden in der Nova-Rock-Halle Geflüchtete aus der Ukraine betreut ...

Die Radroute verläuft auf einem gemütlichen Güterweg, die Anstiege sind kaum der Rede wert. Bald stoßen wir auf die Reste des *Kleylehofs* – eines ehemaligen Meierhofs, wie er im Heideboden typisch war. Hier lebten in den 1950er-Jahren noch 300 Menschen, doch die weitere Mechanisierung der Landwirtschaft brachte starke Veränderungen mit sich: Die Siedlungen starben oft aus und/oder bekamen einen anderen Zweck. Am Kleylehof wohnt seit 1992 der Bildhauer und Maler Franz Gyolcs, ein Schüler Alfred Hrdlickas, in einem umgebauten Kuhstall zur Miete. Die Phase als Kulturzentrum (2001–2015) ist aber inzwischen vorbei. Vom Kleylehof führt der EV 13 näher zur Grenze hin und über weite Felder zur nächsten Station, die ein Kirchturm anzeigt. Wir radeln über den Straßengrenzübergang nach Albertkázmérpuszta.

Albertkázmérpuszta

Seehöhe: 128 m

Teil der Gemeinde Várbalog, varbalog.hu

Schon der ungewöhnliche Ortsname, der auf Deutsch Albert Casimir heißt, macht neugierig – ebenso die extreme Lage in einem Grenzspitz. Beim Besuch wird bald klar: Albertkázmérpuszta ist kein gewachsenes Straßendorf, sondern eine planmäßig angelegte Kolonistensiedlung. Sie entstand um 1815 mit 46 Wohnhäusern im Auftrag von Albert Casimir von Sachsen-Teschen (1738–1822), dem Schwiegersohn Maria Theresias und damaligen Besitzer der Herrschaft Ungarisch-Altenburg (Magyaróvár).

Anfang des 19. Jahrhunderts begann Albert Casimir mithilfe eines Experten, Anton Wittmanns, mit der effizienten Bewirtschaftung seiner Güter und gründete weitere Siedlungen für Facharbeiter, z. B. Wittmannshof, Kleylehof, Albrechtsfeld und Farkasbrunn (Farkaskut, heute: Ujszaida), Jessemajor (heute: Várbalog). Die abgelegenen Meierhöfe entwickelten sich zu eigenen Dörfern mit Infrastruktur wie Schule und Kirche.

In Albert Casimir liefen die Pferdebahnen (Feldbahnen) für den Gütertransport zum Bahnhof in Hegyeshalom zusammen. Im modernen Meierhof befanden sich eine große Reparaturwerkstätte, eine Müh-

Ehemalige Kolonistenhäuser mit neuem Anstrich

Kirche eines ehemaligen Meierhofs

le und ab etwa 1900 eine Stromanlage. Die neugotische *Kirche* der Siedlung, die dem heiligen König Stephan geweiht ist, wurde 1896/97 errichtet und hat einen besonderen Hintergrund: Erzherzog Friedrich von Österreich-Teschen (→ S. 65) und seine Frau Isabella stifteten diesen Bau als Dank für die Geburt ihres einzigen Sohnes Albrecht II. Der lang ersehnte männliche Nachkomme kam als neuntes Kind des hochadeligen Ehepaars zur Welt. Ihn erwartete ein riesiges Erbe, doch der Zerfall Österreich-Ungarns und Enteignungen kamen dazwischen. Die spitze „Bruchlinie" zwischen Albertkázmérpuszta und Halbturn erzählt uns interessante Details.

Die Kolonistensiedlung gehörte ursprünglich zum Gemeindegebiet Halbturn – bis zur endgültigen *Grenzziehung* 1922. Der Großgrundbesitzer Erzherzog Friedrich wollte sein Eigentum möglichst in Ungarn sehen, das sich ja als Monarchie begriff. Der wirtschaftlich bedeutende Meierhof Albert Casimir verblieb nach der Entscheidung des Völkerbundrats in Ungarn. Hier war der Anteil der Personen mit ungarischer Muttersprache höher, nachdem dort seit 1861 der Unterricht auf Ungarisch geführt worden war. Der Ort Halbturn mit seinem Schloss wurde dagegen dem Gebiet der Republik Österreich zugesprochen.

1930 hatte Albertkázmérpuszta 420 Einwohner, im Jahr 1992 nur noch 27. Während der Zeit des Eisernen Vorhangs verödete der Ort im Grenzspitz fast, denn die technischen Sperren schotteten die Siedlung zwischen 1966 und 1989 auch vom Landesinneren ab. Das Ende dieser Phase feierten die Nachbarn der Region am 17. September 1989 mit einem grenzüberschreitenden Fest am „Ausgang" nach Halbturn. Dieser ist seit 2007 ständig geöffnet.

Heute reihen sich in Albertkázmérpuszta neben verfallenen Gebäuden renovierte Häuser und teils villenartige Anwesen. Die Statistik zählt etwa zwanzig ständige Bewohner, dazu kommen einige Zweitwohnsitzer. Hier können wir eine historisch angehauchte Atmosphäre in der Puszta erleben. Die Kázmér Csárda am Ostende der Hauptstraße lockt mit ungarischen Langos!

Von Albertkázmérpuszta nach Halbturn

EV 13
Distanz: 4 km

Von der einstigen Kolonistensiedlung radeln wir gemütlich über eine Alleestraße neben Äckern, Weingärten und Windrädern nach Westen, nach Halbturn. Im Ort folgen wir der der Budapester Straße geradeaus bis zur Erzherzog-Friedrich-Straße im Zentrum, wo die Kirche hl. Joseph zu sehen ist.

Halbturn

Seehöhe: 130 m

Gemeindeamt, Wiener Straße 3, Tel. +43 2172 8645, www.halbturn.com

Neusiedler Seebahn Bahnhof in Mönchhof

Halbturn (Féltorony) lässt sich bis auf das Jahr 1466 zurückverfolgen, war aber lange Zeit eine Wüstung. Nach dem Neubeginn 1672 folgte mit dem verheerenden Durchzug der Osmanen 1683 ein herber Rückschlag. Der Ort wurde dann nach dem Kolonialschema erneuert. Die überregionale Bekanntheit verdankt Halbturn dem Barockpalais, in dem regelmäßig Ausstellungen gezeigt werden. Außerdem verweist Halbturn in seinem Logo auf die erhaltenen *Tschardaken*, die da und dort dörflichen Charme verbreiten, wie in der Tschardakengasse beim Gemeindeamt. Jedes Jahr Ende September feiert man das „Tschardakenfest".

Durch das *Ortszentrum* ziehen sich „herrschaftliche" Spuren. Auf der Erzherzog-Friedrich-Straße stehen in insgesamt sechs Reihen Bäume Spalier. Das Kriegerdenkmal erscheint hier in einem besonderen Licht: Denn der Schlossbesitzer von Halbturn – *Erzherzog Friedrich* (→ S. 65) – war im Ersten Weltkrieg Oberster Befehlshaber der k. u. k. Armee (1914 bis Anfang 1917), begnügte

Tschardake – ein alter „Maisspeicher"

Besichtigungsroute: 3,7 km

sich jedoch mit einer repräsentativen Ehrenrolle ohne Einfluss.

Prominent, aber mit nobler Zurückhaltung zeigt sich die *Pfarrkirche hl. Joseph*. Kein Geringerer als Kaiser Karl VI. ließ diese um 1730 vermutlich vom Architekten Joseph Emanuel Fischer von Erlach neu gestalten. Für den Herrscher war im Innenraum ein Oratorium reserviert, das noch heute existiert. Auf dem Platz vor der Kirche gedenkt man eines Sohnes der Gemeinde, *Joseph Grösz*s (1881–1967), der als Erzbischof von Kalocsa im kommunistischen Ungarn zu leiden hatte.

Schloss Halbturn

Schloss Halbturn
www.schlosshalbturn.com, April bis Anfang Nov., Di–So, Fei 10–17 Uhr. Gartenanlage frei zugänglich, Radfahren erlaubt. Radparkplätze beim Parkeingang, Schloss und Restaurant

Neben der Kirche hl. Joseph finden wir den Eingang in den Schlosspark – ein schöner Platz zum Verweilen, Lesen und Spazierradeln. Das „Schloss auf der Heid'" geht etwa auf das Jahr 1711 zurück. Alois Thomas Raimund Graf Harrach besaß die Herrschaft Ungarisch-Altenburg als Pfand und beauftragte Lucas von Hildebrandt mit dem Bau eines Jagdschlosses.

1724 übernahmen die *Habsburger* wieder den Besitz der Ungarischen Krone und brachten den kaiserlichen *Doppeladler* an der Südfront des Schlosses an. Kaiser Karl VI. nützte als ungarischer König Károly III. das Anwesen für Jagdausflüge und Empfänge. Er richtete auch ein Hofgestüt ein. Seine Tochter Maria Theresia ließ das Schloss nach den Plänen von Franz Anton Hillebrand modernisieren und weiter umgestalten (1765–1767). Ihr Mann, Kaiser Stephan von Habsburg-Lothringen, hatte die Herrschaft Ungarisch-Altenburg 1764 von der Ungarischen Krone als Privatbesitz erworben. Maria Theresia schenkte das erneuerte Schloss ihrer Lieblingstochter Maria Christina zur Hochzeit mit Herzog Albert Casimir von Sachsen-Teschen. Seitdem blieb Schloss Halbturn im Familienbesitz ihrer Nachfahren bzw. adoptierten Erben (derzeit: Markus Königsegg-Aulendorf). Bei näherer Betrachtung ein bemerkenswerter Sonderfall (→ S. 65).

Dass das *Schloss* in dieser Pracht vor uns steht, ist keine Selbstverständlichkeit. Im Zweiten Weltkrieg

DER „K. U. K. GROSSPAPA“ FRIEDRICH UND HALBTURN

Erzherzog Friedrich um 1916

Zum Zeitpunkt des Zerfalls der Donaumonarchie war *Erzherzog Friedrich von Österreich-Teschen* (1856–1936) Eigentümer der Domäne Ungarisch-Altenburg. Er gehörte durch glückliches Erbe und erfolgreiche Bewirtschaftung zu den reichsten Vertretern des Herrscherhauses. Der Habsburger hatte Ländereien in Schlesien, Galizien, Mähren, der Slowakei und Ungarn – über 150.000 Hektar Land. Ihm gehörten z. B. die Albertina in Wien und das Grassalkovich-Palais in Pressburg (Bratislava). In Halbturn begrüßte Friedrich prominente Gäste wie Kaiser Franz Joseph I., Thronfolger Franz Ferdinand, Kaiser Wilhelm und seinen Schwager König Alfons XII. von Spanien.

Nach dem Zusammenbruch Österreich-Ungarns wurde Friedrich als Habsburger in den meisten Nachfolgestaaten enteignet. Auch an die Republik Österreich verlor er Besitzungen, weil er auf den Herrschaftsanspruch der Dynastie nicht verzichtete. Halbturn lag zu diesem Zeitpunkt noch in Ungarn. Dort griff gerade die Räterepublik auf das adelige Eigentum zu. Friedrich war bereits vor Kriegsende mit seiner Familie in die Schweiz gereist. 1921 kehrte er nach Horthy-Ungarn und zu seinen dortigen Besitzungen zurück.

Die Bestimmungen der Habsburgergesetze in Bezug auf die Enteignungen wurden im Burgenland 1922 nicht in Kraft gesetzt. Zur Sicherheit hatte Friedrich schon 1920 die Güter offiziell an ausländische Gesellschaften verpachten und mit einer Hypothek belasten lassen. Jedenfalls behielten Friedrich und seine Erben die Besitzungen im Burgenland.

Ins burgenländische Halbturn kam Friedrich wegen des Einreiseverbots nicht mehr. Der „k. u. k. Großpapa“ genannte Friedrich starb mit achtzig Jahren am 30. Dezember 1936. In Anwesenheit des Reichsverwesers Miklós Horthy und zahlreicher Adeliger wurde er in der Stadtpfarrkirche Magyaróvár (Ungarisch-Altenburg; heute Teil von Mosonmagyaróvár) beigesetzt.

wurde es z. B. von der Wehrmacht, der Hitlerjugend, als Umsiedlerlager und landwirtschaftliches Versuchslabor genutzt. Im Frühjahr 1945 ging die Front durch und die sowjetische Besatzungsmacht beanspruchte das Schloss. Bei einem Großbrand im August 1949 erlitt das Barockpalais schwere Schäden. Von der Innenausstattung blieb nur ein kunsthistorisch wertvolles *Deckenfresko* im Hauptsaal erhalten – die „Allegorie der Zeit und des Lichts“ von *Franz Anton Maulbertsch*. So sehen wir das Hochzeitsgeschenk Maria Theresias an ihre Tochter aus dem Jahr 1765. Der Wiederaufbau erfolgte ab 1956 mit tatkräftiger Unterstützung des Bundesdenkmalamtes und des Landes Burgenland. Letzterem verpachtete der Besitzer Paul Waldbott-Bassenheim das Schloss 1972 bis 2001 um einen symbolischen Schilling im Jahr.

Seit den 1970er-Jahren hat sich Schloss Halbturn zu einem wichtigen kulturellen und touristischen Standort entwickelt. Ausstellungen, Schlosskonzerte *(www.halbturner-schlosskonzerte.at)*, Weihnachtsmärkte und andere Veranstaltungen wie die Pferdeshow „Lipizzaner & Friends“ im Sommer locken Besucher in die Region.

Bei einer Spazierfahrt durch den großen Landschaftsgarten kommt man am Ende der Christinenallee zur *Johanneskapelle*, die als Grabstätte dient: Hier ruht *Albrecht II.* (1897–1955), der Sohn Erzherzog Friedrichs. In den 1920er-Jahren war dieser als An-

Schloss auf der Heid' - Halbturn

wärter für den ungarischen Thron im Gespräch. Als Revisionist unterstützte er die nationalistischen Kräfte Ungarns und das NS-Regime. Nach dem Zweiten Weltkrieg flüchtete Albrecht über Spanien nach Argentinien, wo er starb. Seine Urne wurde 1986 nach Halbturn überführt.

Hotterstein zwischen Halbturn und Mönchhof

Infeld – Haus der Kultur

Für Kunstinteressierte steht noch ein Pflichtbesuch auf dem Programm. Im alten Jägerhaus überrascht eine unglaubliche Privatsammlung. Peter Infeld (1942–2009), ein erfolgreicher Produzent von Musiksaiten, sammelte mit viel Gespür Werke vieler Künstler, darunter Arbeiten von Andy Warhol, Pablo Picasso, Oskar Kokoschka, Egon Schiele, Friedensreich Hundertwasser, Maria Lassnig und Anton Lehmden (→ S. 190). Infeld teilte seine Sammlung mit der Öffentlichkeit – in einem eigenen „Haus der Kultur" in Halbturn. Nach Infelds Tod setzte die Familie seine Leidenschaft fort. Die Ausstellungen wechseln mehrmals im Jahr, denn immerhin könnte man Werke von über 650 Kunstschaffenden zeigen.

Infeld Haus der Kultur
www.infeld.net,
Parkstraße 13.
Tel. +43 2172 201 23
März bis Dez.
Do–So, Fei 13–18 Uhr
und nach tel.
Vereinbarung,
Eintritt frei

Von Halbturn nach Mönchhof

Als krönenden Abschluss der Etappe nehmen wir die Anhöhe des Wagram. Wir verlassen beim Westtor den Schlosspark und fahren ein kurzes Stück hinauf. Wir folgen dem B 23 nach Westen durch die Weingärten bis zum Schild „Dorfmuseum". In der Nähe markiert ein *Hotterstein* von 1673 die lange umstrittene Grenze zwischen Halbturn und Mönchhof; auf der einen Seite sehen wir eine Krone, auf der anderen das Zeichen der Zisterzienser. Von hier überblicken wir den Seewinkel, aus dem die Basilika Frauenkirchen herausragt. Mit Schwung radeln wir bergab, queren vorsichtig die Landstraße und kommen in Mönchhof zum Bahnhof und Beginn des nächsten Abschnitts.

B23, ohne
Markierung
Distanz: 2,8 km

2 Seewinkel, Puszta und Hanság

Um Frauenkirchen

Basilika in Frauenkirchen

2 Um Frauenkirchen

Route: 65 km

Kartenmaterial:
- Raderlebnis Neusiedler See (Tourismuskarte mit Radrouten / neusiedlersee.com)
- freytag & berndt WK 271 Wander-Rad-Segelkarte (1:50.000): Neusiedler See, Eisenstadt, Leithagebirge, Rust, Sopron, Seewinkel Nationalpark
- Szarvas-Wanderkarte Szigetköz / Kleine Schüttinsel, Hanság, Fertő (1:80.000)

Wichtige Links zur Region:
- Neusiedler See Tourismus: www.neusiedlersee.com
- Nationalpark Neusiedler See: nationalpark-neusiedlersee.at

Lange diente der Seewinkel hauptsächlich als Weidegebiet. Heutzutage erleben wir eine faszinierende und lehrreiche Region. Das Dorfmuseum Mönchhof lässt in den Alltag früherer Zeiten blicken. Der Wallfahrtsort Frauenkirchen mit der prachtvollen Basilika ragt aus dem Heideboden und der Puszta heraus und zeugt vom politischen Aufstieg der Esterházy. Wir verfolgen die Spuren von verschwundenen Lebenswelten weiter, finden ein Kriegsgefangenenlager und hören von Flucht und Vertreibung unzähliger Menschen. Die berühmte „Brücke von Andau“ erzählt von den bewegenden Tagen des Ungarnaufstands 1956.

Es ist eine Landschaft zwischen Sumpf und Steppe: Zicksee, Waasen-Hanság und Einserkanal – sie regen zum Nachdenken über den Umgang der Menschen mit der Natur und die Folgen der Klimakrise an. Wir beobachten den schwierigen Balanceakt zwischen ertragreicher Landwirtschaft, wachsendem Tourismus und der Bewahrung einer einzigartigen Natur- und Kulturlandschaft. Am Ende bringt uns die Neusiedler Seebahn, die Lebensader des Seewinkels, im Express über die Puszta.

Gut zu wissen

Radfahren in der Region

Das *Gelände* im Seewinkel ist das Flachste und Tiefste, was unsere Reise an der Grenze zu bieten hat. Hier radelt es sich sehr leicht, vor allem wenn der Wind in den Rücken bläst. Für die optimale Linie durch die weite Ebene „surfen“ wir auf mehreren Hauptrouten: R1, Hanság-Radweg, EV 13. Hier finden wir verkehrsarme, asphaltierte Güter- oder Begleitwege vor. Den einzigen – leichten – *Trail* bildet der Schotterweg am Einserkanal (8 km). Die asphaltierte Variante führt auf einem Umweg über Tadten (Hanság-Radweg). Im Abschnitt durch den Hanság (Andau–Wallern, ca. 22 km) gibt es keine Infrastruktur, daher Wasser nicht vergessen!

Unterwegs bieten sich die *Bahnhöfe* der Neusiedler Seebahn als Zu- und Ausstiegsstelle an (Frauenkirchen, St. Andrä, Wallern).

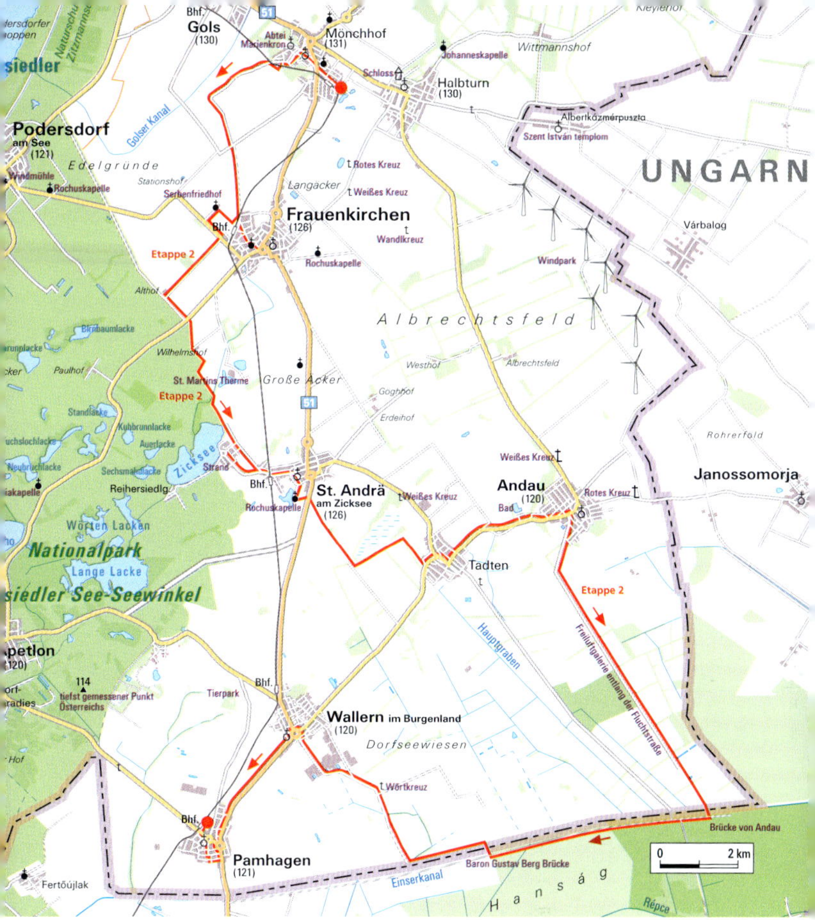

Mönchhof

Mönchhof (Barátfalu) ist für uns das Tor in den Seewinkel. Die modernisierte Neusiedler Seebahn (→ S. 101) lässt die Region näher an Wien rücken und die Gemeinde wachsen; sie zählt derzeit 2.300 Einwohner. Gleich in der Nähe des Bahnhofs (300 m) entführt uns ein erstaunliches Dorfmuseum in die Vergangenheit.

Das Dorf im Dorf

Das „*Dorfmuseum*" einpuppt sich als beeindruckendes *Museumsdorf*. Über drei Jahrzehnte hat der leiden-

Seehöhe: 128 m

Gemeindeamt Mönchhof, Kirchenplatz 11a, Tel. +43 2173 8021 0, www.moenchhof.at

Neusiedler Seebahn (Neusiedl am See–Fertőszentmiklós)

Dorfmuseum Mönchhof
Bahngasse 62, Tel. +43 2173 80642, www.dorfmuseum.at, April bis Mai, Di–So, Fei 10–18 Uhr, Juni, Juli u. Aug. tägl. 10–18 Uhr, Okt. Di–So, Fei 10–17 Uhr

schaftliche Sammler Josef Haubenwallner in einem ehemaligen Weingarten sein Freiluftmuseum aufgebaut. Alte Gebäude der Umgebung, die sonst abgerissen und vergessen worden wären, erfüllen hier eine neue Funktion als Gedächtnis des Heidebodens bzw. Seewinkels. Besucher spazieren in der Atmosphäre der Zeit von 1890 bis 1960, aber auch darüber hinaus. Im Museumsgebäude („Sammlung") kann man sich in Literatur und Fotoalben vertiefen. Und jedes Jahr am letzten Sonntag im Juli, am Handwerkstag, erwacht das Dorf zum Leben.

Was es hier alles gibt! Gemeindeamt, Post, Schule, Arztpraxis, ein großes Kino, ein (schwindender) Teich, einige Geschäftsläden, Handwerkszeile, mehrere Stadeln, das Gehöft einer Weinbauernfamilie, ... und sogar eine Kirche. Für eine Jause bietet das Gasthaus Getränke, Kaffee und Kuchen an. Im hinteren Bereich des Dorfs kann man eine Baracke des Reichsarbeitsdienstes aus der NS-Zeit betreten. Eine Seltenheit ist auch der Blick in einen „Zigeunerwagen", bei dem wir

Beim Dorfgashaus

einiges zur Geschichte der Sinti und Roma im Burgenland erfahren. Im Heideboden gab es Romasiedlungen z. B. in Halbturn, Mönchhof, St. Andrä am Zicksee und Pamhagen, bis der NS-Terror sie vernichtete (→ S. 139).

Für uns gehört das alte, kleine Zollhaus von Andau zu den wichtigsten Stationen, ebenso wie die *Außenstelle beim Bahnhof Mönchhof.* In alten Waggons finden wir Informationen und Objekte zur Neusiedler Seebahn (→ S. 100), aber auch zur Vertreibung der Ungarndeutschen (→ S. 79). Im Bahnhofsgebäude (Eingang gleisseitig) sehen wir bewegende Bilder und Objekte zum Eisernen Vorhang und zum Paneuropäischen Picknick (→ S. 141).

Vom Dorfmuseum ins Zentrum Mönchhof

Ohne Markierung, Distanz: 1,4 km

Vom Dorfmuseum radeln wir die Bahngasse bis zum Ende, wo eine Lichtsäule von 1622 steht. Dort nützen wir den Zebrastreifen über die Stiftsgasse und fahren geradeaus durch die Quergasse. Bei der ersten Gelegenheit biegen wir rechts ab und kommen zum Kirchenplatz. An der Westseite des befestigten Kirchbergs finden wir einen Zugang.

Ortszentrum

Schon der Name Mönchhof verrät den Ursprung des Orts: Im Jahr 1217 schenkte der ungarische König András (Andreas) II. dem Zisterzienserstift Heiligenkreuz im Wienerwald ein Gut im ehemaligen Grenzwächtergebiet. Die Zisterziensermönche bauten einen Wirtschaftshof (Grangie) auf und erschlossen Teile des Seewinkels. Allerdings verlief das Leben der Zisterzienser in Mönchhof alles andere als ruhig, und nach den osmanischen Einfällen 1529/32 dachte das Stift Heiligenkreuz an einen Verkauf. Dieses Vorhaben verhinderte der Habsburger Ferdinand I., da dem Kloster die Besitzrechte „auf ewige Zeiten" verliehen worden waren.

Ausgerechnet die Habsburger nutzten ab 1553 Mönchhof bzw. den Kirchberg als Sitz des kaiserlichen Pferdegestüts. Der Besitz der Ungarischen Krone im Nachbarort Halbturn (→ S. 63) lag noch in Trümmern,

Kirche hl. Magdalena und alte Weinkeller

und so übernahmen sie vom Stift den Grund zunächst als Pacht. Was eigentlich als Übergangslösung gedacht war, währte dann gegen den Willen der Zisterzienser etwa hundert Jahre. Erst Kaiser Ferdinand III. verlegte das Lipizzanergestüt nach Prag, und die Zisterzienser von Heiligenkreuz bekamen den Besitz 1659 zurück. Der Kirchberg und die jahrhundertealte Wehrmauer haben noch einige stürmische Zeiten erlebt. In einer etwas ruhigeren Phase entstanden die barocke Kirche hl. Magdalena (1729–1734) und das Pfarrhaus, auch „Schloss" genannt. Die Zisterzienser von Heiligenkreuz betreuen die Pfarre bis heute.

1955 gründete das Stift Heiligenkreuz in Mönchhof das *Zisterzienserinnenkloster Marienkron* als „Gebetsstätte dicht am Eisernen Vorhang". Die Klosteranlage wurde ab 1957 etwa 300 Meter vom Kirchenplatz in der Klostergasse gebaut. Als ein wirtschaftliches Standbein kam ab 1968/69 das Kneipp- und Erholungszentrum hinzu, das sich heute als modernes Kurhaus präsentiert *(www.marienkron.at)*. 1991 wurde Marienkron zur Abtei erhoben und der Gründungsauftrag nach dem Fall des Eisernen Vorhangs angepasst: Das Gebet gilt verfolgten Christen in allen Teilen der Welt sowie Menschen, die Opfer von Unterdrückung, Benachteiligung und Gewalt sind – und dem Frieden.

Von Mönchhof nach Frauenkirchen

R1, B23
Distanz: 7,8 km

Vom Kirchenplatz in Mönchhof radeln wir auf der Hauptstraße am *alten Wachturm* („Türkenturm") aus dem 17. Jahrhundert vorbei. Vermutlich ist er der Rest einer früheren Pfarrkirche. Am Ortsrand queren wir vorsichtig die Gleise der Neusiedler Seebahn und radeln dann chillig durch Weingärten und Felder. In der Ferne erhebt sich das Leithagebirge, und hier im Seewinkel ragt die Basilika „Maria auf der Heide" heraus. Kurz vor einem Bahnübergang bei Frauenkirchen zweigt der R1 nach Süden ab, aber wir fahren auf dem B23 in den Ort hinein bis zur Kirche. Später kehren wir an diesen Punkt zurück.

Frauenkirchen

Seehöhe: 124 m

Stadtgemeindeamt Frauenkirchen, Amtshausgasse 5, Tel. +43 2172 23000, www.frauenkirchen.at

Neusiedler Seebahn (Neusiedl am See–Fertőszentmiklós)

Der *Wallfahrtsort* Frauenkirchen (Fertőboldogasszony / Svetica za Jezerom) ist schon von der Ferne an der doppeltürmigen Kirche zu erkennen. Sie ist das größte Kirchengebäude des Burgenlandes und das Wahrzeichen der Stadt, in der etwa 2.900 Menschen leben. Hier haben beliebte Pilgerwege eine Station, z. B. der burgenländische Jakobsweg und der Marienweg (maria ut-05) nach Mariazell.

Frauenkirchen wurde erstmals 1324 urkundlich als „Zenmaria" (Heilige Maria) erwähnt und soll bereits um 1335 eine Pilgerstätte gewesen sein. Allerdings verödete die Siedlung wenig später, und die Spuren verlieren sich. Doch stand hier eine Kirche, die spätestens 1529 zur Ruine wurde. Lange Zeit diente das Gebiet als Weidefläche für Rinderherden aus Ungarn, die zu den Märkten nach Wien getrieben wurden. Die Wiederbelebung der Ortschaft und des Wallfahrtsorts symbolisiert den politischen Aufstieg der *Esterházy* im 17. Jahrhundert.

1622 hatte Nikolaus (Miklós) Esterházy von Kaiser Ferdinand II. als Dank für die Unterstützung im Krieg gegen Gábor (Gabriel) Bethlen (→ S. 197) die Grafschaft Forchtenstein erhalten. Dazu gehörte auch das Gebiet um Frauenkirchen. In den 1650er-Jahren setzte sein Sohn Paul Esterházy (→ S. 77) die entscheidenden Schritte: Er gründete auf der einsamen Heide einen Meierhof und ließ die Gnadenkirche neu errichten. 1668/69 bestand schon eine Siedlung mit Marktrecht, und immer mehr Pilger kamen hierher. So geht auch das *Brauhaus* gegenüber der Kirche auf ein Wirtshaus aus dieser Zeit zurück. Die Förderung des Wallfahrtsorts durch Paul Esterházy führte um 1700 zur Bildung der *Herrschaft Frauenkirchen* (Pamhagen, Wallern, Apetlon, Gols, Tadten, Sommerein). Damit war die Basis für die Entwicklung Frauenkirchens zum Zentrum des Seewinkels gelegt.

Heute wirbt Frauenkirchen vor allem mit der St. Martins Therme & Lodge (→ S. 83). Hier in der Stadt, im wirtschaftlichen Mittelpunkt der Region, kann man jedenfalls die Kulinarik genießen, z. B. im Brauhaus und in der Vinothek. Auch interessante Betriebe, die mit Ideenreichtum punkten, laden zur Besichtigung ein, wie die Duftmanufaktur „Steppenduft", die Welt der Paradeiser bei Stekovics und einige weitere Biohöfe und Winzer. *(www.frauenkirchen.at/stadtleben-a-z/genuss-und-kulinarik/).* Und über die Geschichte stolpern wir mehrmals.

Basilika zu Mariä Geburt / Maria auf der Heide

Basilika Frauenkirchen
Kirchenplatz 2, frauenkirchen.franziskaner.at, tägl. 6–21 Uhr. Führungen ab 8 Personen nach Anmeldung (Website: Führungen / Angebote)

Die Wallfahrtskirche zu Mariä Geburt in Frauenkirchen ist ein Paradebeispiel für einen repräsentativen Barockbau. Nach den Osmanischen Kriegen 1683 wurde die verwüstete Kirche zunächst renoviert, allerdings erwies sie sich bald als zu klein für die vielen Pilger. Paul Esterházy beauftragte Baumeister *Francesco Martinelli* mit dem Neubau des Gotteshauses (1694–1702). Es war ein Zeichen des Danks für seine Erhebung in den Reichsfürstenstand. Das fürstliche Wappen finden wir z. B. an der Decke des Kirchenschiffs. Dort hängt auch ein kleiner, goldener Widder als Symbol des Ordens vom Goldenen Vlies. Damit ließ Paul I. Esterházy erkennen, dass er zur politischen Elite der Habsburgermonarchie zählte.

PAUL, DER ERSTE FÜRST ESTERHÁZY (1635–1713)

Paul I. Esterházy um 1655

Paul (Pál) Esterházy de Galantha trat 1652 das Erbe der Familie an, nachdem seine Brüder im Kampf gegen die Osmanen bei Vezekény gefallen waren. Damals soll der junge Graf das Gelöbnis zur Erneuerung des Gotteshauses in Frauenkirchen abgegeben haben. In den folgenden sechzig Jahren gestaltete Paul die Habsburgermonarchie mit. Als Grundherr, Kunstmäzen und Förderer der Rekatholisierung hinterließ er deutliche Spuren in den Regionen nördlich des Geschriebensteins.

Paul kämpfte in den Osmanischen Kriegen, etwa 1664 in der Schlacht bei Mogersdorf (→ S. 329). Im Unterschied zu seinem Schwager Ferenc (Franz) III. Nádasdy beteiligte er sich nicht an der Magnatenverschwörung gegen Kaiser Leopold I. (→ S. 232). So konnte Paul später große Teile von dessen Besitz in Westungarn erwerben, wie Kapuvár, Deutschkreutz, Klostermarienberg und Lockenhaus. Gleichzeitig erlaubte er vertriebenen Juden die Ansiedlung in sieben seiner Gemeinden (→ S. 37).

1681 stieg der kaisertreue Paul beim Landtag in Sopron (Ödenburg) zum Palatin des Königreichs Ungarn auf. 1687 überzeugte er den ungarischen Landtag in Pressburg, das Erbrecht für den Königsthron an die Habsburger zu verleihen. Dafür zeichnete Kaiser Leopold I. im selben Jahr Paul Esterházy mit dem Titel eines Reichsfürsten aus. Ein großes L (für Leopold) ziert seither das Wappen der Esterházy.

1713 starb Paul Esterházy mit 78 Jahren in Eisenstadt (Kismarton) an der Pest. In seiner Ära hatte sich das „Land Esterházy“ bedeutend vergrößert. Paul sorgte mit einer Erbregelung dafür, dass dieses nicht zersplittert wurde. Bis heute sind die Esterházy-Stiftungen die größten Grundbesitzer im Burgenland. In Ungarn wurden die Esterházy in der Zeit des Kommunismus enteignet. In Österreich kam es nach Ende der Monarchie nie zu einer umfassenden Bodenreform.

In der Basilika Frauenkirchen

Die *Innengestaltung* des kunsthistorischen Juwels wirkt imperial. Wie so oft in (einst) ungarischen Kirchen stehen am Hochaltar die heiliggesprochenen Könige Stephan I. und Ladislaus I. In der Mitte thront die gotische *Gnadenstatue* mit der legendären Jahreszahl 1240. Im Jahr 1990 feierte daher Frauenkirchen „750 Jahre Gnadenstatue"; aus diesem Anlass erhob Papst Johannes Paul II. am 15. August 1990 die Kirche zur *Basilica minor.*

Tatsächlich dürfte die Marienskulptur aus dem 14. Jahrhundert stammen. Paul Esterházy, ein großer Marienverehrer, hat sie von Forchtenstein hierherbringen lassen. Auf dem ersten Seitenaltar links steht auch das *alte Gnadenbild* der Maria lactans (Maria als stillende Mutter), das bereits in der Kirche vor 1529 angebetet worden sein soll. Von der Gottesmutter erhofften sich die Christen in den Osmanischen Kriegen besonderen Schutz und den Sieg über den Islam.

1683 lagerte die Gnadenstatue zur Sicherheit nochmals in der Burg Forchtenstein. Den Zweiten Weltkrieg überstand sie in der Krypta der Peterskirche in Wien. Die Wallfahrtskirche in Frauenkirchen wäre im

Rückzugsgefecht der Wehrmacht beinahe gesprengt worden, doch der Befehl zur Zerstörung wurde nicht ausgeführt. So konnten 1956 in dem Prachtbau Dreharbeiten für den Film *„Sissi II – die junge Kaiserin"* stattfinden. Die Kirche diente als Kulisse für die Nachstellung der Krönung des ungarischen Königspaars in Ofen (Pest).

Zuletzt werfen wir noch einen Blick in das *Franziskanerkloster*, in dem es auch einen kleinen Klosterladen gibt. Für die geistliche Betreuung der Bevölkerung hatte Paul Esterházy Franziskaner aus Pozsony-Pressburg (heute: Bratislava) gerufen. Das Kloster wurde nach der Entstehung des Burgenlands weiter von Ungarn aus verwaltet. Dies änderte sich 1938 auf Druck des NS-Regimes, das offenbar jeglichen äußeren Einfluss unterbinden wollte. Seitdem ist die Wiener Ordensprovinz für die Franziskaner in Frauenkirchen, Eisenstadt und Güssing (→ S. 304) zuständig.

Kalvarienberg / Denkmal der Ungarndeutschen

Besichtigungsroute: 1,7 km

In Frauenkirchen gibt es sogar einen *Kalvarienberg*, auf den man spazieren kann. Ursprünglich hatte der um 1685 angelegte Hügel seinen Platz vor der Hauptfassade der Wallfahrtskirche. Doch im Jahr 1958 wurde der „höchste Berg des Seewinkels" an die Südseite versetzt. In der Umgebung stoßen wir auf Spuren von Leidenswegen der Menschen im 20. Jahrhundert.

Kalvarienberg

Das *Denkmal der Ungarndeutschen* (1984) und das *Denkmal der Donauschwaben* (1993) erinnern an die Flucht und Vertreibung der sogenannten Volksdeutschen aus Ungarn, Rumänien und Jugoslawien in der Endphase des Zweiten Weltkriegs bzw. in der ersten Nachkriegszeit. Allein vom benachbarten Teil des Heidebodens in Ungarn wurden ab Herbst 1945 mindestens 25.000 Menschen vertrieben.

Die meisten kamen zunächst in das Hauptsammellager nach Mosonszolnok (Zanegg), andere flohen noch vor der Deportation über die Grenze nach Österreich, oft zu Verwandten. Im Frühjahr 1946 rollten die Zugtransporte mit den Ungarndeutschen nach Deutschland. Zehn Jahre später fand das erste Heimattreffen der vertriebenen „Zanegger“ in Frauenkirchen statt.

Jüdischer Friedhof und „Garten der Erinnerung“

Jüdischer Friedhof
St.-Andräer-Str. 3, Schlüssel beim Gemeindeamt. Areal von außen einsehbar

Vom Kalvarienberg fahren/gehen wir ein kurzes Stück auf der Halbturner Straße nach Osten. Das *Schild „Israelitischer Friedhof“* weist zu einem Relikt der einstigen jüdischen Gemeinde in Frauenkirchen. Das „Haus der Ewigkeit“, der Friedhof, besteht aus mehreren Schichten übereinander, umfasst etwa 1.320 Gräber und wurde 1994 vom Verein Schalom renoviert. 1678 ließ Paul Esterházy die aus Mönchhof vertriebenen Juden hier siedeln. Nach 260 Jahren kam das dramatische Ende.

Gedenktafel beim „Schlössl“

GPS: 47.8342214N, 16.9313308E

In den ersten Wochen nach dem „Anschluss“ im März 1938 verschleppten Nationalsozialisten etwa 400 Personen aus dem Seewinkel nach Frauenkirchen in das Anhaltelager im *„Schlössl“*, einem Verwaltungsgebäude der Esterházy-Güter. Die jüdischen Bürger wurden deportiert oder in die Nachbarländer vertrieben. Eine *Gedenktafel* zu den Ereignissen 1938 ist seit 2018 im Hof des heutigen Schulgebäudes zu sehen (BHAK, BHAS, Kirchenplatz 1 / Schulgasse).

Wir besuchen das ehemalige *Tempelviertel*. Von der Basilika radeln wir westwärts zum Kreisverkehr, die Franziskanerstraße weiter geradeaus und dann in die erste Gasse rechts in die Tempelgasse (Schild: Jüdische Gedenkstätte). Anstelle der Anfang 1939 zerstörten Synagoge wurde am 31. Mai 2016 der *„Garten der Erinnerung“* als Gedenkstätte eröffnet: Zu sehen sind Mauerreste der Synagoge(n), Tafeln mit den Namen der jüdischen Familien von Frauenkirchen sowie eine Bronzeskulptur einer Thorarolle (Dvora Barzilai, 2016). Die originale Thorarolle befindet sich übrigens heute in einem Vorort von Jerusalem. Ein Frauenkirchner

Thorarollenskulptur

hatte sie vor der Zerstörung gerettet und auf die Flucht nach Israel mitgenommen.

Nähere Informationen können wir in einer Medienstation oder auf der Website lesen. Berührend sind bekannte *Lebensgeschichten*, wie jene von Paul Rosenfeld, der einen „Todesmarsch" überlebte und als einziger Jude nach Frauenkirchen zurückkehrte. Oder von dem Mädchen Renée, das trotz der Flucht nach Frankreich ihre gesamte Familie im Holocaust verlor und selbst nur mit großem Glück, in einem Kloster versteckt, die NS-Zeit überstand.

Garten der Erinnerung
Tempelviertel, www.garten-der-erinnerung.at

GPS: 47.8364325N, 16.9251006E

Zum „Serbenfriedhof"

Die Zeitreise geht weiter. Wir verlassen das Tempelviertel westwärts zur Judengasse und fahren wieder auf dem B23 zum Etappenpunkt des R1 (B20) beim Bahnübergang zurück. Dort wenden wir uns nach Süden. Bei einem Nebengleis der Bahn, vor dem „Rübenplatz", nehmen wir einen durchrüttelnden Feldweg★ zum sogenannten Serbenfriedhof. Der Eingang liegt an der Südwestseite des Hains. Eine Infotafel der „Ini-

B23, R1, Feldweg
Distanz: 2,3 km

„Serbenfriedhof"
GPS: 47.8449158N, 16.9082581E

tiative Erinnern Frauenkirchen" lässt uns in eine fast vergessene Vergangenheit blicken.

* *Alternative*: Fahrt auf der Podersdorfer Straße und Zufahrt über die Reste einer Pappelallee.

„Serbenfriedhof" (Lagerfriedhof)

Wir landen in der Zeit des Ersten Weltkriegs, der „Urkatastrophe" des 20. Jahrhunderts. Österreich-Ungarn hatte im Sommer 1914 Serbien den Krieg erklärt. Was als kurze militärische Aktion geplant war, weitete sich rasch zum „Großen Krieg" in Europa aus. Die k. u. k. Armee, die auf diese Entwicklung schlecht vorbereitet war, suchte Standorte für Lager, um Kriegsgefangene und Internierte unterzubringen: abgelegene Orte, die mit der Bahn erreichbar waren (vgl. Neckenmarkt → S. 194). Boldogasszony (Frauenkirchen) war eines der ersten Lager in Ungarn.

Im Herbst 1914 stampften russische Kriegsgefangene das Barackenlager bei Frauenkirchen aus dem Boden. Bald darauf kamen hauptsächlich serbische Soldaten hierher, aber auch deportierte Zivilpersonen aus Serbien, Montenegro und der Bukowina. Mangelhafte

„Serbenkreuz" und Kapelle

Ausstattung und massive Überbelegung begünstigten den Ausbruch von Flecktyphus. Allein bis April 1915 starben fast 3.700 Menschen an der Epidemie!

Ab 1916 zählte das Lager bis zu 30.000 Gefangene. Die meisten waren an ihren Einsatzorten in der Region einquartiert. Sie wurden in der Land- und Forstwirtschaft sowie Industrie verwendet. Nach Kriegsende verschwand das Lager aufgrund von Plünderungen und Versteigerung der Baracken. Nur der Friedhof blieb als Ort des Gedenkens, wo zwischen 4.500 und 6.000 Personen ihre letzte Ruhestätte gefunden haben. Als „Zeitzeugen" mahnen das „Serbenkreuz" und eine kleine Kapelle, die italienische Gefangene errichteten. Den Obelisken ließ 1954 die Volksrepublik Jugoslawien aufstellen.

Von Frauenkirchen nach Sankt Andrä am Zicksee

R1, B20
Distanz: 10,1 km

Über eine Pappelallee und die Podersdorfer Straße Richtung Frauenkirchen gelangen wir wieder zum R1. Nun rückt das aktuelle Leben im Seewinkel stärker ins Blickfeld. Wir entdecken den *Althof*, auch „Alte Puszta" genannt: Bei der lauschigen Radlerrast laufen Hühner, Gänse, Katzen und Co frei und glücklich herum. Idyllische Szenen in der Puszta. Wir sind auf einem ehemaligen Esterházy-Meierhof aus dem 19. Jahrhundert. In den 1960er-Jahren verkaufte Paul V. Esterházy Teile seines riesigen Besitzes im Burgenland, darunter den Althof, der seitdem als Reiterhof und Ferienunterkunft fungiert.

Wir radeln weiter gegen Südosten, queren vorsichtig eine Landstraße. Plötzlich taucht vor uns wie eine Fata Morgana die *St. Martins Therme (www.stmartins.at)* auf. Das große Resort an der ehemaligen Pimetzlacke ist seit der Eröffnung im November 2009 ein wichtiger Wirtschaftsfaktor der Region. Drei Millionen Gäste wurden in den ersten zehn Jahren gezählt. In einiger Entfernung ziehen wir daran vorbei (Zufahrt über B28 möglich). Bald passieren wir einen Campingplatz, der am Zicksee liegt. Um zum allgemeinen Strand zu gelangen, fahren wir noch geradeaus weiter bis zu den

Pannonisches Landidyll am Althof

ersten Häusern von St. Andrä und auf dem Lackenradweg (B20) 1,2 km wieder „hinaus“ zum Erholungsgebiet Zicksee.

Seehöhe: 123 m

Marktgemeindeamt St. Andrä am Zicksee / Tourismusbüro, Hauptstr. 59, Tel. +43 2176 2300 012, www.gemeinde-standrae.at

Neusiedler Seebahn (Neusiedl am See–Fertőszentmiklós)

Sankt Andrä am Zicksee

Am Zicksee

St. Andrä am Zicksee (Mosonszentandrás) – mit Stolz nennt der Ort einen Badeteich in seinem Namen. Eine bewusste Entscheidung, denn bis 1982 lautete der Zusatz „bei Frauenkirchen“. In den letzten fünfzig Jahren entstand am Strand ein kleines Eldorado mit Südseetouch, dessen Zukunft allerdings sehr ungewiss ist. Aufgrund von Klimakrise und Grundwasserproblemen droht die einst größte Lacke im Seewinkel für immer zu verlanden. Mitte Juli 2022 machte der Zicksee Schlagzeilen, als die Lacke völlig austrocknete und im letzten Moment eine verzweifelte Rettungsaktion für Fische durchgeführt wurde. Eine Zeitenwende? Jedenfalls ein starkes Symptom der Problematik, die sich im Seewinkel und am Neusiedler See immer schärfer zeigt. Zur Rettung des Badesees hoffen viele auf die Zuleitung von Wasser aus der Moson-Donau in den Seewinkel (→ S. 127).

Interessant ist seine jüngere Geschichte: Relativ früh für den Seewinkel, nämlich ab 1925, entwickelte sich am Zicksee ein *Kur- und Badetourismus*. Der Schlamm galt als heilsam, das Wasser als klar. Die Wassertiefe betrug damals etwa zweieinhalb Meter! Ein Strandbad wurde angelegt, 1929 öffnete das Erholungsheim für Kinder „Haus der Sonne" und erste Wochenendhäuser entstanden. Dann brach der Fremdenverkehr während des Zweiten Weltkriegs und der sowjetischen Besatzungszeit völlig zusammen.

Nach 1955 begann sich der Tourismus allmählich zu erholen. Gleichzeitig griff der Mensch mit dem Seewinkel-Hauptkanal (mit Zu- und Abfluss) massiv in die Natur der Lacke ein. In den 1950er- und 1960er-Jahren ließ man das Wasser jeweils im Herbst zur Abfischung komplett ab. Außerdem entfernte man für den Strand am Ostufer Schlammboden, daher versickert das Wasser leichter. Der Zicksee war durchschnittlich nur mehr einen Meter tief. 1968 wurde eine Sonderkrankenanstalt des Kriegsopferverbandes eröffnet, die als *Orthopädisches Klinikum* noch heute besteht. Mit dem Campingplatz 1972 begann eine neue Phase des Tourismus. 1997 ging die Wasserrutsche in Betrieb, es folgten Modernisierungen, Sportanlagen sowie Gastronomie.

Seebad Sankt Andrä am Zicksee
Badstraße,
www.gemeinde-standrae.at/seebad

GPS: 47.7886161N, 16.9114647E

Der Zicksee vor dem Austrocknen (Juni 2022)

Dem Zicksee wurde schon seit den 1990er-Jahren kostbares Nass zugeführt, um den Wasserstand zu stützen. Das Problem: Bei großer Hitze bleibt der Effekt wegen rascher Verdunstung beschränkt, bei zu niedrigem Grundwasserspiegel im Seewinkel wird die Wasserzufuhr gestoppt. Und das war im Sommer 2022 der Fall. Trotz fehlender Bademöglichkeiten in den letzten Jahren ist das gepflegte Strandareal wegen der Lokale und Freizeitinfrastruktur recht beliebt. Mit der *App 3D Tierwelt.Zicksee.Erleben* kann man die Umgebung erforschen. Ein Platz zum Nachdenken und Beobachten ist der Zicksee allemal.

R1, B20
Distanz: 2,5 km

Vom Zicksee in das Ortszentrum von Sankt Andrä

Vom Strandbereich des Zicksees radeln wir zurück zum Ortsgebiet. Im Bereich vor der Siedlung soll in Zukunft ein griechisch-orthodoxes Kloster entstehen. Aktuell befindet es sich in der Nähe des Bahnhofs. Danach schauen wir natürlich noch ins Ortszentrum.

Im Ortsgebiet

Orthodoxes Kloster Maria Schutz
Bahngasse 39, www.orthodoxes-kloster-maria-schutz.at, Sa u. So 7.30–17 Uhr sowie nach Voranmeldung

Einen Hauch von Griechenland verspürt man in der Nähe des Bahnhofs, wo derzeit das erste *griechisch-orthodoxe Kloster* in Österreich steht: das Kloster Maria Schutz und des heiligen Paisios vom Berg Athos. Es ist ein Ort der Stille und der Begegnung. 2016 zogen die Brüder des Klosters des heiligen Arsenius von Kappadokien nach St. Andrä. Hier hatte ihnen der katholische Bischof von Eisenstadt, Ägidius J. Zsifkovics, ein Grundstück geschenkt. Die Unterkunft ist nur eine Übergangslösung bis zur Fertigstellung des geplanten größeren Klosters. Die Grundsteinlegung fand am 26. September 2020 statt.

Zum Schluss empfängt uns das mustergültige *Ortszentrum*. Sankt Andrä wurde im Jahr 1696 nach langer Zeit als Wüstung planmäßig nach dem Kolonialschema wiederbegründet. Die katholische *Pfarrkirche hl. Andreas* kaschiert mit traditionellem Äußeren ihr relativ junges Baujahr 1937. Im Inneren überraschen

Denkmalgeschützte Häuser in der Kirchengasse

Deckengemälde aus den 1950er-Jahren (Künstler: Hans Alexander Brunner). Hinter der Pfarrkirche sorgen Häuser mit Rohrbedeckung für das Puszta-Flair.

Von Sankt Andrä am Zicksee nach Andau

B22
Distanz: 10,7 km

Wir geraten immer tiefer in den Seewinkel. Der Hanság-Radweg B22 leitet über gut markierte Güterwege: über weite Felder, wo z. B. Kukuruz (Mais) und Sonnenblumen wachsen, und vorbei an einem Brut- und Schutzgebiet, wo auch einmal ein *„Großer Salziger See“ (Sóstó)* war. Im Zentrum von *Tadten (Téteny)* biegen wir vor der katholischen Kirche links ab (Andau 4 km). Entlang der Landstraße steht uns ein eigener Radweg zur Verfügung. Am Ortsrand von Andau liegt der *Pusztasee*: ein Baggersee, der 1977 für den Badespaß angelegt wurde. Auf der Ödenburger Straße (Radweg) kommen wir bis zur Kirche.

Andau

Seehöhe: 118 m

Marktgemeindeamt Andau, Hauptgasse 8, Tel. +43 2176 2301, www.andau-gemeinde.at

Andau (Mosontarcsa) – ein Ort mit 2.200 Einwohnern nahe der Grenze und am nördlichen Rand des Hanságs (→ S. 91). Würde man Andau kennen, hätte es nicht die Ungarnkrise 1956 und „Brücke von Andau“ gegeben? Sie sind der Grund unseres Besuchs.

Das auffälligste Gebäude im Ortszentrum ist die römisch-katholische *Kirche hl. Nikolaus*. Im Kern hat sie ältere Gemäuer aus dem 18. Jahrhundert, ihr modernes Aussehen erhielt sie 1931. Architekt Karl Holey ließ die Kirche nach Norden hin erweitern und ergänzte sie mit charakteristischen Chortürmen. Wer Gelegenheit hat, macht einen Blick in den kühlen Innenraum. Das große Deckenfresko mit einer Darstellung des Jüngsten Gerichts gestaltete Ottokar Landwehr im Jahr 1951. Auf einem kleinen Fresko im Übergang zwischen alter und neuer Kirche begegnen uns geistliche Würdenträger der damaligen Zeit: Papst Pius XII., Kardinal Theodor Innitzer, Bischöfe Österreichs und burgenländische Prälaten. So sind wir in der Atmosphäre der 1950er-Jahre angekommen.

Nach dem Abzug der sowjetischen Besatzungstruppen 1955 wurde das Grenzland am Eisernen Vorhang zu einer Art Touristenattraktion. Im Frühherbst 1956 beobachteten neugierige Ausflügler den Abbau der technischen Sperren (→ S. 279) an der ungarischen Grenze.

Katholische Kirche von Andau

DIE UNGARNKRISE UND DER SEEWINKEL 1956

Das Bundesheer bei seinem ersten Einsatz

Am 23. Oktober 1956 brach in Budapest eine Revolution gegen die kommunistische Diktatur aus. In Ungarn begannen heftige Kämpfe. Die österreichische Regierung verstärkte die Gendarmerie im Grenzgebiet und versetzte das erst neu gegründete Bundesheer in Bereitschaft. Es war die erste internationale Bewährungsprobe für das neutrale Österreich. An der Staatsgrenze standen Fähnchen in Rot-Weiß-Rot, um unbeabsichtigte Grenzverletzungen zu verhindern. Den Flüchtenden gaben sie Orientierung.

Mit der gewaltsamen Niederschlagung der Revolution durch die Sowjetarmee ab dem 4. November setzte die massenhafte Flucht ein. Neben Bewohnern von Budapest verließen überwiegend Menschen aus den westlichen Grenzregionen das Land, vor allem aus dem Komitat Győr-Sopron.

Um Straßensperren und Kontrollen zu umgehen, wählten viele Flüchtende die Route durch den Hanság, wo eine Holzbrücke (→ S. 93) über den Einserkanal führte. In der ersten Phase konnten die Menschen meist ohne große Gefahr die Grenze passieren. Später ging die sowjetische Armee öfter scharf vor. Um den 20. November 1956 flüchteten trotz großer Kälte etwa 3.000 Menschen pro Tag durch das Sumpfgebiet südlich von Andau. Im Seewinkel stellten zehntausende Geflüchtete innerhalb weniger Wochen die Bevölkerung, das Rote Kreuz und die Behörden vor großen Herausforderungen. Doch die Hilfsbereitschaft war groß.

Viele der Geflüchteten wollten in der Nähe der Heimat abwarten, einige hatten hier noch Verwandte. Von den etwa 180.000 Menschen, die 1956/57 in Österreich Zuflucht suchten, blieben etwa 10- bis 20.000 dauerhaft im Land. Schon 1957 fanden zwei Drittel Aufnahme in anderen Staaten: USA, Kanada, Großbritannien, Australien, Deutschland, der Schweiz und Frankreich. Etwa 11.000 Personen nützten eine Amnestieregelung und kehrten bis 31. März 1957 nach Ungarn zurück.

Nach dem 23. Oktober 1956 spazierten überraschend ungarische Nachbarn über die grüne Grenze, die meisten zum fröhlichen Kurzbesuch. Sie waren Boten der Revolutionstage 1956. Wenig später wurde der Seewinkel zum Nebenschauplatz der Ungarnkrise (→ S. 89). Wegen der vielen Schaulustigen wurde die Region zeitweise sogar zum Sperrgebiet erklärt.

Andau, ein Ort mit damals etwa 3.000 Einwohnern, bewältigte Ende 1956 bis Anfang 1957 die Erstversorgung von etwa 70.000 Geflüchteten. Plötzlich stand Andau im Blick der Weltöffentlichkeit, und am 20. Dezember 1956 kam hoher Besuch: US-Vizepräsident *Richard Nixon* in Begleitung von Bundespräsident Theodor Körner, Bundeskanzler Julius Raab und Außenminister Leopold Figl. Mit von der Partie war eine Schar amerikanischer Journalisten und Fotografen. Nixon machte sich ein Bild von den Auffanglagern in den Gasthäusern und der Schule. Die Ortschronik von Andau berichtet, dass Nixon während der Nacht nochmals anreiste und die Lage direkt an der Grenze beobachtete.

EV 13, B22
Distanz: 9,3 km

Wichtiger Hinweis: Keine Infrastruktur bis Wallern (ca. 22 km)!

Von Andau zur Brücke von Andau

Auch wir machen einen Lokalaugenschein. Von der Kirche radeln wir wieder ein Stück auf der Ödenburger Straße zurück und füllen bei einem Rastplatz die Wasserflaschen auf. Nach 300 m leitet uns der EV 13 links in den Dammweg. Es geht an „Domänen" von Andauer Winzern vorbei und geradeaus zur „Fluchtstraße" mit Denkmälern zum Jahr 1956.

Die auffällige Holzskulptur *„Wächter des goldenen Westens"* (Franz J. Gyolcs, 1995) gehört zu einer *Freiluftgalerie*, die zwischen 1992 und 1996 auf dem Weg zum Einserkanal entstand. Der gebürtige Andauer Franz J. Gyolcs lud Künstler zu Symposien ein: Bildhauer aus Österreich, der Slowakei und Ungarn schufen Werke zum Thema „Flucht und Vertreibung". Gyolcs engagierte sich auf diese Weise für die Wiedererrichtung der Brücke von Andau. Von den ursprünglich etwa neunzig Exponaten sind zahlreiche Holzskulpturen

Bewahrungszone Hanság-Waasen

durch Verwitterung gezeichnet oder verschwunden. Die Vergänglichkeit ist von den Künstlern beabsichtigt. Dieser Umstand regt beim Radeln auf der langen Geraden zu Gedanken an: Kunstwerk – ja oder nein? Bei den Objekten aus Metall oder Stein ist die Frage etwas leichter.

Das Gebiet – brettleben, fast menschenleer, riesige Anbauflächen, eine schnurgerade Straße, die scheinbar ins Nichts führt. Unter der pannonischen Sonne spenden Bäume etwas Schatten. Auf dem Weg können wir die beeindruckende Landschaft mit ungewöhnlicher Vergangenheit von den beiden Aussichtstürmen der *Nationalpark-Bewahrungszone „Waasen-Hanság“* überblicken.

Durch den Waasen-Hanság

Hier, wo wir radeln, ist auf alten Landkarten eine riesige *Sumpflandschaft* eingezeichnet, die ursprünglich den ältesten Teil des Neusiedler Sees bildete: der Hanság. (Der deutsche Name „der Waasen“ ist weniger gebräuchlich.) Reste der Sümpfe, Niedermoore und Moorteiche gibt hauptsächlich noch in Ungarn. Der Name für das Gebiet, das im Norden bis Andau, Tadten, Wallern und Pamhagen reichte, ist geblieben.

Der erste, massive Einschnitt durch den Menschen geschah im Jahr 1658, als die gräfliche Familie Nádasdy einen Damm zwischen Pamhagen und Sarród bauen ließ. Dieser teilte den Steppensee in zwei Gewässer. Dann versuchte man mithilfe von zahlreichen Kanälen, aus dem „schwimmenden Rasen" landwirtschaftlich nutzbaren Boden zu machen (vgl. Einserkanal → S. 96). Vor hundert Jahren ernteten hier Landarbeiter hauptsächlich Heu oder stachen Torf, der zum Heizen und zur Stromerzeugung verwendet wurde.

Österreich wollte im neuen Bundesland mit weiteren Trockenlegungen mehr Agrarfläche schaffen. 1931 wurde der Waasen „gerissen", vor allem Getreide und „durstige" Zuckerrüben baut(e) man an. Mit der Modernisierung der Landwirtschaft schritt die intensive Nutzung voran. Überflutungen ereigneten sich nur noch selten in sehr feuchten Jahren oder bei Starkregen, wie im Herbst 2014. Heutzutage müssen die Landwirte in Trockenphasen künstlich bewässern. Im Sommer 2022 war der Grundwasserpegel so niedrig, dass erstmals Maßnahmen gesetzt wurden: keine Bewässerung untertags (um Verdunstung zu vermeiden) und teilweiser Stopp der Bewässerung von Sonnenblumen und Raps.

Bei den Bewahrungszonen des Nationalparks (→ S. 111) bekommen wir eine Vorstellung von der früheren Heuwirtschaft und Kulturlandschaft. Die „Komassantenwiesen" wurden 1973 unter Schutz gestellt und sind seit 1993 Teil des Nationalparks. Durch Betreuung wie Heumahd werden 140 Hektar Wiesenflächen bewahrt. Um Wasser in der Region zu halten und die wenigen noch vorhandenen Niedermoore zu schützen, staut man alte Entwässerungskanäle auf. Weitere Teile der Gemeindeflächen von Andau, Tadten und Wallern sind seit 2008 als Europaschutzgebiet (Natura 2000) ausgewiesen. In dem entlegenen Gebiet finden gefährdete Vögel einen Lebensraum, z. B. Großtrappen, Weißstörche, Seeadler, Kaiseradler, Sumpfohreulen und Rotfußfalken.

Naturbegeisterte sollten für die genauere Erforschung des Hanságs die Angebote der Nationalparks durchstöbern. Südlich der Brücke von Andau weist der

Brücke von Andau (2023)

Hanság in Teilen noch einen ursprünglichen Charakter auf. Typisch waren z. B. große Erlenbruchwälder. In Ungarn gibt es das Besucherzentrum Öntésmajor bei Osli und Lehrpfade zum Königssee (Király-tó), der mit der beliebten Sage über den Waasen-Steffel (Hany-Istók) verbunden ist. 1747 fanden dort Fischer einen verwilderten Buben, der sich körperlich an das Leben im Sumpf angepasst haben soll. Nach wenigen Jahren in der Zivilisation in Kapuvár flüchtete er auch wieder dorthin zurück.

Brücke von Andau

Hier, mitten im Hánsag, stand 1956 eine kleine Holzbrücke, die als „Brücke der Freiheit" weltberühmt wurde. Die Brücke von Andau (Andaui híd oder Mosontarcsai híd) ist heute der wichtigste *Erinnerungsort* für die Ungarnkrise 1956 an der österreichisch-ungarischen Grenze. Was damals geschah, wurde in Zeitungen, Fotos und Filmen vielfach dokumentiert. Einen dramatischen Höhepunkt bildete die Sprengung der „Brücke in die Freiheit" durch die sowjetische Armee am 21. November 1956. Kurz darauf wurden die Über-

Webtipp:
border(hi)stories: „Flucht 1956" (2:40 Min.)
www.borderhistories.eu/items/show/262

bleibsel der Brücke verbrannt, weil Flüchtende weiterhin versuchten, darauf den Einserkanal zu überwinden. Danach kamen kleine Flöße oder ein schmaler Holzsteg bei Pamhagen zum Einsatz.

Durchfrorene und durchnässte Menschen irrten in der Eiseskälte durch den Hanság. Hauptsächlich junge Männer verließen Ungarn für immer, aber auch Familien machten sich auf den Weg. Babys wurden für die Flucht betäubt und erlitten wegen Überdosierungen Vergiftungen. Manche Kinder kamen ohne ihre Eltern nach Österreich. Die Presse berichtete über die Frau des bekannten ungarischen Fußballspielers Ferenc Puskás, der sich zu diesem Zeitpunkt in Spanien aufhielt. Elisabeth Puskás (Hunyadvári Erzsébet) flüchtete Ende November 1956 mit ihrer vierjährigen Tochter über die Grenze bei Andau.

Bei diesen Ereignissen war der amerikanische Schriftsteller *James A. Michener* vor Ort. Sein Buch *„The Bridge at Andau"* erschien 1957 auch in deutscher Übersetzung und schildert Szenen aus der gescheiterten ungarischen Revolution. Im Kapitel über die Situation bei Andau meinte Michener, beeindruckt von der Hilfsbereitschaft der Menschen: „Müsste ich je flüchten, so hoffe ich, dass es nach Österreich sein kann." Er setzte der Brücke ein literarisches Denkmal, sah aber eine „Gedächtnisbrücke" voraus.

Im Herbst 1996 war es soweit: Vierzig Jahre nach der Ungarnkrise und sieben Jahre nach dem Ende des Eisernen Vorhangs wurde die Brücke von Andau wiedererrichtet. Ungarn lieferte das Material, eine Panzerkompanie des österreichischen Bundesheers baute die Holzbrücke innerhalb von drei Wochen. Die feierliche Eröffnung erfolgte am 20. Oktober 1996. Da die „Brücke von Andau" und der Einserkanal zur Gänze (!) in Ungarn liegen, war der alltägliche Grenzübertritt noch zu regeln; im Frühjahr 1999 wurde eine Grenzstelle eingerichtet. An dem symbolträchtigen Ort feierten im Jahr 2004 die Nachbarn den EU-Beitritt Ungarns.

Die Gedächtnisbrücke war im Oktober 1999 Schauplatz einer „Massenflucht": Für den Film *„Der*

Bockerer III – Die Brücke von Andau“ inszenierte der bekannte Regisseur Franz Antel dramatische Bilder. Zwischen Flüchtenden überwindet Karl Bockerer, gespielt von Karl Merkatz, mit Glück samt Lieferwagen den Einserkanal. Dafür wurde die Brücke teilweise demoliert (und wiederherstellt). Ein Filmrequisit – ein Grenzzaun – blieb von den Dreharbeiten zurück.

Inzwischen wurde die Holzbrücke zweimal erneuert: 2006 und zuletzt im Herbst 2022. Die aktuelle Konstruktion zeigt 56 Figuren in einer Neigung von 56 Grad. Für die nähere Zukunft gibt es Pläne zur weiteren Ausgestaltung des Erinnerungsortes.

Von der Brücke von Andau nach Wallern

EV 13
Distanz: 12,9 km

Leichter Trail: Schotter-/Feldweg entlang des Einserkanals, Alternativroute: B22 über Tadten nach Wallern

Selbstverständlich überqueren wir die Brücke von Andau. Der alte Wachturm in der Nähe hat seinen Schrecken verloren. Wir radeln entlang des Einserkanals Richtung Westen, Vogelgezwitscher und Gequake begleiten uns durch die einsame, lebendige Landschaft. Zu sehen ist auch das Erbe der kommunistischen Forstwirtschaft: Hybridpappelplantagen, Bäume in Reih und Glied.

Nach etwa 6 km erreichen wir einen überdachten Rastplatz und eine weitere Brücke. Sie wurde 2013 mithilfe von EU-Geldern errichtet. Bis 1948 stand hier die „*Brücke von Wallern*“. Die neue Verbindung ist nach *Baron Gusztáv Berg* (1828–1903) benannt. Der gebürtige Preuße leitete ab 1864 für den Fürsten Esterházy das Landgut Kapuvár und ließ z. B. Feldbahnen im Hanság errichten. Über die Brücke wechseln wir wieder auf die andere Seite des *Einserkanals*. Nach 2 km kommen wir zu einem kleinen *Aussichtsturm*, von dem wir das künstliche Gewässer genauer betrachten (→ S. 96). 300 m weiter rollen wir vom Damm hinunter über die Grenze. Ein Zollhäuschen steht noch am Posten. Auf dem Weg ins Ortszentrum von Wallern kommen wir an großen *Gewächshäusern* und *Produktionshallen* vorbei.

Kanal an der Grenze – Einserkanal

EINSERKANAL (HANSÁGI-FŐCSATORNA)

Der Traum der Menschen von der Beherrschung der Natur zeigt sich gut am Einserkanal, dem Hauptkanal im Hanság. „Ein schönes Fürstenthum ohne Schwerstreich erobern“ – diese Idee stand hinter der Trockenlegung der Sümpfe und Niedermoore. Ab 1838 gab es konkretere Pläne für eine Verwirklichung des großen Entwässerungskanals. Die Bauarbeiten für das erste Teilstück zwischen dem Fluss Rabnitz (Répce) und Pamhagen begannen aber erst im Jahr 1895. 1909 erreichte der Kanal den Neusiedler See, wo 1912 zur Abflussregulierung das Wehr in der Mexikopuszta entstand. Durch die Regulierung wurde im Hanság das einstige Binnendelta der Flüsse Spitalbach (Ikva), Rabnitz (Répce) und Kleine Raab (Kis-Rába) zerstört.

Der Einserkanal soll(te) über 37 Kilometer Wasser zur Rabnitz über die Raab zur Donau ableiten. Doch das Gefälle ist gering und das Becken verschlammt leicht. Trotz technischer Mängel trug die Anlage zur Kultivierung des Hanságs und zur Verringerung des Wasserstandes des Neusiedler Sees bei. Heute stammt das Wasser in der Regel aus Niederschlägen, vielen kleineren Entwässerungskanälen und dem Fluss Ikva. Das Wehr in der Mexikopuszta lässt nur unter bestimmten Bedingungen Wasser aus dem See (→ S. 115).

Aber vielleicht wird es in Zukunft einen Kanal in die andere Richtung zur Wasserversorgung geben ...?

Wallern im Burgenland

Wallern (Valla) nennt sich selbst „Gemüsegarten im Burgenland“ und ist tatsächlich eine der größten Gemüseorte Österreichs. Dabei ist die Tradition des Gemüseanbaus in der Marktgemeinde noch nicht so tief verwurzelt. Bis ins 18. Jahrhundert war Wallern sogar ein Fischerdorf. Seitdem hat sich bekanntlich die Landschaft massiv verändert.

Bis Mitte des 20. Jahrhunderts hielt man hier den Boden für Gemüseanbau ungeeignet. Ende der 1950er-Jahre setzten geflüchtete Familien aus Bulgarien die entscheidenden Initiativen und fanden Nachahmer. Heute lassen Unternehmer in Wallern tonnenweise Paprika, Salat, Paradeiser, Grünspargel, Kohl, Gurken und Co produzieren, darunter auch in Bioqualität. Das Gemüse wurde zum Aushängeschild von Wallern.

Im Zentrum finden wir das Wahrzeichen von Wallern, einen alleinstehenden *Glockenturm* (erbaut 1784).

Seehöhe: 120 m

Marktgemeindeamt Wallern im Burgenland, Hauptstraße 4, Tel. +43 2174 2200, www.marktgemeinde-wallern-im-burgenland.at

Neusiedler Seebahn (Neusiedl am See–Fertőszentmiklós)

750 Jahre Wallern (2019)

„Türkenturm"
in Pamhagen

In der Nähe errichtete die Gemeinde 2019 ein kleineres *Monument* zu ihrer 750-Jahr-Feier. Wallern präsentiert darauf seinen Warenkorb und verweist mit hübschen Glasbildern auf seine Partnergemeinden. Neben der Kontaktgemeinde Kapuvár (Ungarn) zählen dazu zwei Namensvettern: Wallern an der Trattnach (Oberösterreich) und Volary in Tschechien (Wallern im Böhmerwald).

EV 13
Distanz: 4,2 km

Von Wallern nach Pamhagen

Vom Kreisverkehr mit der Skulptur „Spielende Kinder auf dem Baum" folgen wir dem EV 13. Auf einem Begleitweg neben der Bundesstraße und zahllosen Weinreben kommen wir nach Pamhagen. Dort empfängt uns ein riesiger Anger. Wir radeln weiter zum ältesten Teil von Pamhagen, der südlicher liegt. Etwa 1 km vor der Grenze zweigt die Hauptstraße in die Ortsmitte ab.

Pamhagen

Seehöhe: 121 m

Gemeindeamt Pamhagen, Hauptstraße 7, Tel. +43 2174 2166, www.gemeinde-pamhagen.at

Neusiedler Seebahn (Neusiedl am See–Fertőszentmiklós)

Der Name Pamhagen (Pomogy) soll auf die slawische Bezeichnung *Pomedzi* zurückzuführen sein, was etwa „an der Grenze“ bedeutet und die Vergangenheit als jahrhundertealtes Grenzgebiet unterstreicht. Hier verlief auch die Grenze zwischen den Komitaten Sopron (Ödenburg) und Moson (Wieselburg) quer durch die natürliche Barriere – den Hanság. 1783 erteilte Nikolaus I. Esterházy Pamhagen das Mautrecht für die Straße über den erneuerten Damm durch das Sumpfgebiet nach Eszterháza (heute Fertőd, → S. 117). Darauf verläuft im Grunde immer noch die Landstraße nach Ungarn.

Wir aber radeln durch die Pamhagener Hauptstraße zum *Glockenturm* aus dem Jahr 1639. Da die Kirche damals außerhalb des Ortes auf dem Weg nach Wallern am Mühlberg stand, sollte er die Bevölkerung z. B. zur Messe rufen oder vor Gefahr warnen. Das geschah wohl auch 1683, als die Osmanen gegen Wien zogen. Pamhagen dürfte sich damals kampflos ergeben und den islamischen Glauben (zum Schein) angenommen haben. Als – noch heute – sichtbares Zeichen kamen Halbmond und Stern auf den Turm und dazu eine Wetterfahne mit der Inschrift „Mosco Pascha 1683“. Letztere wurde durch ein Exemplar mit dem Hinweis auf das Erbauungsjahr ersetzt. Oft spricht man noch vom „Türkenturm“. Seine Funktion hat er verloren, spätestens im Zweiten Weltkrieg, als die Glocken eingeschmolzen wurden.

Von der Hauptstraße zum Bahnhof Pamhagen

EV 13, ohne Markierung
Distanz: 960 m

Durch die großzügig angelegte Ortschaft radeln wir an der *Kirche zur Kreuzerhöhung* vorbei. Von der Bahnstra-

Bahnhof
Pamhagen

ße biegen wir rechts zum Bahnhof ab – unsere letzte Station der Etappe. Das Gebäude stammt noch aus der Zeit der Entstehung der *Neusiedler Seebahn*. Das Jubiläum „100 Jahre Neusiedler Seebahn Aktiengesellschaft" wurde hier im Juli 1997 festlich begangen. Bei einem kleinen österreichisch-ungarischen Gipfeltreffen enthüllten Bundeskanzler Viktor Klima und Premierminister Gyula Horn eine *Gedenktafel* am Bahnhof.

★ NEUSIEDLER SEEBAHN – IM EXPRESS DURCH DIE PUSZTA

www.neusiedler
seebahn.at

Seit ihrer Eröffnung am 18. Dezember 1897 ist die Neusiedler Seebahn (NSB) eine wichtige Lebensader im Seewinkel. Das Hauptmotiv für die Errichtung waren Zuckerrüben. Die Produkte der Esterházy-Güter sollten per Bahn zur Zuckerfabrik in Petőháza bei Eszterháza (heute: Fertőd, → S. 117) rollen. 110 Kilometer Gleise von Neusiedl am See über Frauenkirchen, Pamhagen, Fertőszentmiklós bis Celldömölk erschlossen das Gebiet.

So ist die Neusiedler Seebahn ein bemerkenswertes Erbe Österreich-Ungarns, die den Zerfall der Donaumonarchie und alle schwierigen Phasen des 20. Jahrhunderts überstand. Das Besondere: die gesamte Strecke war lange im Besitz einer Aktiengesellschaft nach ungarischem Recht (Neusiedler Seebahn AG).

Zur Zeit des Eisernen Vorhangs wurde die abgelegene Strecke im Seewinkel faktisch zu einer Nostalgiebahn, die zumindest in Österreich nicht das übliche Schicksal der Nebenbahnen traf. (In Ungarn wurde 1979 der Abschnitt Fertőszentmiklós bis Celldömölk eingestellt.) Der liebevoll-scherzhaft genannte *Puszta-Express* und die Güterzüge schnauften lange mit Dampflokomotiven durch das Land. Ab 1977 gab es zeitweise organisierte *Ausflugsfahrten für Touristen* über die Grenze, obwohl seit 1955 in Pamhagen eigentlich Endstation für Personen war. In Verbindung mit Bussen standen das Schloss in Fertőd (→ S. 117) und das Eisenbahnmuseum in Nagycenk (→ S. 122) auf dem Besichtigungsprogramm. Schließlich kam es ab den 1980er-Jahren zu einer besseren Anbindung nach Wien und seit 1990 dürfen Passagiere wieder über die Grenze bis Fertőszentmiklós reisen. 1997, hundert Jahre nach dem Bau der Bahntrasse, würdigte die Politik die Brückenfunktion der „*Zwei-Länder-Bahn*".

Ab 2003 änderten sich die Besitzverhältnisse der Neusiedler Seebahn grundlegend. Bis 2010 übernahmen die Republik Österreich und das Land Burgenland alle Aktienanteile. Das Ziel war, den Abschnitt Neusiedl–Pamhagen (Grenze) an die österreichische *Neusiedler Seebahn GmbH* zu übertragen. *Die Neusiedler Seebahn AG* – und damit der ungarische Streckenabschnitt – wurde 2015 an die GYSEV/Raaberbahn verkauft.

Bis heute erfolgt der Betrieb durch eine enge, grenzüberschreitende Zusammenarbeit. In den letzten Jahrzehnten erfuhr die Strecke Modernisierungen, sodass die Züge nun stellenweise mit 120 km/h über die Puszta brausen.

Neusiedler See bei Mörbisch

3 Faszinierendes Welterbe

Landschaft Fertő / Neusiedler See

Route: 97 km

Kartenmaterial:

- Raderlebnis Neusiedler See (Tourismuskarte mit Radrouten/neusiedlersee.com)
- freytag & berndt WK 271 Wander-Rad-Segelkarte (1:50.000): Neusiedler See, Eisenstadt, Leithagebirge, Rust, Sopron, Seewinkel Nationalpark
- Szarvas-Wanderkarte Szigetköz / Kleine Schüttinsel, Hanság, Fertő (1:80.000)

Zwischen den Ausläufern der Alpen und der Kleinen Ungarischen Tiefebene (Kisalföld) liegt der Neusiedler See (Fertő-tó), der westlichste Steppensee Eurasiens. Hier erleben wir eine besondere Kultur- und Naturlandschaft, die seit 2001 auf der Liste des Unesco-Welterbes steht. Dazu gehört der erste grenzüberschreitende Nationalpark zwischen Ost und West mit seiner vielfältigen Lebenswelt. Auf der Fahrt erwarten uns Schilf und Schlösser, Steppenrinder und Streckhöfe – faszinierende Natur sowie pannonische Volks- und Kulturbauten.

Der unstete See weckt(e) Utopien zur Beherrschung der Landschaft und machte den Wandel zum „Meer der Wiener“ mit. Dessen Zustand und Zukunft zählt zu den brennenden Fragen der Region, die von und mit dem Naturjuwel „Sumpf“ lebt. Beim Streifzug

durch die bewegte Vergangenheit treffen wir Persönlichkeiten wie Joseph Haydn in Eszterháza und den „größten Ungarn", István Széchenyi, in Nagycenk. Schließlich landen wir wieder im Epochenjahr 1989, als vor Klingenbach zwei Außenminister den Eisernen Vorhang durchschnitten und das Paneuropäische Picknick Geschichte schrieb.

Gut zu wissen

Radfahren in der Region. Das leichte *Gelände* am Neusiedler See erfreut sich bei Radfans großer Beliebtheit. Doch nicht überall ist es flach! Im Süden und Westen zeigen sich am Einbruchsbecken kurze Auf und Abs. Im Abschnitt Mörbisch–Klingenbach–Schattendorf radeln wir im Hügelland um Sopron, wo etwas längere Steigungen und Abfahrten auf der Strecke liegen.

Wichtige Links zur Region:

- Neusiedler See Tourismus: www.neusiedlersee.com
- Nationalpark Neusiedler See: nationalpark neusiedlersee.at
- Fertő-Hanság Nemzeti Park: www.ferto-hansag.hu
- Welterbe Fertő / Neusiedler See: www.welterbe.org
- Region Sopron: visitsopron.com

Unsere Route verläuft auf ruhigen und verkehrsarmen Wegen oder auf Straßen mit Radstreifen. Alles ist asphaltiert, auch wenn es manchmal rumpelt. Einen kurzen, leichten Trail erleben wir kurz vor Fertőrákos (ca. 1 km Schotter). Wer will, kann diesen durch eine Fahrt auf der Landstraße umgehen.

Die *Radfähre* (→ S. 108) zwischen Mörbisch und Illmitz verlockt zu einer Seefahrt, mit der Routenvarianten bzw. Rundfahrten möglich sind. In den größeren Ortschaften sind Quartiere und Lokale zu finden. Unterwegs kann man bei Bedarf folgende *Bahnhöfe* ansteuern: Fertőszeplak-Fertőd, Nagycenk, Deutschkreutz (Schleichweg / Trail von Nagycenk → S. 192) und Sopron (Radroute von Fertőrákos).

B10
Distanz: 11 km

Von Pamhagen nach Illmitz

Vom Bahnhof Pamhagen fahren wir südwärts zur Straße, die uns, vorbei an einem ehemaligen Zollhaus, zügig nach Illmitz führt (eigener Radstreifen außer in Ortsgebieten). Bei klarer Sicht bietet sich uns ein eindrucksvolles Panorama – das Schneeberg-Rax-Massiv ragt im Hintergrund aus der Pusztalandschaft hervor. In Illmitz führt der B10 über eine verkehrsarme Route „hintaus" in die Ortsmitte. Hier suchen wir zunächst den Hauptplatz auf.

Illmitz

Seehöhe: 117 m

Illmitz (Illmic), die tiefstgelegene Ortschaft Österreichs, begrüßt uns. Im Zentrum verbreitet die *Pusztascheune* pannonisches Flair. Der ehemalige Gemeindestadel wurde nach einem Brand 1994/95 originalgetreu mit Rohrbedeckung wiederaufgebaut und beherbergt eine Gastwirtschaft. Er steht gleichsam für die Entwicklung des Ortes von einem ärmlichen Dorf am Westrand der Puszta zu einer bekannten Urlaubsdestination am Neusiedler See.

Am Hauptplatz erfrischen sich Radfahrer, Ausflügler und Einheimische bei der *St.-Bartholomäus-Quelle*. Das Mineralwasser sprudelt aus 200 Meter Tiefe; es

NEUSIEDLER SEE / FERTŐ-TÓ – EIN STEPPENSEE

Am Steppensee

Der Neusiedler See – offiziell der größte See Österreichs – ist ein Exot in der Alpenrepublik. Sein ungarischer Name Fertő-tó charakterisiert ihn als *„Sumpf"*. Wir sehen den westlichsten Steppensee Eurasiens und den zweitgrößten Europas; nur der Balaton (Plattensee) übertrifft ihn. Das besondere Klima am Übergang von der Kleinen Ungarischen Tiefebene zum Bergland bringt eine faszinierende Vielfalt von Fauna und Flora hervor.

Das Gewässer entstand am Ende der letzten Eiszeit, vor etwa 13.000 Jahren, durch einen geologischen Absenkungsprozess. Die Ausdehnung von 36 Kilometern Länge weckt Assoziationen ans Meer. Eine Besonderheit des Steppensees ist der Salzgehalt des Wassers (heute 2 g/l; 1930: 16 g/l). Ein Merkmal liegt auch in der Schwankungsbreite des Wasserstandes: So trocknete der Fertő-tó im Laufe der Jahrhunderte mehrmals aus: z. B. um 1740, 1811 und zuletzt 1865 bis 1871.

Dann wieder bedrohten Hochwässer die umliegenden Ortschaften. Kanälen im Seewinkel und Hanság zähmten diese Gefahr. Tatsächlich ist der Neusiedler See heute ein *künstlich reguliertes Gewässer* – aber nur, was den Abfluss betrifft (→ S. 115). Gespeist wird der See zu achtzig Prozent aus Niederschlag. Kleine Zuflüsse wie Wulka und Kroisbach (Rákos) sowie unterirdische Quellen tragen nur einen geringen Teil zum Wasserstand bei.

„Normalerweise" umfasst die Wasserfläche des Neusiedler Sees circa 320 km², davon bilden 180 km² den Schilfgürtel. Dabei beträgt die Wassertiefe durchschnittlich etwa 1,2 Meter. Doch längere Trockenphasen sowie Hitzeperioden lassen den Pegel sinken und die Austrocknung des Freizeitparadieses befürchten. Für einen Steppensee wäre dies im Prinzip normal. Unklar ist, ob er sich unter den heutigen Rahmenbedingungen wieder von selbst füllt. Das System ist äußerst sensibel und komplex.

Tourismusinformation Illmitz, Obere Hauptstraße 2–4, Tel. +43 2175 2383, www.gemeinde-illmitz.at, www.illmitz.info

Fähre Illmitz-Mörbisch, April bis Okt. (Überfahrt: ca. 20 min), www.schifffahrt-gangl.at/fahrradfaehre

wurde 1930 entdeckt und 1996 als *Heilquelle* anerkannt. Einige Lokale bieten regionale Spezialitäten an (siehe Kulinarik auf *www.illmitz.info).* Bei der Tourismusinformation finden wir (Karten-)Material und Angebote wie Kutschenfahrten in der Pusztalandschaft, Weinverkostungen oder Exkursionen im Nationalpark (→ S. 112).

Noch in den 1950er-Jahren gab es in Illmitz lediglich vereinzelt „Fremdenzimmer" (1955/56: 40 Nächtigungen im Jahr). Dann kurbelten das „Wirtschaftswunder" und die zunehmende Motorisierung den Tourismus an. Ein Ausflug zum *„Meer der Wiener"* (→ S. 109) war leichter möglich, und auch der Urlaub wurde immer beliebter. So gibt es in der Marktgemeinde mit etwa 2.300 Einwohnern circa 115 Betriebe mit insgesamt 1.300 Gästebetten. Jährlich zählt man um die 145.000 Nächtigungen. Der touristische Fortschritt brachte Modernisierungen im Ortsbild. Die verbliebenen älteren pannonischen Häuschen von Illmitz stehen daher unter Denkmalschutz, wie das *Florianihaus* (Florianigasse 8). Ein Hinweis für jene, die am Neusiedler See entspannen oder die Fahrradfähre nutzen wollen: Das Strandbad und der Hafen von Illmitz liegen knapp fünf Kilometer vom Zentrum entfernt.

Pusztascheune in Illmitz

★ DAS „MEER DER WIENER“ IN DER PUSZTA

Um 1926 begann der Tourismus, den exotischen Steppensee im neuen Burgenland zu entdecken und für ihn die Werbetrommel zu rühren. Damals tauchte erstmals der Begriff „Meer der Wiener“ auf. Im Mai 1926 gab es in der Wiener Urania einen Vortrag mit diesem Titel, im Herbst erschien die touristische Broschüre *„Burgenland im Bilde“* und Ausstellungen wurden gemacht. In den ersten Reiseberichten, die in Zeitschriften erschienen, hagelte es jedoch Kritik: Man monierte die mangelnde touristische Infrastruktur und die abenteuerlichen Straßenverbindungen nach „Hinterösterreich“. Manche sprachen enttäuscht vom „Moor der Wiener“.

Eine futuristische Idee geisterte um 1928/29 durch die Zeitungen: Eine *Schnellschwebebahn* sollte die Stadtmenschen innerhalb von dreißig Minuten von Wien über Eisenstadt zum „Meer“ bringen. Als Zielpunkte der „fliegenden Eisenbahn“ waren Rust, St. Andrä oder Neusiedl angedacht. Vorarbeiten zum Projekt liefen tatsächlich an. Letztlich mahnten die Launen des unsteten Steppensees mögliche Investoren zur Vorsicht, denn dieser tendierte gerade zu Niedrigwasser. Die Wirtschaftskrise tat dann ein Übriges.

Freizeitvergnügen am Neusiedler See

Ab den 1950er-/1960er-Jahren nährte die Werbung die romantische Vorstellung von der Puszta, zu der Bilder von Ziehbrunnen und Strohhütten gehören. Im Film „Sissi II" (1956) wurde die Region bei Illmitz als ungarische Landschaft in Szene gesetzt. Für die Entwicklung des Tourismus am „Meer der Wiener" war aber die Stabilisierung des Seewasserstandes wohl entscheidend. Einen ausreichend hohen Pegel mit geringen Schwankungen brachten nach 1965 genaue Bestimmungen für das Wehr in der Mexikopuszta (→ S. 115). Erst im Sommer 2022 fiel der Pegel wieder unter das Niveau von 1965.

Neben dem Badespaß trug auch das leichte Radeln am See zur Beliebtheit bei: Seit Mai 1980 führt offiziell die etwa achtzig Kilometer lange Radroute (B10) um das „Meer der Wiener" (mit der Fähre Illmitz–Mörbisch). Am 1. August 1990 wurde die Südumrundung durch Ungarn feierlich eröffnet (38 km). Und seit dreißig Jahren ist der grenzenlose Nationalpark ein bedeutender Faktor im Ökotourismus.

Ohne Markierung, B10
Distanz: 3 km

Zum Nationalparkhaus und zurück

Zum tieferen Verständnis für die Region besuchen wir das Nationalparkhaus. Wenige Meter östlich vom Hauptplatz (Tourismusbüro) biegt die Florianigasse ab, die in einer Rechtskurve zu einer Wohnstraße mit dem Florianihaus (Nr. 8) führt. Hier quert auch die Rosaliagasse mit der Radroute B10. Am nördlichen Ende der Rosaliagasse geht es über die Quergasse und Angergasse an den Ortsrand zur Hauswiese, wo 1995 das Nationalparkhaus eröffnet wurde. Später kehren wir zum Hauptplatz zurück.

Nationalparkzentrum Neusiedler See – Seewinkel

Der Nationalpark am Neusiedler See wurde 1993 (für Besucher) als zweiter in Österreich – nach den Hohen Tauern – gegründet. Für die Realisierung mussten Verträge mit 1.200 Grundbesitzern geschlossen werden. Zusammen mit dem Fertő-Hanság Nemzeti Park, der 1991 in Ungarn entstand, bildete er den *ersten grenzüberschreitenden Nationalpark zwischen „Ost und West“*. Unter seinen Schutz fallen etwa 300 Quadratkilometer am Neusiedler See und im Hanság (Österreich: 90 km^2/ Ungarn: 237 km^2). Die Hälfte davon gilt als reine Naturzone. Das Gebiet ist als Lebensraum für (Zug-)Vögel international von immenser Bedeutung, wie z. B. für den Silberreiher, der das Logo des Nationalparks ziert.

Nationalpark-Informationszentrum Nationalpark Neusiedler See – Seewinkel
Hauswiese, neusiedlersee-seewinkel.at,
April bis Okt. Mo–Fr 8–17 Uhr, Sa, So, Fei 10–17 Uhr,
Nov. bis März Mo–Fr 8–16 Uhr

Die besonders reichhaltige Naturlandschaft bemerkten zu Beginn des 20. Jahrhunderts Wissenschaftler und die noch wenigen Ausflügler. Erste Stimmen für die Errichtung eines Nationalparks wurden schon 1936 laut. In den folgenden Jahrzehnten gab es beim Naturschutz am Neusiedler See Teilerfolge (1940 Naturschutzgebiet, 1962 Teilnaturschutz- und Landschaftsschutzgebiet). Die Idee eines Nationalparks diskutierten ab 1956 auch Experten in der österreichisch-ungarischen Grenzgewässerkommission. Ein wichtiger Schritt war gemacht, als der Neusiedler See zum Unesco-Biosphärenreservat erklärt wurde (Österreich: 1977 / Ungarn: 1979).

Letztlich entstand der Nationalpark als „Kind“ des politischen Tauwetters Ende der 1980er-Jahre, als Österreich und Ungarn die *Weltausstellung Wien-Budapest* (EXPO 95) planten. Diese scheiterte zwar an dem negativen Ergebnis einer Volksbefragung in Wien,

Am Illmitzer Zicksee

doch das Vorzeigeprojekt kam zustande: Am 24. April 1994 eröffneten Ministerpräsident Péter Boross und Bundeskanzler Franz Vranitzky offiziell den grenzüberschreitenden Nationalpark. In gemeinsamen Projekten arbeiten die Teams für den Erhalt der einzigartigen Lebenswelt zusammen.

In der *Ausstellung* kann man den Nationalpark anschaulich „in der Theorie" besichtigen. Um den Steppensee und den Seewinkel hautnah zu erleben und besser zu verstehen, sollte man möglichst an einer *geführten Exkursion* teilnehmen. Aber auch eine genauere Erkundung auf eigene Faust ist möglich *(nationalparkneusiedlersee.at/de/routen/)*. Auf dem Lackenradweg (B20) kann man die Situation der *Salzlacken* und die Vogelwelt studieren (Abschnitte auf Feld- und Sandwegen). Im 19. Jahrhundert gab es im Seewinkel etwa 150 Salzlacken, doch die meisten verschwanden durch Verbauung, Entwässerung und Landwirtschaft. 2023 zählte man noch etwa 25 funktionsfähige Lacken, die fast alle stark gefährdet sind. Dass Lacken im Sommer austrocknen, ist normal, aber ein zu niedriger Grundwasserpegel unterbricht die Prozesse, die das Salz aus dem Boden an die Oberfläche bringen (Kapillar-Transport). Und das führt zur Versüßung und Verlandung.

In der Bewahrungszone Sandeck können wir für Beobachtungen auf einen ehemaligen Wachturm aus Ungarn klettern. Auf den Resten der Hutweiden und im Seevorgelände arbeiten seltene alte pannonische Haustierrassen im Sinne des Landschafts- und Naturschutzes: z. B. Graue Steppenrinder und Weiße Esel. Auch Przewalski-Pferde und Wasserbüffel wurden wieder angesiedelt. Noch mehr Idylle werden wir in der Mexikopuszta sehen.

Von Illmitz nach Fertőújlak

B10, EV 13
Distanz: 11,6 km

Vom Hauptplatz in Illmitz starten wir zur Südumrundung des Fertő. Zunächst radeln wir wieder durch *Apetlon* (Mosonbánfalva), in dessen Zentrum sich ein Ziehbrunnen und ein Barockgiebelhaus mit Rohrbedeckung befindet *(www.apetlon.info)*. Interessant ist die barocke *Kirche der Allerheiligsten Dreifaltigkeit und der hl. Margareta*, die in den 1970er-Jahren eine Erweiterung im Stil des Brutalismus erfuhr. Wer den *„tiefst gemessenen Punkt Österreichs“* (114 m) sucht, findet ihn nach Apetlon etwas abseits nördlich der Straße (Abstecher / pro Richtung: 1,5 km). Unser nächstes Ziel heißt „Mexiko“ und liegt in Ungarn. Ein auffälliger Grenzzacken reicht bis zur Straße Pamhagen–Apetlon. Den kleinen Grenzübergang erkennen wir an der Markierung des EV 13 (Richtung Sarród) bei der Querung des Zweierkanals. Auf einem einsamen Weg radeln wir nach *Fertőújlak*.

Tiefst gemessener Punkt Österreichs

GPS: 47.7348489N, 16.8632450E

Fertőújlak

Seehöhe: 116 m

Teilgemeinde von Sarród (→ S. 116)

Bis 1976 lautete der Name der Siedlung *Mekszikópuszta*. Um 1870 soll ein Pächter des Esterházy-Meierhofs die Bezeichnung wegen des Landschaftsbildes erfunden haben. Vermutlich entstand er (auch) in Gedenken an den Habsburger Maximilian I., der als Kaiser von Mexiko (1864–1867) von Revolutionären erschossen wurde. Die Ortschaft ist von der extremen Grenzlage im *„Mexikospitz“* geprägt und liegt etwa anderthalb Kilometer nördlich des Einserkanals, der sonst die Richt-

Radeln durch den Nationalpark in Ungarn

linie für die Grenzziehung bildete. Im Meierhof lebten hauptsächlich ungarische Landarbeiter. In Zeiten der umstrittenen Grenze griffen am 24./25. März 1922 ungarische Freischärler, die in „Mexiko“ lagerten, den Apetloner Hof an. Bei der Schießerei kam der Gendarm Johann Jüttner um Leben.

Während der Ungarnkrise 1956 nutzten die „Mexikaner“ ihre geografische Lage zur Täuschung der Sowjetarmee. Sie versetzten die rot-weiß-roten Fähnchen, welche die Grenze markierten, zum Einserkanal. So erschien der Ort als österreichisches Gebiet und blieb dadurch angeblich einen Monat lang von sowjetischen Panzern verschont. Über Jahrzehnte war Mekszikópuszta / Fertőújlak ein „Sackdorf“ hinter den technischen Sperren und vom restlichen Ungarn isoliert. Die ehemalige *Kaserne* der Grenztruppen passieren wir bei der südwestlichen Ortsausfahrt. Seit 2007 dient das Gebäude als Umweltpädagogische Schule des Nationalparks Fertő-Hanság.

Csapody István Naturschule / Csapody István Természetiskola Oktatóközpont
Petőfi S. utca 23/A, www.ferto-hansag.hu; mit Unterkunftsmöglichkeit

Von Fertőújlak nach Sarród

EV 13
Distanz: 7,3 km

Von Fertőújlak radeln wir auf einer ruhigen Landstraße durch die weite Puszta, direkt neben der *Naturschutzzone der Stufe 1*, die nicht – oder nur im

Rahmen von geführten Exkursionen – betreten werden darf. Von einer *Aussichtsplattform* überblicken wir die Landschaft am Fertő und beobachten die Vogelwelt. Je nach Jahreszeit wechseln Szenerie und Bewohner. Hunderte Vogelarten finden hier einen Lebensraum: Graugänse, Haubentaucher, Bartmeisen, Säbelschnäbler und natürlich die Galionsfigur des Nationalparks: der Silberreiher. Etwa 700 Paare bilden die größte Kolonie Mitteleuropas.

Dann stoßen wir auf ein unscheinbares, aber bedeutendes *Wehr:* Es reguliert den Abfluss aus dem Neusiedler See in den Einserkanal (→ S. 96). Seit 1965 wird das Wehr nach einer genauen *Betriebsordnung* bedient, die Österreich und Ungarn vereinbart haben. In der Folge stieg der mittlere Seepegel um rund vierzig Zentimeter (im Vergleich zum Mittel 1932–1965: 115,11 m über Adria). Die Anlage wird grundsätzlich nur geöffnet, um Hochwasser zu verhindern, was zuletzt 2015 geschah. Die Bestimmungen für das Wehr werden regelmäßig angepasst. (Derzeit gilt ein Ruhepegel ab 116 m ü. A. als hundertjährliches Hochwasserereignis).

Gleich daneben liegt der Hidimajor, wo Wasserbüffel bei der Siesta oder bei der „Arbeit" sind. Die Tiere

László-Meierhof und Besucherzentrum / Lászlómajor Bemutató Majorság és Látogatóközpont
Sarród, Lászlómajor, www.ferto-hansag.hu, März bis Okt. Öffnungszeiten siehe Website

GPS: 47.400150N, 16.510525E

Graues Ungarisches Steppenrind

sollen das Schilf im Zaum halten. Die nächste Station ist der *Lászlómajor (László-Meierhof* → S. 115). Bis zur Bodenreform 1945/46 gehörte das Anwesen ebenfalls zum „Esterházy-Land". Seit 2012 dient es als *Besucherzentrum* des Nationalparks. Hier treffen wir z. B. auf das Graue Ungarische Steppenrind, das Mangalitzaschwein oder das Siebenbürgische Nackthalshuhn. In den ehemaligen Ställen zeigt eine *Ausstellung* das frühere Leben auf dem Meierhof. In dem schattigen Gastgarten über der Landstraße können wir uns stärken, bevor wir ins Siedlungsgebiet von Sarród weiterradeln.

Sarród

Seehöhe: 120 m

Sarródi Polgármesteri Hivatal, Rákóczi Ferencz u. 8, Tel. +36 99 537 166, www.sarrod.hu

Kócsagvár / Silberreiherburg Sarród, Rév-Kócsagvár, www.ferto-hansag.hu

GPS: 47.6384903N, 16.8632125E

Sarród Heimatmuseum / Tájház Sarród Szeder utca 8, www.sarrodtajhaz.hu (zum Zeitpunkt der Recherche geschlossen)

Sarród (Schrolln) befand sich einst direkt am See und hatte einen Hafen. An seiner Stelle steht heute die *Silberreiherburg (Kócsagvár).* Der Verwaltungssitz des ungarischen Teils des Nationalparks wurde mithilfe von EU-Fördermitteln errichtet (Pläne: Terézia Zámbo, József Koller) und 1993 eröffnet. Die mit Schilf gedeckte „Burg" bietet Unterkunft und Räumlichkeiten für Veranstaltungen und gehört zu den Sehenswürdigkeiten des Gebiets.

In der hübschen Ortschaft wurde östlich der Kirche ein Heimatmuseum eingerichtet. An der Hauptstraße reihen sich einige schmucke, renovierte Streckhöfe. Die malerische Umgebung lockte 1992 das Internationale Künstlercamp Ferenczi József in das Dorf *(ferenczitabor.hu).* Dessen „Output" verschönert in Kopien das Straßenbild zusätzlich.

EV 13
Distanz: 3 km

Von Sarród nach Fertőd

Unsere Route mündet in Fertőd direkt in die Landstraße, auf der wir später entlang der Südseite des Fertő-tó radeln werden. Jetzt wenden wir uns aber nach Osten. Auf der *Joseph-Haydn ut* treffen wir auf das einstige Grenadierhaus für die Leibgarde des Fürsten Esterházy – heute Sitz eines Restaurants. Gegenüber fallen wir dem Schloss in Fertőd gewissermaßen in die Arme.

Schloss Esterházy in Fertőd

Fertőd

Erst 1950 tauchte der Name Fertőd auf den Landkarten auf und verdrängte den klingenden Namen Eszterháza. Damit griff man in kommunistischer Zeit angeblich auf einen mittelalterlichen Siedlungsnamen zurück. Auf Deutsch gibt es dafür keine Entsprechung, jedoch ist die Wortwurzel Fertő (Sumpf) offensichtlich. Bald darauf wurde der Nachbarort Süttör (Schüttern) eingemeindet und seit 1995 ist Fertőd eine Stadt, die heute etwa 3.400 Einwohner zählt.

Seehöhe: 140 m

Fertődi Polgármesteri Hivatal, Madách sétány 1, Tel. +36 99 537 013, www.fertod.hu

Neusiedler Seebahn (Neusiedl am See–Fertőszentmiklós)

Schloss Esterházy / Esterházy-Kastély

Einer der Höhepunkte unserer Fahrt durch die Unesco-Welterbe-Region ist der Besuch des größten Barock-Rokoko-Schlosses Ungarns. Im Kern steckt noch ein kleines *Jagdschloss* von 1720, das Joseph Esterházy bei Anton Erhard Martinelli in Auftrag gegeben hatte. Dieses ließ Fürst *Nikolaus I. Esterházy*, auch der Prachtliebende genannt, 1762 bis 1766 aufwendig erweitern; er gab ihm den Namen Eszterháza. Als Vorbilder gelten Schönbrunn oder – wie so oft – Versailles. Die Baumeister des Schlosses sind nicht genau bekannt, man spricht unter anderen von Ferdinand Mödlhammer und Melchior Hefele.

Schloss Esterházy / Esterházy-Kastély
Joseph Haydn út 2.
Tel +36 99 537 640,
www.eszterhaza.hu

GPS: 47.621647N
16.871664E

Juni bis Sept. tägl. 9–18 Uhr, Kassaschluss 16.55 Uhr. Okt. bis Mai tägl. außer Mo 9–17 Uhr, Kassaschluss 15.55 Uhr. Rosengarten Mai bis Sept. 10–18 Uhr. Gartenanlage und Ehrenhof frei zugänglich (6 Uhr bis Einbruch der Dunkelheit)

Zeitgenossen bewerteten den Standort des Prunkbaus zwiespältig. Am Rand der Sümpfe des Hanságs gelegen, wurde es neben dem ärmlichen Dorf Süttör aus dem Boden gestampft. Hier verbrachte ein bekannter Komponist als Kapellmeister von Fürst Nikolaus I. einige Zeit seines Lebens: *Joseph Haydn* (1732–1809) kam im Gefolge seines Dienstherrn mehrere Monate im Jahr nach Eszterháza (1766–1790). Er komponierte in der Abgeschiedenheit viele seiner Werke, darunter 1772 die Abschiedssonate: Diese deutete dem Fürsten an, dass das Personal bereits nach Eisenstadt zurückkehren wollte. Haydn unterhielt mit dem Orchester Nikolaus I. und dessen Gäste im Opernhaus der Sommerresidenz. Im Jahr 1773 war die Herrscherin Maria Theresia zu Besuch. Und sie soll gemeint haben: „Will ich eine gute Oper hören, gehe ich nach Eszterház."

Nach dem Tod von Nikolaus I. im Jahr 1790 verlagerten seine Nachfolger den Schwerpunkt der Repräsentation zurück nach Eisenstadt. Im 20. Jahrhundert gewann Eszterháza als Residenz wieder an Bedeutung, insbesondere nach 1922, nachdem das Burgenland entstanden war und die Esterházy Ungarn als Aufenthaltsort bevorzugten. Nach dem Zweiten Weltkrieg folgte die Verstaatlichung; das Schloss dämmerte zunächst im Dornröschenschlaf, bis 1957 erste Renovierungsarbeiten in Angriff genommen wurden. In den 1960er-Jahren wurde das nunmehrige Fertőd allmählich ein touristischer Faktor. Seit 2004 lebt übrigens wieder ein Esterházy im Schloss: Anton II. Esterházy de Galantha (geb. 1936), der 1947 als Kind von hier flüchten musste, bekam vom ungarischen Staat ein Appartement zur Verfügung gestellt. Ein Foto des Palasts ziert derzeit die Familienwebsite der Esterházy *(esterhazy.net)*.

Die *Besichtigung der Innenräume* ist nur mit Führung möglich; sie erfolgt in der Regel auf Ungarisch, aber auch Rundgänge (bzw. Handzettel) in Englisch/Deutsch werden angeboten. Trotz vieler Verluste zu Kriegsende und nach dem Zweiten Weltkrieg können sich die Räume sehen lassen, z. B. die hübsche *Sala Terrena* und der *Prunksaal* mit dem Fresko „Apollo auf dem Goldwagen", das der Tiroler Künstler Josef Ignaz Milldorfer schuf. Das Ambiente wird immer wieder für Konzerte genutzt.

www.haydneum.com

Schlosspark

Hinter dem Schloss erwartet uns eine beeindruckende *Parkanlage* mit einigen erhaltenen Nebengebäuden, wie dem Marionettentheater und dem Wasserturm. Ein Café lädt zum Verweilen ein. Wir treffen auf Fürst Nikolaus und Joseph Haydn, die als Skulpturen verewigt sind. Kutschen und der Eszterházi Express locken zur Spazierfahrt durch das 200 Hektar große Areal. Aber wir dürfen in den meisten Teilen der einst fürstlichen Anlage unser Veloziped ausführen.

Besichtigungsroute: 1,3 km

Der waldige Parkteil mit versteckten Pavillons dient heute als Rückzugsgebiet für Tiere, denn das adelige Jagdvergnügen gehört der Vergangenheit an. In den letzten Jahren wurde der hübsche Rosengarten nach dem Vorbild von 1908 rekonstruiert (Radfahren verboten). Über eine vierreihige *Lindenallee* begeben wir uns von der Westseite des Schlosses zurück zum Ortskern, wo Joseph Haydn im „*Musikhaus*" gewohnt hat. Heute ist darin unter anderem das Rathaus untergebracht. Ein Bronzerelief aus dem Jahr 1932 und ein Haydn-Gedenkraum ehren den Komponisten.

J. Hadyn Gedenkraum und Ausstellung zur Ortsgeschichte / J. Haydn Emlékszoba és Helytörténeti Kiállítás
Madách sétány 1, nach Vereinbarung unter Tel. +36 99 537 013, +36 99 370 209

Von Fertőd nach Fertőszéplak

Beim Rathaus setzen wir auf der Landstraße die See-Teilumrundung fort. Ein eigener Radstreifen (in Ortschaften oft auf dem Gehsteig) steht uns zur Verfügung. Der Übergang zur Nachbarsiedlung ist fließend, nur der Schienenstrang der Neusiedler Seebahn zieht eine deutliche Grenze. Die Route führt uns in Fertőszéplak am Dorfmuseum vorbei und zur Kirche.

EV 13
Distanz: 2,3 km

Fertőszéplak

Seehöhe: 145 m

Der ganze Stolz der Ortschaft Fertőszéplak (Schlippach am See) ist das *Dorfmuseum* in den restaurierten historischen Arkadenhäusern. Hier kann man eine kleine Zeitreise von den 1850er-Jahren bis in die 1950er-

Fertőszéplaki Polgármesteri Hivatal, Petőfi u. 2, Tel. +36 96 537 160, www.fertoszeplak.hu

Neusiedler Seebahn (Neusiedl am See–Fertőszentmiklós)

Dorfmuseum Fertőszéplak / Fertőszéplaki Tájházak Nagy-Lajos u. 31–39, porpaczyfertod.hu/tajhazak.html, Mai bis Mitte Okt. Di–Sa 11–17 Uhr

Peisonia-Besucherzentrum / Peisonia Lágogatóközpont Széchényi Ferenc tér 1, www.peisonia.hu, ganzjährig geöffnet, Mo–Fr 10–14 Uhr

Eisenbahnlampenmuseum / Vasúti Lámpamúzeum Soproni utca 13, www.vasutilampamuzeum.lks.hu

Jahre machen. Zu sehen sind Wohnräume, Stadeln, „Häuserln" und Geräte verschiedener Handwerke und Gewerbe (Weben, Spinnen, Fischerei, Korbflechterei etc.).

Von einer sanften Anhöhe blickt die römisch-katholische *Kirche der Allerheiligen* (Mindenszentek templom) über das kleine Straßendorf. Mit ihren zwei Türmen und der barocken Innenausstattung wirkt sie wie eine Miniausgabe von Frauenkirchen (→ S. 75). Hier gibt es sogar zwei kunstvolle *Kalvarienberge:* Der Herz-Jesu-Kalvarienberg ist jedenfalls eine kunsthistorische Rarität. In Fertőszéplak treffen wir auf die Spuren des ungarischen Adelsgeschlechts der *Széchényi.* Graf György II. Széchényi legte 1728 gegenüber dem *Schloss* den Grundstein für die Kirche, die 1735 fertiggestellt wurde. Später wurde das nahe Nagycenk (→ S. 122) zum Hauptsitz der Széchényi auserkoren und Ende des 18. Jahrhunderts übernahmen die Esterházy (wieder) Fertőszéplak. Das Schloss wurde dann lange nur als Kornkammer oder Lagerstätte genutzt. 2022 zog nach einer Renovierung das *Peisonia-Besucherzentrum* für das Unesco-Welterbe Fertő-taj / Landschaft Neusiedler See ein. Die Bezeichnung Peisonia leitet sich vom lateinischen Namen des Sees – lacus Peiso – ab.

Schließlich beherbergt Fertőszeplak noch eine kuriose Sammlung – ein privates *Eisenbahnlampenmuseum.* Wer 300 Laternen aus 32 Ländern besichtigen will, fährt also noch ein Stück auf der Hauptstraße zum Museum weiter.

EV 13, Route 6 Nagycenk
Distanz: 11,7 km

Gedenkstätte Eiserner Vorhang

GPS: 47.6331664N, 16.7443878E

Von Fertőszéplak nach Nagycenk

Von der Kirche führt der EV 13 auf Nebenstraßen aus Fertőszéplak hinaus, danach nähern wir uns auf welligem Gelände *Hegykő (Heiligenstein),* das für sein Thermalbad bekannt ist *(www.saratermal.hu).* Im touristischen Angebot sind außerdem: ein „Haus der Spitzen" (Csipkeház) bei der Kirche, die Schnapsbrennerei Csepp (Pálinkafőzde) und eine Gedenkstätte Eiserner Vorhang auf einem Lehrpfad im Randgebiet des Fertő (Start bei der Kirche – Fertő utca, 2,5 km/

In Fertőszéplak

pro Richtung), Im Nachbarort *Fertőhomok / Umok (Amhagen)* gibt es ein Dorfmuseum samt Ausstellungsraum für moderne Kunst, außerdem fallen die Kirche St. Anna, das eher ungewöhnliche Gebäude des Gemeindeamts und ein Millenniumsdenkmal (György Kovács, 2000/01) auf.

Zügig kommen wir nach *Hidegség / Vedešin (Kleinandrä)*. Kunsthistorisch Interessierte sollten sich eine Besichtigung der Kirche Sankt Andrä organisieren. Sie hält schon lange am südöstlichen Ortsrand in etwas erhöhter Lage die Stellung. In ihren ältesten Teilen wurden 1949 Freskenfragmente aus dem 13. Jahrhundert freigelegt.

In Hidegség verlassen wir die klassische Seerunde, um Nagycenk zu besuchen (3,5 km). In der Ortsmitte führt die Hauptstraße (Fő utca) aus dem Einbruchsbecken hinauf auf ein Plateau (1,2 km / 45 Hm). Auf einer mäßig befahrenen Landstraße queren wir die Gleise der Strecke Sopron–Győr, wo uns ein aufgelassener Bahnhof nachwinkt. Bei der Ankunft in Nagycenk biegen wir bei der ersten Gelegenheit rechts zum Schloss ab. In der Nähe finden wir auch ein Eisenbahn-Freiluftmuseum.

Tante Mariskas Haus / Mariska néni háza Hegykő, Nyárfa sor 5, Tel. +36 99 261 050

Haus der Spitzen / Csipkeház Hegykő, Kossuth u. 37, www.csipkehaz-hegyko.hu, Mai bis Sept. Di–So 11–17 Uhr

Schnapsbrennerei / Pálinkafőzde Csepp Hegykő, Fertő u. 5, 1cseppalinka.hu, Mo–Fr 8–16 Uhr

Dorfmuseum Fertőhomok / Fertőhomoki tájház Fertőhomok, Akác u. 10, April bis Sept., Mi–So 10–17 Uhr

Kirche St. Andrä / Szent András templom Hidegség, Temető utca 1,

GPS: 47.6250322N, 16.7433233E

Mo, Di, Do–Sa 10–17, So 14–18 Uhr, nur gegen Voranmeldung unter Tel. +39 699 376 016 (Völgyi Josef)

Seehöhe: 158 m

Nagycenki Polgármesteri Hivatal, Gyár u. 2, Tel. +36 99 360 012, www.nagycenk.hu

GYSEV Nr. 15 (Sopron–Szombathely)

Széchenyi Museumseisenbahn / Széchenyi Múzeumvasút Kiscenki u. 2, www.gysev.hu, April bis Okt. an Sa, So, Fei, Fahrplan siehe Webseite. Freilichtmuseum an Betriebstagen frei zugänglich

Schloss Széchenyi / Széchenyi-kastély Kiscenki u. 3, szechenyio-rokseg.hu (geplante Wiedereröffnung: 2024)

Schlosspark Di–So 10–18 Uhr (mit Eintritt)

Nagycenk

Nagycenk (Großzinkendorf) – ein in Österreich eher unbekannter Ort – gehört in Ungarn neben Fertőd (→ S. 117) zu den beliebtesten Ausflugsorten der Region. Ein Grund ist die *Museumsbahn*, die Anfang der 1970er-Jahre zwischen Nagycenk und Fertőboz zur Förderung des aufkeimenden Tourismus gebaut wurde (3,6 km). Das Freilichtmuseum mit alten Dampfloks, Personen- und Güterwaggons lässt die Herzen von Eisenbahnfans höherschlagen. Ein zweiter Grund ist das Schloss, denn in ungarischen Ohren klingt bei Nagycenk oft der Name *Széchenyi István* mit. Dem bedeutenden Politiker des 19. Jahrhunderts wurde hier 1973 ein Gedenkmuseum gewidmet.

Schloss Széchenyi / Széchenyi-kastély

Die Adelsfamilie *Széchényi* (spätere Schreibweise Széchenyi) hatte ab 1741 eine ihrer Residenzen in *Kiscenk (Kleinzinkendorf)*, das 1892 in Nagycenk eingemeindet wurde. Der Standort wurde schließlich zum repräsentativen Hauptsitz ausgebaut. Die historische Schlossanlage umfasst auch die *Lindenallee*, die sich 2,5 Kilometer in Richtung Neusiedler See erstreckt. Manche Bäume stehen schon über 260 Jahre in der Landschaft, und seit 1942 genießt die einstige Reitallee Naturschutz. Im Umfeld des Schlosses ragen imposante Platanen in die Höhe. Unter ihnen hat man bei einer Brise Wind das Gefühl, das Meer rauschen zu hören.

Umbauten im 19. Jahrhundert brachten dem Barockpalais eine frühklassizistische Fassade sowie einen weiteren Flügel mit Gasbeleuchtung und Badezimmer. Während des Zweiten Weltkriegs erlitt das Schloss so schwere Schäden, dass von der historischen Innengestaltung fast nichts übrig blieb. Ab 1966 begann der kommunistische Staat mit der Wiederherstellung. Schloss Széchenyi steht auf der Liste der Nationaldenkmäler Ungarns und erstrahlt nach einer Renovierung 2021/22 in neuem Glanz. Hier machen wir uns mit Graf István Széchenyi bekannt.

Schloss Nagycenk

★ ISTVÁN (STEPHAN) SZÉCHENYI (1791–1860) – DER UNGLÜCKLICHE REFORMER

Als „größter Ungar“ nimmt Graf István Széchenyi im Kanon der ungarischen Nationalhelden eine Sonderstellung ein. Den Beinamen verdankt er ausgerechnet seinem innenpolitischen Gegenspieler Lajos Kossuth, der ihn 1840 so genannt hatte. Széchenyi fragte daraufhin: „Warum stellen Sie mich so hoch? Damit ich mich dort nicht zu halten vermag?“

István Széchenyi

Was war die Leistung des Grafen? Széchenyi war ab 1826 ein bekannter Vertreter der gemäßigten Liberalen und setzte sich für gesellschaftliche Reformen, die Abschaffung von Adelsprivilegien und Modernisierungen ein. Die Errichtung der Kettenbrücke in Budapest, die Gründung der Ungarischen Akademie der Wissenschaften gehen auf seine Initiative zurück. Széchenyi plante und förderte den Ausbau der Eisenbahnen, der Schifffahrt und Wasserregulierungen. So gilt er als tatkräftiger „Erbauer des Landes“.

Politisch stand Széchenyi für Veränderungen auf friedlichem Wege und für einen Ausgleich mit Wien – und er warnte vor

Nationalismus und Magyarisierung. Dennoch hielt ihn Staatskanzler Fürst Metternich für einen Rebellen. Nach der unblutigen Revolution vom März 1848 in Ungarn bekleidete Széchenyi zwischen April und September das Amt des Verkehrs- und Arbeitsministers. Als sich der Konflikt mit Wien militärisch zuspitzte (→ S. 22), erklärte Széchenyi seinen Rücktritt. Er zog sich für über zehn Jahre in eine Nervenheilanstalt in Döbling bei Wien zurück, wo man ihn den „verrückten Steffel" nannte. Ende der 1850er-Jahre nahm er allmählich wieder am politischen Leben teil und verfasste Schriften. Nach einer Hausdurchsuchung durch die Polizei beging Széchenyi am 8. April 1860 Suizid, indem er sich mit einem Revolver in den Kopf schoss.

Széchenyis Begräbnis in Nagycenk wurde zu einem nationalen Großereignis, obwohl die Behörden den vorverlegten Termin geheim hielten. Der Kult um den tragischen „größten Ungarn" wurde/wird von den verschiedensten politischen Strömungen genutzt.

Ohne Markierung
Distanz: 2,8 km

Abstecher zum Széchényi-Mausoleum

So ruft uns Graf István Széchenyi zum Friedhof von Nagycenk. An der Ostseite der Schlossanlage führt eine Radroute über den Ikva-Bach und die Szent Imre utca zur König-Stephan-Kirche (Szent István király templom). Am Széchenyi tér sehen wir das Denkmal für István Széchenyi (1897) und zur Ödenburger Volksabstimmung (2002) (→ S. 171). Wir fahren links an der Kirche vorbei und kommen zum Friedhof.

Széchényi-Mausoleum / Széchényi mauzóleum Széchenyi tér, Temető, www.szechenyiorokseg.hu

GPS: 47.6010164N, 16.6975794E,
Juni bis Sept. Di–So 9–16.30 Uhr, Okt. bis Mai Di–So 8–15.30 Uhr

Das *Széchényi-Mausoleum* ist laut einer Informationstafel „eine der heiligsten Pilgerstätten für das ungarische Volk". In der Gruft sind 47 Mitglieder der Familie bestattet. István Széchenyis letzte Ruhestätte ist anhand des Schmucks leicht zu erkennen. Manche Details sind vielleicht nichts für schwache Nerven: Ein Knochenstück von Istváns zerschossenem Schädel liegt extra in einer Eisenkassette. Und die 300 Jahre alten sterblichen Überreste des Bischofs von Kalocsa, Pál Széchényi, ruhen in einem Glassarg. Auf dem stimmungsvollen Friedhof steht im hinteren Bereich ein

Sarkophag von 1910, in den die Familienmitglieder aus Fertőszéplak, Sopron und Egervár überführt wurden.

Nach dem Besuch des *Mausoleums* geht es zurück zum Széchenyi tér. Von dort spazieren wir ein Stück nach links auf der Durchzugsstraße (Iskola utca), bis wir das Gemeindeamt (Községháza) und einen kleinen Platz erreichen.* Wir biegen rechts in die Vám utca ab, um die Runde abzuschließen.

* *Zur Info: Schleichweg nach Deutschkreutz (6 km):* Links über die Gyar utca 1,3 km bis zur Baumallee, die an der Autobahn endet, dann links durch eine Unterführung zum Feldweg über die Grenze (vgl. S. 192).

Von Nagycenk nach Fertőbóz (Gloriette)

Route 6
Distanz: 3,4 km

Vom Schloss nehmen wir die mäßig befahrene Landstraße nach Fertőbóz. In einem großen Bogen steuern wir an schönen, alten Bäumen vorbei in Richtung Neusiedler See und queren dabei Schienenstränge der Museumsbahn und der GYSEV-Stammstrecke Sopron–Győr (1876 erbaut). Kurz vor der Abfahrt ins Einbruchsbecken biegen wir links auf einen rumpeligen Feldweg ab und folgen den Wegweisern zur Gloriette (markierter Zugang nach etwa 960 m). Alternative: Treppenaufgang vom Rastplatz in Fertőbóz (s. u.).

Fertőbóz (Holling)

Seehöhe: 127 m

Polgármesteri Hivatal, Fertőbóz, Fő utca 17, Tel. +36 99 531 080, www.fertoboz.hu
GYSEV Nr. 8 (Sopron–Győr)

Nicht versäumen sollte man die Hauptattraktion des Dorfs Fertőbóz (Holling): die *Gloriette (Gloriette-kilátó)* auf 180 Meter Seehöhe. Von dort reicht das Auge bei klarem Wetter bis zum Thebener Kogel in Bratislava. Die überwältigende Aussicht genoss schon vor 200 Jahren Joseph von Habsburg, der Palatin von Ungarn und Bruder Kaiser Franz II. Ihm zu Ehren hatte Ferenc Széchényi 1801/02 den kleinen Pavillon aus Kroisbacher Kalkstein (→ S. 134) errichten lassen. Vor wenigen Jahren kam an diesen schönen und ruhigen Platz noch ein „Großungarn"-Denkmal mit der „Heiligen Krone" hinzu (Künstler: Mihaly Gábor, 2022). Mit diesem Thema beschäftigen wir uns an anderer Stelle (→ S. 244, S. 245).

Vor 200 Jahren war das Panorama übrigens nicht von dem riesigen Schilfgürtel geprägt. In Fertőboz konnte um 1830 sogar eines der ersten Sommerbäder direkt am Wasser eröffnen. Heute müsste man bis ans Schwarze Meer zum Donaudelta reisen, um in Europa ein größeres Schilfmeer zu finden. Dieses entstand zunächst auch als Folge des Einserkanals (→ S. 96), der den Salzgehalt im Wasser und den Wasserstand verringerte. Dieser Faktor und andere von Menschen gemachte Einflüsse begünstigten das Wachstum. Das Röhricht wird wegen der mangelnden natürlichen Wasserpegelschwankungen teilweise gemanagt. Die Gloriette stellt einen wunderbaren Platz dar, um die Gedanken schweifen zu lassen.

EV 13
Distanz: 5,1 km

Von Fertőbóz nach Balf

Von der Gloriette fahren wir zur Straße zurück, hinunter in die Ortschaft Fertőbóz und bei der Kreuzung nach links. Die Raststelle mit dem Stiegenaufgang zur Gloriette (gegenüber der Fő u. 61) präsentiert noch Denkmäler, die an die Ödenburger Volksabstimmung (→ S. 171) und die Vertreibung der Ungarndeutschen (→ S. 79) erinnern. Nun setzen wir die klassische

Gloriette

UTOPIEN AM NEUSIEDLER SEE

Neusiedler See / Fertő ohne Brücke – mit Schilf

In den Anfängen des Tourismus im 19. Jahrhundert fand der Neusiedler See eher wenig Beachtung: In Ungarn übte der Balaton (Plattensees), in Österreich die Alpen mehr Faszination aus. Mitte der 1920er-Jahre warb man dann mit dem „Meer der Wiener“ (→ S. 109). Immer wieder gab es Pläne, den See trockenzulegen oder in Ackerflächen und Fischteiche aufzuteilen. Nur die klimatischen Folgen einer solchen Maßnahme schienen unklar.

Zunächst verhinderte der Erste Weltkrieg eine Realisierung, dann stand die Staatsgrenze von 1922 im Weg. Österreich (Anteil: 240 km²) und Ungarn (Anteil: 80 km²) müssen sich in grundsätzlichen Fragen des Neusiedler Sees einigen. Die Alpenrepublik wollte mehr Agrarland schaffen und dachte deshalb in den 1930er-Jahren an einen Querdamm zwischen Illmitz und Mörbisch / Rust. Doch Weltwirtschaftskrise, Krieg und politische Probleme ließen solche Projekte, die bis in die 1960er-Jahre verfolgt wurden, stets versanden.

Eine andere Idee – eine drei Kilometer lange Straßenbrücke zwischen Mörbisch und Illmitz – war 1971 schon beschlossene Sache. Mit ihr sollte die Verkehrsverbindung des Seewinkels nach Eisenstadt verbessert werden. Der Protest von Naturschützern, Bürgerinitiativen und bekannten Wissenschaftlern wie Otto Koenig verhinderte den Brückenbau; er gilt als – wenig bekannter – erster Meilenstein der Umweltschutzbewegung in Österreich.

Aktuell geht der Steppensee vielleicht einer Austrocknung entgegen. Da ein solches Szenario für Tourismus und Wirtschaft wohl katastrophale Folgen hätte, erwägt die burgenländische Landespolitik die Zuleitung von Wasser aus der Moson-Donau aus Ungarn oder aus der Donau aus Niederösterreich. Es ist ein sehr umstrittenes Vorhaben. Umweltschützer warnen vor einer möglichen Veralgung. Wie der Neusiedler See in Zukunft aussehen wird, bleibt mit Spannung abzuwarten.

1403
14

Umfahrung des Fertő fort und radeln auf leicht welligem Gelände bis nach Balf.

Wir halten auf dem kleinen Platz vor der evangelischen Kirche. Auf dem Templom tér findet man das (deutschsprachige) Kriegerdenkmal, das Denkmal für die Opfer des Zweiten Weltkriegs und die im Mai 1946 vertriebenen Wolfser sowie eine Gedenktafel für jene, die in der NS-Zeit Widerstand und Hilfe leisteten.

Sopron-Balf (Wolfs)

Seehöhe: 122 m

Stadtteil von Sopron (→ S. 163)

Fast unmerklich streifen wir bereits Sopron, denn Balf (Wolfs) ist seit 1985 als Stadtteil eingemeindet. Manche der Durchreisenden übersehen wahrscheinlich, dass sie in einem traditionsreichen Kurort sind. Hier nutzten bereits die Römer die hiesigen Heilquellen. Allerdings stand das Bad im Schatten von Carnuntum und Aquae (Baden). Auch in der „jüngeren" Geschichte blieb der „*Gesundbrunnen*" eher eine regionale Größe, aber er gehörte im 18. Jahrhundert zu den nennenswerten Heilbädern der Donaumonarchie. Nach einigen Auf und Abs gibt es das Kurbad bis heute.

Abstecher zum Kurareal: auf der Straße Fürdő sor (530 m)

Kurbad Balf / Balfi Gyógyfürdő Fürdő sor 8, www.gyogyfurdobalf.hu

Das *Kurareal* mit englischem Garten, dem Schlosshotel und der barocken Badkapelle hl. Joseph liegt auf den Abhängen des Wolfser Hügellandes. Seine Hochblüte erlebte Balf zu Beginn des 20. Jahrhunderts, nachdem im Jahr 1898 der Militärarzt Stefan (István) Wosinski die abgewirtschaftete Kuranstalt von der Stadt Sopron erworben hatte. Er sorgte für eine Modernisierung des Heilbades, bessere Erreichbarkeit per Bahn und Unterhaltungsprogramm. Den Aufschwung stoppte der Erste Weltkrieg jäh. Den nächsten Rückschlag brachte die letzte Phase des Zweiten Weltkriegs, als Gestapo und SS hier einzogen.

Sopron-Balf Lehrpfade – mehrsprachige App sopronigyogyhelyek.hu

1951 verstaatlichte das kommunistische Ungarn das Kurbad. Die Lage im Grenzgebiet erschien aber problematisch, und so kam es zu teilweisen Demolierungen und einem eingeschränkten Betrieb. Erst 1975

Kirche Sankt Wolfgang in Balf mit der Gedenkstätte

griff der Staat die Tradition Balfs wieder auf, errichtete einen siebenstöckigen *Neubau* (Attila Kun, 1971–1975) und schuf mehr Komfort für internationale Gäste. Das Kurbad blieb bestehen. 2004 folgten weitere Erneuerungen wie eine Wellnessabteilung. Seit 2013 ist das Elisabeth-Krankenhaus von Sopron Eigentümer der Therme. Kurgäste und Touristen können auf Lehrpfaden durch den Ort spazieren.

Ohne Markierung
Distanz: 1,6 km

Durch Balf

Für die weitere Besichtigung von Balf fahren wir von der evangelischen Kirche auf der Hauptstraße durch den Ortskern. Auf dem Programm steht ein kurzer, anstrengender Abstecher hinauf zur katholischen *Kirche St. Wolfgang*. Danach geht es geradeaus weiter bis zum *Sauerbrunnen* bei der Ortsausfahrt.

Bei der Kirche St. Wolfgang / Szent Farkas templom

Vermutlich gab es bereits im 12. Jahrhundert auf der Anhöhe in Balf ein Gotteshaus. Die erste urkundliche Erwähnung der Kirche stammt aus dem Jahr 1336 (zunächst „Zu unserer Lieben Frau“). Das heutige Gebäude mit seinem achteckigen Turm hat noch einen romanischen Ursprung. Nach fast hundert Jahren als Kirche der Protestanten weihte der katholische Bischof György Széchényi 1673 das Gotteshaus neu ein, mit dem heiligen Wolfgang (Szent Farkas) als Patron. Kirche und Friedhof sind von einer alten Wehrmauer umgeben. Davor mahnt eine *Gedenkstätte* an Verbrechen des Nationalsozialismus.

Für den Bau des Südostwalls (→ S. 256) wurden in Balf 1944/45 über 2.000 ungarisch-jüdische Zwangsarbeiter unter menschenverachtenden Bedingungen eingesetzt. Unter den hunderten Todesopfern waren Persönlichkeiten des ungarischen Geistes- und Literaturlebens: der Literaturhistoriker Gábor Halász, der Dichter György Sárközi und der berühmte Schriftsteller Antal Szerb. Sie wurden im Umfeld des Friedhofs in Massengräber geworfen (und später exhumiert). In der Endphase des Krieges ereignete sich am 31. März 1945 beim Rückzug der Wehrmacht noch ein Massaker, bei dem 181 Personen ermordet wurden.

Die Gedenkstätte wurde bereits 1948 angelegt, später erweitert bzw. umgestaltet. 2008 entstand der Gedenkpark mit den Stelen (Entwurf: Lászlá Kutas / Barnabás Winkler). An der Wehrmauer lesen wir noch Antal Szerbs Worte: „ … a sabadság nemcsak egy nemzet magánügye hanem az egész emberiségé is“ („Freiheit ist nicht nur eine private Angelegenheit einer Nation, sondern der ganzen Menschheit“). Mit diesem Gedanken im Kopf radeln wir weiter.

Beim Sauerbrunnen (Savanyúkút)

Vor der Ortsausfahrt kommen wir noch zum Pavillon mit dem *Sauerbrunnen* (Savanyúkút), aus dem das schwefelhaltige Heilwasser mit dem ihm eigenen Geruch und Geschmack sprudelt. Ein Brunnen stand hier der Bevölkerung immer zur Verfügung, das aktuelle Exemplar wurde 2008 von der bekannten ungarischen Porzellanmanufaktur Zsolnay gestaltet. Gleich in der Nähe befindet sich eine Abfüllanlage für das Mineralwasser *Balfi*.

Ehemaliger Wachturm des Eisernen Vorhangs

Typischer Streckhof (Dorfmuseum)

EV 13
Distanz: 8 km

Teilw. leichter Trail mit Schotter, ca. 1 km. Alternativroute: B10 auf der Landstraße

Von Balf nach Fertőrákos

Am Ortsrand starten wir bei der verfallenen Kaserne der Grenzwache auf einem befestigten Nebenweg.

Die Route entlang des Wolfser Rumpfgebirges durch Weingärten und Felder ist sehr reizvoll, ebenso der Blick auf den verschilften See. Wiederholt geht es leicht auf und ab, aber in dieser Fahrtrichtung läuft das Rad recht gut. Gegen Ende des Abschnitts kommen wir in einem Wald auf einen Schotterweg. Dann mündet die Route über die Kápolna utca in die Hauptstraße von Fertőrákos. Der Weg zum Hafen, die Strand út, liegt übrigens südlicher (wegen Baustelle gesperrt). Wir radeln weiter Richtung Zentrum bis zur Wehrmauer.

Seehöhe: 145 m

Fertőrákosi Polgármesteri Hivatal, Fő u. 139, Tel. +36 99 530 024, fertorakos.hu

Fähre Fertőrákos-Mörbisch (derzeit nicht in Betrieb)

Fertőrákos (Kroisbach)

Sowohl der ungarische als auch der deutsche Ortsname weist auf einen (früher) krebsreichen Bach hin (kroat. Krojspuh). Der Kroisbach (Rákos-patak) mündet als einer der wenigen Zuflüsse in den Neusiedler See. Und Fertőrákos ist der einzige Ort in Ungarn, der Zugang zum offenen (schilffreien) Fertő-tó hat. Dieser war in der Zeit des Kommunismus nur bestimmten Kreisen vorbehalten.

Heute sind Bad und Hafen Gegenstand von medial viel beachteten touristischen Ausbauplänen. Die erste

Projektversion stieß auf den starken Widerstand der Naturschützer, da den Investoren ein überdimensioniert angelegtes Hotel- und Freizeitareal im Schilfgürtel vorschwebte. Der Unesco-Welterbe-Status des Fertő schien gefährdet. Die bereits begonnenen Arbeiten wurden im Juli 2022 überraschend gestoppt. Geldprobleme und Klagen von Umweltschutzorganisationen bei der EU hatten für Unsicherheiten gesorgt. 2023 schrieb die ungarische Regierung das Bauprojekt in verkleinerter Form neu aus, auch ein Ökozentrum ist vorgesehen. Es bleibt abzuwarten, wie sich die Sache entwickelt. Von alldem merkt man im Ort selbst recht wenig.

Spaziergang durch den Ort

Besichtigungsroute: 1,4 km

Am Rand des historischen Ortskerns ziehen Reste einer großen *Befestigungsmauer* und die *Kroisbacher Madonna (Rákosi Madonna)* unsere Aufmerksamkeit auf sich (Entwurf: András Őrsi, 1996). Auf den Engelsflügeln sind die Namen der 182 Kroisbacher Opfer des Zweiten Weltkriegs sowie jene der im Jahr 1946 vertriebenen Familien eingraviert. In Fertőrakos lebte damals eine überwiegend deutschsprachige Bevölkerung. Von 4.000 Einwohnern der Großgemeinde mussten über 3.000 Ungarn verlassen.

Das Ortsbild innerhalb der alten Wehrmauern hat sich seitdem wohl wenig verändert. Zahlreiche hübsche pannonische Streckhöfe säumen die Hauptstraße. Wir spazieren den Hügel hinauf und bemerken ein barockes *Palais,* das schon bessere Tage gesehen hat (Nr. 153). Auf der Fassade prangen Wappen von Bischöfen von Győr (Raab): Ferenc Zichy (links), Ágost Keresztély (Mitte) und György Széchényi (rechts). Fertőrákos war über viele Jahrhunderte *bischöflicher Besitz* und Zentrum des Katholizismus der Region. Als die Osmanen große Teile Ungarns – und auch Győr – beherrschten, zogen sich

Denkmal zum Jahr 1989

die hohen Geistlichen zeitweise hinter den See zurück. Allerdings wurde der Ort 1683 von den Osmanen verwüstet. Später nutzten die Bischöfe das Palais als Sommerresidenz. Nach dem Zweiten Weltkrieg wurde der bischöfliche Besitz in Fertőrákos verstaatlicht. Zumindest in den 1990er-Jahren diente das Schloss als Hotel und Museum.

Wenige Schritte weiter markiert ein *Pranger* aus dem 17. Jahrhundert den einstigen *Marktplatz* von Fertőrákos. Er steht noch an der ursprünglichen Stelle und war 1946 für einen Kartoffeldieb zum letzten Mal in Verwendung. Die alte bischöfliche *Wassermühle* mit einer seltenen Ecksonnenuhr aus dem 18. Jahrhundert rundet das historische Ambiente ab. (Püspöki vízimalom, Fő u. 141). Das *Denkmal 1989* erzählt, dass in Fertőrákos „Erste Schritte zum gemeinsamen Europa" gemacht wurden (Entwurf: Peller Csaba, 2003). Ab dem 1. August 1989 durften DDR-Bürger in dem Grenzort Urlaub machen. Vom Campingplatz am See suchten sie Wege über das Wasser oder durch das Hügelland nach Mörbisch. Die Kassierin des Campingplatzes – die Kroisbacherin Ágnes Baltigh – konnte nützliche Auskünfte auf Deutsch geben. Sie erhielt dafür 2014 das deutsche Bundesverdienstkreuz. Auch einige Österreicher boten sich im Ort als Fluchthelfer an.

Minerialienmuseum / Ásványmúzeum Fő u. 99, www.kalcitkristalyok.hu
Handwerkshof – Dorfmuseum / Villa Racus kézműves udvar – tájház Fő u. 152, www.kemenceutca.hu, April bis 2. Nov. tägl. 10–18 Uhr

Damals wie heute ist Fertőrákos ein hübsches Ausflugsziel. Die Sehenswürdigkeiten reihen sich entlang der Hauptstraße: die „bischöfliche" *Kirche Christi Himmelfahrt*, das kleine *Heimatmuseum* (Nr. 152) neben einem herzigen Keramikladen und nicht zuletzt das *Mineralienmuseum*. Hier hat ein leidenschaftlicher Sammler über Jahrzehnte mehr als 2.000 Kalzitkristalle und 400 prähistorische Funde zusammengetragen. Die bekannteste Attraktion von Fertőrákos (Kroisbach) ist aber der *Steinbruch* mit dem Felsentheater.

Steinbruch Fertőrákos / Kroisbach

Was in Österreich der Steinbruch von St. Margarethen, ist in Ungarn jener von Fertőrákos. Beide gehen auf die Römerzeit zurück, beide bestehen aus demselben

Steinbruch von Kroisbach

Leitha-Kalkstein, beide werden heute touristisch und kulturell genutzt. Der Kalkstein ist ein Produkt verdichteter Geschichte, gebildet aus Sedimenten eines urzeitlichen Meeres und Fossilien von Meerestieren. Durch den Abbau des Gesteins sind riesige Höhlen entstanden, die eine bizarre Kulisse abgeben. 1937 fand erstmals ein Konzert im Steinbruch Fertőrákos statt. Seit 1970 wird er regelmäßig für kulturelle Veranstaltungen genutzt: Konzerte, Opern, Operetten, Theateraufführungen und im Sommer das *Wagner-Liszt-Festival*. So erscheint die Region im Sommer gemeinsam mit Mörbisch (→ S. 137) als ein Eldorado für Musik- und Theaterliebhaber *(www.felsentheater.at)*.

Der *Rundgang* auf dem Gelände führt zunächst oberirdisch am „*Memorial zur Öffnung des Eisernen Vorhangs*“ vorbei, das schon von der Straße aus zu sehen ist. Die neun Meter hohe Metallplastik mit stilisiertem Stacheldraht schuf Gabriela Habsburg, die Enkelin des letzten Kaisers Karl I. und Tochter von Otto Habsburg-Lothringen, der im August 1989 Schirmherr des *Paneuropäische Picknicks* war (→ S. 141). Die Künstlerin bestimmt es als „Kreuz, das in alle Richtungen zeigt und die Menschen eint“. Interessant ist hier außerdem

Steinbruch Fertőrákos / Fertőrákosi kőfejtő
Fő u. 1, www.fertorakosikofejto.hu, April bis Anfang Nov., tägl. 10–18 Uhr, Kassa 10–17 Uhr, App/interaktive Station mit vertiefenden Informationen

die Fauna und Flora am Steinbruch, wir erblicken vielleicht Felsenveilchen oder Smaragdeidechsen und genießen die Aussicht, bevor wir in das frische Höhleninnere abtauchen.

Der *thematische Park* ist eine Zeitreise in das Erdzeitalter des Miozäns vor etwa zwölf Millionen Jahren, als ein großes Meer das Karpatenbecken bedeckte. Davon zeugen Fossilien von Meerestieren, während große Modelle die Fantasie anregen. Die Ausstellung erzählt zudem von der Nutzung des Kalksteins: Das Material kam schon im römischen Scarbantia (Sopron, → S. 163) zum Einsatz. Nicht nur Bauten in der näheren Umgebung bestehen aus Steinen aus Kroisbach, sondern z. B. auch in Wien und Bratislava. Ab 1857 war der Bischofssteinbruch an eine Wiener Baugesellschaft verpachtet, und bis 1948 wurde der Kalkstein abgebaut. Beim Spaziergang durch die Steinhallen können wir auch einen Blick in das *Felsentheater* mit 760 Sitzplätzen werfen.

Am Ende werden wir wieder mit den schlimmsten Phasen der Zeitgeschichte konfrontiert: 1944/45 befand sich im Steinbruch ein Arbeitslager. Ungarisch-jüdische Zwangsarbeiter sollten die Übersiedlung einer Waffen- und Munitionsfabrik hierher umsetzen. Außerdem wurden sie für den Bau des Südostwalls (→ S. 256) herangezogen. Bei der Evakuierung des Lagers vor der näherrückenden Front erschossen SS-Leute nichtmarschfähige Kranke. Auch in der „Galaxie-Halle" fanden am 27. März 1945 Hinrichtungen statt. Eine Gedenkstelle erinnert an das Martyrium der Zwangsarbeiter in Fertőrákos (insgesamt etwa 400 Tote).

Von Fertőrákos nach Mörbisch

EV 13
Distanz: 3,9 km
↑ 5 m ↓ 54 m

In der Nähe des Steinbruchs zweigt der Verbindungsweg nach Mörbisch ab. Er führt durch das ehemalige Grenzsperrgebiet des Eisernen Vorhangs nach Mörbisch und ist seit August 1990 für Radfahrer und Fußgänger geöffnet. Etwa vierzig Jahre lang durften von hier aus nur Grenzsoldaten oder Personen mit Sondergenehmigung in die pannonische Weite blicken. Im Sommer 1989 waren allerdings mehr Menschen unterwegs, nämlich auf der Flucht. Manche nahmen diesen Weg, der mit Nagelbrettern ausgelegt war, die meisten aber wählten Pfade durch den Wald. Sie konnten sich an rot-weiß-roten Bändern an den Bäumen oder an Schildern mit der Aufschrift „Österreich“ orientieren.

Wir bewältigen die letzten Meter zur Grenze in aller Ruhe. Dort erscheint ganz unerwartet eine *Kultstätte für den persischen Sonnengott Mithras*, der unter römischen Soldaten beliebt war. 1866 entdeckte ein Steinmetz aus Kroisbach das Relikt aus dem 3. Jh. n. Chr.: eine Rarität, denn im Jahr 378 hätten auf kaiserliche Anordnung alle Mithras-Heiligtümer vernichtet werden sollen. Der Hauptstein ist im Original vor Ort, andere Nebenaltäre sind im Museumsquartier in Sopron zu bewundern (→ S. 169). Nach dem Zwischenstopp radeln wir auf der Straße weiter, am ehemaligen Zollhaus aus den 1920er-Jahren vorbei und ins Ortszentrum von Mörbisch.

Mithras-Heiligtum / Mithrasz-szentély
Meggyesi út, www.mithras.hu, Mitte Mai bis Aug. tägl. außer Mo 10–18 Uhr, 1. Mai bis Mitte Mai u. Sept. Fr–So 10–16 Uhr, freier Eintritt

GPS: 47.7414131N, 16.6567128E

Mörbisch am See

Seehöhe: 122 m

Gemeindeamt Mörbisch, Hauptstraße 22, Tel. +43 2685 820 10, moerbisch.gv.at
Tourismusbüro Mörbisch, Hauptstraße 23, Tel. +43 2685 8430, moerbisch.com
Fähre Illmitz–Mörbisch, Mörbisch–Fertőrákos

Der Ort, der 1254 als „Megyes“ erstmals urkundlich erwähnt wurde, liegt nur etwa zwölf Kilometer von Sopron (Ödenburg) entfernt und war lange dessen Stadtdorf (1385–1848). Die Ausrichtung ins traditionelle Zentrum der Region zerstörte langfristig der Eiserne Vorhang. Trotz der einst ungünstigen Lage direkt an der „toten Grenze“ kamen dank der Seefestspiele (→ unten) und des Seebads Touristen hierher. Die hübschen Hofgassen und das Heimatmuseum gehören zu den Sehenswürdigkeiten des Ortes. Einen Eindruck von den Veränderungen im 20. Jahrhundert vermitteln historische Fotos an der *Kreuzung Hauptstraße / Seestraße.* (Zum Hafen, Seebad und zur Seebühne radelt man von hier etwa drei Kilometer.)

★ PUBLIKUMSMAGNET – SEEFESTSPIELE MÖRBISCH

Wer „Mörbisch“ sagt, muss meist auch „Seefestspiele“ denken. Über Jahrzehnte hat sich der Ort den Ruf als „Mekka der klassischen Operette“ erarbeitet, insbe-

Hafen von Mörbisch

Heimathausmuseum Hauptstraße 55, moerbisch.com. Juni bis Okt. Mi, Fr 16–19 Uhr, Sa 10–13 Uhr, April/Mai sowie Okt./Nov. auf Anfrage im Tourismusbüro

Dorfführungen auf Anfrage im Tourismusbüro bzw. siehe Angebote im Veranstaltungskalender

sondere unter der Intendanz von „Mister Wunderbar“ Harald Serafin (1992–2012). In dieser Zeit feierten die Festspiele auf der ausgebauten Seebühne Rekorde von 220.000 Besuchern im Jahr. Die Anfänge reichen in die 1950er-Jahre zurück, als die Infrastruktur verbessert wurde: Man baute die Straße nach Rust aus und errichtete den Damm für die Seestraße durch das Schilf. Um dies realisieren zu können, hatte Mörbisch der Stadt Sopron noch über tausend Hektar Schilf- und Wasserfläche abgekauft. 1957 stand das Seehotel für Gäste bereit.

Die *Mörbischer Seefestspiele* wurden vom Opernsänger Professor Herbert Alsen (1906–1978) noch unter sehr einfachen Umständen begründet. Zur Eröffnung im Juli 1957 spielte man die Operette „Der Zigeunerbaron“ von Johann Strauß (Sohn). Diese war im Laufe der Jahrzehnte das wichtigste Stück im Repertoire, gefolgt von „Gräfin Mariza“ und „Csardasfürstin“. Seit 2021 fungiert der Schauspieler Alfons Haider als Generalintendant. In Mörbisch kommen auch Musicals und andere Konzerte vor oft ausverkauften Rängen (6.200 Sitzplätze) zur Aufführung.

www.seefestspiele-moerbisch

Gedenktafel für die Opfer des Nationalsozialismus

Auf der anderen Seite der Kreuzung, an der *Ecke Seestraße / Ruster Straße*, wurde Ende Jänner 2017 eine bemerkenswerte Tafel enthüllt: „Zum Gedenken an die Jüdinnen und Juden, die Romnja und Roma und die NS-Euthanasieopfer, die von den Nationalsozialisten deportiert und ermordet wurden“. 14 der 22 aufgelisteten Todesopfer aus *Mörbisch* waren Roma. Selten erinnert man an die Verfolgung dieser Volksgruppe, die in Österreich seit 1993 offiziell als autochthon anerkannt ist. Was erschütternd ist: 1938 lebten insgesamt etwa 9.000 *Sinti und Roma* im Burgenland in rund 120 Siedlungen, und nur zehn Prozent überstanden den NS-Terror.

In Mörbisch zählte man 1936 64 Roma, deren Siedlung sich auf den Abhängen des Ruster Hügellandes befand. Nach dem „Anschluss“ 1938 wurden bald viele in Konzentrations- oder Arbeitslager verschleppt. Die Kinder durften die Schule nicht mehr besuchen. Am 31. August 1941 deportierten die Nationalsozialisten die letzten Familien der Roma-Siedlung ins „Zigeunerlager Lackenbach“ (→ S. 199); ihre Häuser wurden geschleift. Die meisten Mörbischer Roma dürften die NS-Zeit nicht überlebt haben, aber manche kamen nach der Befreiung in ihren Heimatort zurück. Die Anerkennung als Opfergruppe sollte einige Jahrzehnte auf sich warten lassen. Die mangelnde Aufarbeitung kann noch heute Probleme bei Entschädigungen machen.

Von Mörbisch zum Gedenkpark „Paneuropäisches Picknick“

EV 13
Distanz: 4,5 km
↑ 106 m ↓ 38 m

An der Hauptkreuzung im Ort führt uns der EV 13 auf das *Ruster Hügelland*. Der Abschnitt ist etwas anstrengend, aber zwischendurch kann man bei einem *Weindenkmal* sein Wissen über Trauben vertiefen oder ein paar Fotostopps einlegen. Das Panorama – atemberaubend. Oben machen wir bei einem jungen *Olivenhain (!)* kurz Pause … ein Hauch von Griechenland und Klimaveränderung.

Hier, beim Rastplatz *Martinsplatzl*, kehren wir in den Sommer 1989 zurück, als Mörbisch für zahlreiche DDR-

Auf dem Ruster Hügelland bei Mörbisch

Flüchtlinge die erste Station im Westen war. Das Rote Kreuz betreute im Ort in wenigen Wochen nach dem 19. August 1989 über 2.000 Geflüchtete. Dazu kamen noch unzählige, die privat versorgt wurden. Wir nehmen nun die entgegengesetzte Richtung und tauchen durch einen schattigen Wald. Auf dem meist abschüssigen Weg geraten wir fast unbemerkt auf die Grenzlinie und die ungarische Seite. Vorsicht, plötzlich quert eine Straße. Wir stoppen beim Grenzübergang Sopron/St. Margarethen, einem europäischen Erinnerungsort.

Seehöhe: 188 m

Páneurópai Piknik Emlékhely, Pozsonyi út / Grenzübergang St. Margarethen, www.paneuropaipiknik.hu

GPS: 47.7566300N, 16.6218603E

Gedenkpark „Paneuropäisches Picknick“

Beim Grenzübergang St. Margarethen/Sopron streift der „Wind of Change“ über die Puszta, ein Hauch der Geschichte des Jahres 1989. Ein alter Wachturm blieb als stummer Zeitzeuge vor Ort. Hier kam es am 19. August 1989 (→ S. 141) zu einer Massenflucht von DDR-Bürgern. Hier – so meinte der damalige deutsche Bundeskanzler Helmut Kohl – fiel der erste Stein aus der Mauer. Der „Durchbruch“ bei Sopron bildete einen ersten Höhepunkt der Fluchtbewegung des Sommers

19. AUGUST 1989: PANEUROPÄISCHES PICKNICK

In der Sopronpuszta fand am 19. August 1989 ein *Nachbarschaftsfest* als Ausdruck der guten Beziehungen zwischen Österreich und Ungarn statt. Tausende feierten bei Würstel, Speckbraten, Bier – und zwickten einen Teil des Eisernen Vorhangs ab. Denn das Motto lautete: *„Baue ab und nimm mit"*. Die Flugblätter zum Paneuropäischen Picknick hatten sich ohne Wissen der Organisatoren auch in Budapest und am Plattensee (Balaton) verbreitet. Vermutlich vervielfältigten Mitarbeiter der BRD-Botschaft die Ankündigung tausendfach. Urlauber aus der DDR sahen eine günstige Chance auf Flucht. Die ungarische Grenzwache rechnete jedoch mit keinen Problemen. Sie war nur mit fünf Personen vor Ort. Die offizielle Delegation aus Sopron, welche die Grenze um 15 Uhr passieren sollte, verspätete sich, stattdessen tauchte eine Gruppe von über hundert „Ostdeutschen" auf. Diese stürmten gegen das Grenztor und drängten nach Österreich. Der ungarische Kommandant *Árpád Bella* befahl seinen Kollegen wegzuschauen.

An diesem Nachmittag nutzten 600 bis 700 Menschen die Gunst der Stunde. Nach einer Erstversorgung in den österreichischen Grenzgemeinden wurden die geflüchteten DDR-Bürger noch am selben Tag Richtung Bayern transportiert. Der ungarischen Regierung diente die Massenflucht als „Versuchsballon" für eine etwaige Reaktion der Sowjetunion auf eine Grenzöffnung.

Massenflucht beim Paneuropäischen Picknick

1989 und gilt als Meilenstein für die weitere Entwicklung: Öffnung der Grenzen Ungarns für DDR-Bürger am 11. September 1989, der folgende Massenexodus über Ungarn und der Fall der Berliner Mauer am 9. November 1989.

Am Ort des Geschehens entstand im Laufe der Jahrzehnte ein großer Gedenkpark, der im Jahr 2014 als wichtige Stätte in der Geschichte Europas das Europäische Kulturerbe-Siegel erhielt. Hier finden regelmäßig Gedenkveranstaltungen statt.

An die Vorgeschichte des Paneuropäischen Picknicks erinnern die ersten kleineren Denkmäler in der Nähe des Grenzübergangs: eine *Holzstele* (1991), gestiftet von den einstigen Organisatoren des Picknicks, und die *Freiheitsglocke aus Debrecen* (1999). In dem ostungarischen Ort nahe der rumänischen Grenze war am 20. Juni 1989 die Idee eines österreichisch-ungarischen Freundschaftsfests entstanden. Bei einer Veranstaltung diskutierte man nach einem Vortrag des Abgeordneten des Europaparlaments Otto Habsburg-Lothringen über die Vision eines geeinten Europas. Hauptorganisator des Picknicks war das *Ungarische demokratische Forum* in Debrecen mit Unterstützung der Opposition und von Aktivisten in Sopron. Sopronpuszta wurde als Veranstaltungsort ausgewählt, weil hier noch Teile des Grenzzauns standen. Als Schirmherren fungierten der Reformkommunist und Staatsminister Ungarns Imre Pozsgay sowie Otto Habsburg-Lothringen, die aber beim Picknick nicht anwesend waren.

Dass 15 Jahre nach dem „Durchbruch" Ungarn Mitglied der Europäischen Union sein würde, hätte im August 1989 wohl niemand gedacht. Das *„Denkmal der geöffneten Türen"* (2004) symbolisiert den Spalt im Eisernen Vorhang, der letztlich den Weg in die EU ermöglichte. Der Grenzübergang auf der Pressburger / Ödenburger Landstraße wurde übrigens erst Ende 2006 für Fußgänger und Radfahrer geöffnet und ab 2007 für Autos ausgebaut. Am 20. Dezember 2007, bei den Feierlichkeiten zum Beitritt Ungarns zum Schengen-Abkommen, sägte der österreichische Ex-Außenminister

Denkmal „Umbruch“

Alois Mock einen Grenzbalken durch. Dieser symbolische Akt spielte auf den 27. Juni 1989 an (→ S. 144).

Für den 20. Jahrestag 2009 erfuhr das Areal eine Neugestaltung. Seitdem steht ein großes Denkmal im Zentrum der Anlage: *Der Umbruch – Die Statue der Europäischen Freiheit (Az Áttöres – Az európai szabadság szobra).* Das zusammenstürzende Gebäude symbolisiert die Ruinen des Sozialismus, aus denen Menschen auf der Suche nach Freiheit heraussteigen. Eine Inschrift lautet: „Am 19. August 1989 öffnete ein unterdrücktes Volk das Tor seines Gefängnisses, um einem anderen unterjochten Volk zur Freiheit zur verhelfen“. In das Denkmal haben die Bildhauer Miklós Melocco, Péter Raab Párkányi und Jószef Szénási ein Stück der Berliner Mauer eingearbeitet. Bei der feierlichen Eröffnung dankte die deutsche Bundeskanzlerin Angela Merkel Ungarn dafür, dass es einen wichtigen Beitrag zur Freiheit der DDR-Bürger geleistet hatte.

Auf einem Pfad kann man die *Meilensteine* des Jahres 1989 nachverfolgen, und in einer *Baracke* wird die Fluchtszene beim Grenztor St. Margarethen/Sopron abstrakt nachgestellt. Lebendige Eindrücke erhalten wir im kleinen *Informationszentrum*, wo Dokumente,

Fotos und Videoausschnitte – mit Originalton – zu sehen sind. Eine Installation liefert Daten über den Eisernen Vorhang in der Region Sopron (Ungarisch). Das Café liegt günstig, um den Besuch ausklingen zu lassen.

Die grenzenlose Fahrt geht weiter. Der *Eiserne Vorhang* beim Grenzübergang ist zum Glück nur ein Schaustück. Als Geschenk aus Deutschland kam 2019 ein *Originalstück der Berliner Mauer* hierher. Ist das vielleicht der berühmte erste Stein?

EV 13
Distanz: 7,1 km
↑ 110 m ↓ 59 m

Vom Gedenkpark „Paneuropäisches Picknick“ nach Klingenbach

Durch einen „Waldtunnel“ rauschen wir hinab auf eine breite Hochebene. Von hier sehen wir erstmals schemenhaft Sopron. Die Route biegt links ab, es geht flott bergab an einem kleinen Flugplatz und dem verfallenen Pusztahof vorbei. Die Ausläufer der Alpen machen sich bemerkbar. Über eine langgezogene, mittlere Steigung kommen wir auf dem grenznahen Weg auf eine Anhöhe bei Klingenbach mit Blick in das Wiener Becken. Wir stoppen kurz nach der Brücke über die Umfahrungsstraße bei einem *Rastplatz* (Infotafeln) im Ort. Circa fünf Kilometer von hier entfernt entstanden im Juni 1989 Bilder, die zu den Ikonen für das Ende des Eisernen Vorhangs zählen. Dann fahren wir in die *Ortsmitte* weiter.

Webtipp: ORF TVthek, History – Europa entfesselt, 24.6.2009 / Video 1:25 Min: tvthek.orf.at/history/Die-Oeffnung-der-Grenzen/7773738/Mock-und-Horn-durchtrennen-den-Stachel draht/7771022

★ 27. JUNI 1989: ZWEI AUSSENMINISTER ALS GRENZARBEITER

Mit dem Abbau der Grenzsperren hatte Ungarn bereits am 2. Mai 1989 bei Hegyeshalom (→ S. 55) begonnen. Die Inszenierung auf Ministerebene folgte Wochen später, am 27. Juni 1989 am Ende eines dreitägigen Besuchs des ungarischen Außenministers Gyula Horn in Wien. Die Idee dazu hatten wohl mehrere Personen, einen Anstoß gab der Pressefotograf Bernhard J. Holzner. Im Wiener Außenamt gab es zuvor eine Diskussion darüber, ob Außenminister Alois Mock selbst Hand anlegen sollte, da Österreich den Eisernen Vorhang nicht errichtet hatte.

Doch Mock ließ sich die Gelegenheit nicht nehmen und schritt mit Gyula Horn zur Tat. Im Wald nahe Sopron durchschnitten die Minister vor Pressefotografen und Kameraleuten mit Bolzenschneidern einen Zaun der Grenzanlage. Horn mühte sich laut eigener Aussage mit einem stumpfen Werkzeug ab. Ob der Zaun extra dafür wieder aufgebaut wurde – darüber wird gerne gestritten. Der damalige Verantwortliche der Grenzwache, Árpád Bella, beantwortete diese Frage in einem ORF-Interview 2019 mit „Jein". Der kurz zuvor abgebaute Zaun sei wieder aufgezogen worden. Er bestand aus Stacheldraht und glatten Drähten zur Weitergabe von Signalen.

Die Fotos gingen durch die Weltpresse und bestärkten zahlreiche DDR-Bürger in ihren Fluchtplänen. Für den inszenierten Zaunabbau wurde 2004 im Gedenkpark „Paneuropäisches Picknick" ein Denkmal errichtet, das 2012 an den Originalschauplatz versetzt wurde.

Denkmal
27. Juni 1989

GPS: 47.7211111N, 16.5716667E

Klingenbach (Klimpuh)

Seehöhe: 231 m

Gemeindeamt Klingenbach, Grünberggasse 1, Tel. +43 2687 481 29, klingenbach.at

Klingenbach (Kelénpatak/Klimpuh) kennt man vor allem aus dem Verkehrsfunk: Der *internationale Grenzübergang* zählt neben Nickelsdorf zu den wichtigsten Straßenübergangen zwischen Österreich und Ungarn. Tausende Menschen – Pendler, Einkaufslustige, Zahnarztpatienten und Tagestouristen – passieren die Grenze auf dem Weg von/nach Sopron (Ödenburg) täglich. Manche erinnern sich vielleicht noch an Schwierigkeiten bei früheren Reisen.

Das kommunistische Ungarn schottete sich in den ersten Jahren nach 1948 stark ab. Im *offiziellen Reiseverkehr* gab es erstmals im Sommer 1963 eine kurzfristige Lockerung. Damals erhielten Touristen mit einer Einladung zu den *Soproner Festspielen* (28.6. bis 22.7.1963) an der Grenzstation problemlos ein Tagesvisum. (Die Voraussetzungen waren leicht mit Geld zu erfüllen.) Viele nutzten das Zeitfenster für ein Treffen mit Verwandten und Bekannten in Sopron. Der dreißigtausendste Besucher erhielt bei der Einreise einen Weinplutzer und eine Trachtenpuppe.

In den 1980er-Jahren zeigte sich nach der Abschaffung der Visumpflicht ein belebteres Bild: Ein Tagesausflug nach Sopron zum günstigen Essen und Einkaufen von Salami und Krimsekt erfreute sich bei den Ostösterreichern großer Beliebtheit. Umgekehrt konnten Ungarn leichter in den Westen reisen, problemlos mit dem Weltpass ab 1988. Bei ihnen standen Elektrogeräte ganz oben auf der Einkaufsliste. Am 24. Juni 1988 fuhren tausende Gläubige aus Ungarn zur Papstmesse ins nahe Trausdorf. Und am 27. Juni 1989 (→ S. 144) gab es für Journalisten im Autotross hinter Alois Mock und Gyula Horn ungewohnte freie Fahrt ganz ohne Grenzkontrollen.

Bis 1995 verlief der Verkehr mitten durch Klingenbach. Das stark gewachsene Verkehrsaufkommen nach 1989 machte eine Umfahrungsstraße notwendig. Seit deren Eröffnung 1995 ist es im Ort selbst recht ruhig. Aus seiner Vergangenheit sei kurz erwähnt, dass Klingenbach einst zu den Stadtdörfern Soprons zählte (1419 bis 1848 mit Unterbrechungen) und hier Mitte des 16. Jahrhunderts Kroaten angesiedelt wurden. Aus dieser Zeit stammt das „Klingenbacher handschriftliche Fragment“. Die Einträge in einem Messbuch werden als das älteste erhaltene Sprachdokument der Burgenlandkroaten angesehen.

Vor dem Gemeindeamt begegnet uns eine Skulptur aus dem Sommer 2021: Das *Corona-Denkmal* (Künstler: Michael Kiffmann) stellt einen satten Menschen dar, der aber anfällig für Viren ist. Dahinter symbolisiert eine Äskulapnatter die Pharmazie und die Hoffnung auf eine wirksame Medizin. Die Corona-Pandemie hat uns Grenzen in verschiedenster Hinsicht aufgezeigt, sowie die ungeahnte Möglichkeit, dass die Reisefreiheit auch innerhalb der EU schnell eingeschränkt werden kann.

Von Klingenbach nach Schattendorf

Vom Gemeindeamt führt der EV 13 auf die letzte Anhöhe dieser Etappe. Wir ziehen an einigen Windrä-

Blick zum Schneeberg

EV 13
Distanz: 7,2 km
↑ 54 m ↓ 49 m

dern vorbei und radeln auf welligem Gelände abwärts. Es grüßen das Rosaliagebirge, das Schneeberg-Rax-Massiv und das Ödenburger Gebirge mit seinem Funkturm. Im Tal öffnet sich die Pforte zwischen Sopron und dem Wiener Becken.

Bei einer *Kapelle* quert eine Maulbeerbaumallee, die Einheimische wegen der weißen Blüte im Frühling auch „*Weiße Straße*" nennen. Wir folgen ihr Richtung Sopron. Über 160 Maulbeerbäume wurden 1999 als Projekt der Hauptschule Schattendorf zwischen Baumgarten und der Staatsgrenze gepflanzt. Solche Bäume säumten früher öfter die Straßen. Denn ihre Blätter bildeten als Futter für Seidenraupen die Grundlage für Seidenerzeugung.

Dass wir auf der einstigen „Ungarischen Reichsstraße Wr. Neustadt – Ödenburg" radeln, ist kaum zu glauben. Kurz vor dem früheren *Zollhaus* (1929) biegen wir rechts ab. Die Zollhausstraße endet in Schattendorf beim ehemaligen Gasthaus Grafl. Wer die Tour beendet, kann zwischen zwei Bahnhöfen etwas außerhalb der Ortschaft wählen: Baumgarten-Schattendorf (Raaberbahn) oder Loipersbach-Schattendorf (Mattersburgerbahn). Ansonsten ruft das Ödenburger Land.

4 Die Perle Westpannoniens
Land um Sopron (Ödenburg)

Aussichtsterrasse Krönungshügel in Sopron

4 Land um Sopron (Ödenburg)

Route: 35 km

Kartenmaterial:

- Raderlebnis Mittelburgenland-Rosalia (Tourismuskarte mit Radrouten / www.sonnenland.at)
- freytag & berndt WK 271 Wander-Rad-Segelkarte (1:50.000): Neusiedler See, Eisenstadt, Leithagebirge, Rust, Sopron, Seewinkel Nationalpark
- Kompass Karte Burgenland WK 227 (1:50.000)

Wichtige Links zur Region:

- Region Sopron: www.visitsopron.com
- Tourismusverband Mittelburgenland-Rosalia: www.mittelburgenland-rosalia.info, www.sonnenland.at

Das Land um Sopron (Ödenburg) ist ein besonderer Flecken Erde: eine Pforte zwischen Kleiner Ungarischer Tiefebene und Wiener Becken und seit Jahrhunderten eine wichtige Kontakt- und Verbindungsstelle zwischen Österreich und Ungarn. Seit 1922 ragt es wie ein Puzzlestein ins Burgenland hinein. Dem auffälligen Grenzverlauf gehen wir selbstverständlich nach und stoßen auf Ereignisse des Jahres 1921 wie die Schlacht von Agendorf (Ágfalva) und die Ödenburger Volksabstimmung sowie dem Gedenken daran.

In der hübschen Stadt Sopron tauchen wir noch tiefer in die Geschichte ein und entdecken Spuren des römischen Scarbantia und steinalte Stadtmauern. Das romantische Zentrum der „allertreuesten Stadt“ hat Krönungen mit der ungarischen Stephanskrone gesehen und bot einst einer vielfältigen Bevölkerung ein Zuhause. Für Touristen hält es einige Überraschungen bereit: Sopron ist keine „Industriestadt mit Zahnärzten“, sondern eine Perle Westpannoniens am waldigen Abhang des Ödenburger Gebirges.

In der Umgebung hört man von den „Schüssen von Schattendorf“, die im Jahr 1927 die junge Republik Österreich erschütterten. Und Harka (Harkau) berichtet wieder eindrucksvoll vom Einfluss der Grenze auf das Leben der Menschen.

Gut zu wissen

Radfahren in der Region

Abwechslungsreiches *Gelände* bei der Fahrt durch die „Pforte“ und am Abhang des Ödenburger Gebirges: von Dörfern, Vorstadt, Stadt bis Wald ist alles dabei. Die Hügel halten (überschaubare) sanfte Steigungen bereit. Im Stadtgebiet Sopron sind die Radrouten/-wege verbesserungswürdig bis vorbildlich.

Unsere Route auf dem EV 13 verläuft bis Sopron auf asphaltierten Güter-/Radwegen, wenige Kilometer ruhige Straße sind auch dabei. Nach Sopron überwiegt *leichter Trail:* Für die Fahrt nach Harka (3,7 km Forstweg) haben wir keine wirkliche Alternative, es gibt nur eine ziemlich verkehrsreiche Landstraße (→ S. 177).

Für das Trailstück auf der lokalen Route zwischen Harka und Deutschkreutz (1,7 km Feldweg) findet man bei Bedarf auf österreichischer Seite leicht geeignete asphaltierte Varianten (→ S. 180).

Sopron bildet als *Bahnknotenpunkt* natürlich eine gute Basis für einen längeren Aufenthalt und bietet einen weiten Aktionsradius (Kap. 3 und Kap. 5).

★ EINE UNGEWÖHNLICHE BAHNFAHRT NACH ÖDENBURG

Die Bahnfahrt nach Sopron (Ödenburg) fühlt sich wie ein kleines Abenteuer an. Schon seit dem 20. August 1847 ist die westungarische Stadt per Bahn mit Wien verbunden – nämlich über die Südbahn und die Strecke *Wiener Neustadt–Sopron*. Diese erste Bahntrasse zwischen Österreich und Ungarn wurde un-

Bahnhof Sopron

ter der Beteiligung des „Erbauers des Landes“, Graf István (Stephan) Széchenyi (→ S. 123), realisiert. Noch heute rattern die Züge durch Mattersburg über den Viadukt, den Bauleiter Matthias Schönerer errichten ließ. Die Idee, dass über Westungarn die Hauptstrecke nach Triest verlaufen könnte, platzte mit den politischen Wirren 1848/49. 1879 rückte Sopron an Wien noch näher heran, als die *Raab-Ödenburg-Ebenfurter-Eisenbahn (ROeEE – Raaberbahn) / Győr-Sopron-Ebenfurti Vasút – GYSEV* an die Pottendorfer Linie in Ebenfurth andockte.

Bis 1891 mussten Reisende bei der Fahrt über die Grenze den Unterschied zwischen Prager und Budapester Zeit beachten: achtzehn Minuten. Aufgrund der neuen Staatsgrenzen ab 1921/22 regelten Österreich und Ungarn den Korridorbetrieb über Sopron ins Mittelburgenland. Die Korridorstrecken bildeten in Zeiten des Kalten Krieges ein seltenes „Loch im Eisernern Vorhang“: Sie waren anziehend für Schmuggel, Kurier- und Spionagedienste sowie für Fluchtversuche. Daher standen die Züge bei der Fahrt durch Ungarn unter strenger Beobachtung bzw. Kontrolle und wurden von Soldaten begleitet.

Die *Raaberbahn* hat bis heute einen besonderen österreichisch-ungarischen Charakter. Das Begleitpersonal beherrscht Ungarisch und Deutsch, und die grün-gelben Garnituren bringen Abwechslung auf die Schiene. An der Privatbahn sind Ungarn (65,64 %) und Österreich (28,24 %) sowie die Strabag (6,12 %) beteiligt. Die Anschlussstelle in Ebenfurth macht sich bei der Fahrt aus Wien bislang durch einen auffälligen Aufenthalt bemerkbar: Fahrtrichtung und Stromnetz wechseln. Der Zugführer geht an das andere Ende der Garnitur. Nach dem Bau der Ebenfurther Schleife in näherer Zukunft soll aber das „Stürzen“ der Züge der Vergangenheit angehören.

Vom Bahnhof zum Startpunkt in Schattendorf

Ohne Markierung
Distanz: 2,1 km / 2,3 km

Vom Bahnhof *Baumgarten-Schattendorf* führt ein einsamer Güterweg parallel zur Landstraße über Felder zum Ort. Nur der letzte Abschnitt verläuft kurz auf der Baumgartnerstraße. Wir halten auf einem Platz am Beginn der Hauptstraße (Pavillon / Busstation Zollhausstraße).

Vom Bahnhof *Loipersbach-Schattendorf* radeln wir mit etwas Verkehr auf der Landstraße nach Schattendorf und hindurch bis vor ein auffälliges Haus mit drei Uhren an der Fassade (ehemaliges Gasthaus Jakob Grafl). Beim Pavillon (Busstation) können wir uns orientieren (Infotafel und Karte).

Schattendorf

Seehöhe: 256 m

Marktgemeindeamt Schattendorf, Fabriksgasse 44, Tel. +43 2686 2125, www.schattendorf.at
ÖBB Mattersburgerbahn (Wr. Neustadt-Sopron), GYSEV/ÖBB (Sopron-Ebenfurth-Wien)

Besichtigungstour: 2,3 km

Schuh-Mühle Am Tauscherbach 1, Tel. +43 2686 244 83, www.muehle-schattendorf.at, Mi 16–18 Uhr, Do 15–18 Uhr und nach Voranmeldung

Schattendorf (Somfalva / Šundrof) ist eine der bekanntesten burgenländischen Ortschaften auf unserer Tour: Die „Schüsse von Schattendorf" vom 30. Jänner 1927 haben sich in das kollektive Gedächtnis Österreichs eingebrannt. Auf den ersten Blick wirkt das Straßendorf recht unscheinbar, doch die Ortschaft nimmt eine besondere Stellung ein. Sie liegt mitten in der Ödenburger Pforte, zwischen Sopron und Wiener Neustadt sowie an zwei Bahnstrecken, die Sopron bzw. Ungarn mit Österreich verbinden (→ S. 147). Die Züge erleichterten das Pendeln in Industriegebiete, und so wurde der Ort früh ein Arbeiterdorf.

Unter anderen Umständen wäre Schattendorf wohl mit Sopron (Ödenburg) zusammengewachsen. So aber prägte die unmittelbare Grenzlage die Entwicklung im 20. Jahrhundert. Heute stellt Schattendorf einen guten Ausgangspunkt für grenzenlose Ausflüge in die Umgebung dar und sieht Chancen im Naturpark Rosalia-Kogelberg und im Grünen Band Europa.

Schuh-Mühle am Tauscherbach

Eine Anlaufstelle befindet sich in der nahen Schuh-Mühle. Seit 2015 dient eine renovierte Getreidemühle

Spuren aus der Römerzeit (Hundepfote)

Ausstellung
15. Juli 1927 (Justizpalastbrand) Ursachen – Ereignis – Folgen, Baumgartnerstraße 1, nach tel. Voranmeldung im Gemeindeamt, Eintritt frei bzw. Spende, mit Führung Kostenbeitrag

Themenwege:
Kultur.Geschichten.Weg, Archäologie.Wander.Weg, Wein.Kräuter.Weg, Folder gratis erhältlich, Führungen nach Vereinbarung möglich (Schuh-Mühle oder Gemeinde)

als Veranstaltungshaus, Informationszentrum und Startpunkt der Schattendorfer *Themenwege*. Die Schuh-Mühle, benannt nach den früheren Besitzern, ist eine der letzten historischen Mühlen des Burgenlandes. Ihre Wurzeln lassen sich bis auf das Jahr 1498 zurückverfolgen. Sie klapperte noch bis in die 1970er-Jahre am lauschigen Tauscherbach und hat nun ein zweites Leben als Museum.

Hier kann man einen Streifzug durch die Ortsgeschichte machen. Schattendorf taucht 1153 erstmals in einer Quelle auf, doch die Besiedlungsgeschichte reicht weit zurück. Wir finden z. B. Hinweise auf das Hügelgräberfeld aus der Hallstattzeit im Hadspitzwald, Spuren von Kelten und Römern und schließlich zeitgeschichtliche Relikte aus dem Zweiten Weltkrieg. Ein Kurzfilm (ca. 20 min) stimmt auf das Thema „Die Schüsse von Schattendorf" ein. Eine Vertiefung dazu bietet die *Ausstellung* „15. Juli 1927 (Justizpalastbrand)" im sogenannten 27er Haus.

★ 30. JÄNNER 1927: DIE SCHÜSSE VON SCHATTENDORF

Die Schüsse von Schattendorf waren ein Symptom einer politisch gespaltenen Gesellschaft. Feinddenken, radikale Sprache und Gewalt gehörten zum Alltag in der jungen Republik. Zwar hatten die großen Parteien vereinbart, im Burgenland keine Wehrverbände zu bilden, doch der Frontkämpferbund hielt sich nicht daran. Die militante und rechtsgerichtete Vereinigung gründete 1925/26 mehrere Ortsgruppen, vor allem an der Bahnlinie Sopron–Wiener Neustadt, darunter eine „Zahlstelle" in Schattendorf. Den Frontkämpfern, die von Horthy-Ungarn unterstützt wurden, schien die Lage an der Grenze und Bahn strategisch günstig. Daraufhin formierte sich auch der sozialdemokratische Schutzbund im Burgenland.

Für den 30. Jänner 1927 war ein Treffen der Frontkämpfer in Schattendorf angekündigt. Dieses und die Ankunft auswärtiger Frontkämpfer wollten die Schutzbündler der Region verhindern. Sie zogen vom Gasthaus Moser (später Grafl) auf der Hauptstraße zum Bahnhof Loipersbach. Dabei kam es zu Auseinandersetzungen beim Frontkämpfer-Gasthaus Tscharmann und zu Schlägereien am Bahnhof, erste Schüsse fielen. Gendarmen konnten beruhigend eingreifen und die auswärtigen Frontkämpfer zogen wieder ab. Als die Schutzbündler um etwa 16 Uhr in den Ort zurückkehrten, versuchten manche ins Gasthaus Tscharmann einzudringen. Die Frontkämpfer Josef und Hieronymus Tscharmann sowie Josef Pinter schossen auf die Straße. Tödlich getroffen wurden der Kriegsinvalide Matthias Csmarits aus Klingenbach und der sechsjährige Josef Grössing aus Schattendorf.

Im *„Schattendorfer Prozess“* in Wien sprachen Geschworene die drei Frontkämpfer am 14. Juli überraschend frei. In der stark aufgeheizten Stimmung nahmen die spontanen Proteste gegen das Urteil einen fatalen Verlauf: Am *15. Juli 1927* eskalierte die Gewalt zwischen Polizei und Demonstranten, und der Justizpalast wurde in Brand gesetzt. Die Bilanz der „Schre-

Rekonstruktion der tödlichen Schüsse

ckenstage von Wien": 89 Tote, hunderte Schwerverletzte. Dieser traumatische Tag führte zur weiteren Verschärfung der politischen Gegensätze und zum Erstarken der Wehrverbände in Österreich.

Am Kultur.Geschichten.Weg

Auf der Hauptstraße kommen wir direkt am Schauplatz der „Schüsse von Schattendorf" vorbei. Auf dem Gehsteig markiert eine *Informationstafel* des Kultur. Geschichten.Wegs ungefähr die Stelle, wo Josef Grössing starb (Nr. 3 auf Foto „Rekonstruktion"). Etwas weiter vermitteln Tafeln mit alten Ansichten Eindrücke aus früheren Zeiten. An der Kreuzung folgen wir fast selbstverständlich der Ödenburger Straße zur Kirche.

Am Kirchenplatz sagt uns das große, ehemalige Zollhaus aus den 1920er-Jahren, dass die Grenze nicht mehr weit ist. Hier verdient das *Kriegerdenkmal* aus dem Jahr 1926 mehr Aufmerksamkeit. Die Skulptur betont die durch den Krieg verursachten Leiden der Soldaten und deren Familien. Inschriften erinnern auch an zwölf Frauen, die an der „Heimatfront" starben. Sie wurden am 18. September 1918 Opfer eines verheerenden Brandes in der Munitionsfabrik Wöllersdorf in Niederösterreich. Mit ihnen kamen 400 Menschen – vorwiegend Frauen und Mädchen – ums Leben. Zwei Monate später war der Erste Weltkrieg zu Ende.

Die nächste Station bei der *Kirche hl. Michael* entführt uns kurz in die Römerzeit. Bei Bauarbeiten im 18. Jahrhundert traten antike Grabsteine zutage. Einen davon mauerte man an der Innenseite der Kirchhofmauer ein. Er dokumentiert, dass um 100 nach Christus ein ehemaliger Sklave, Caius Statius Gratus, in dieser Region lebte. Aber wir suchen noch das *Grab von Josef Grössing*, das junge Opfer vom 30. Jänner 1927. Vom Südausgang des Kirchhofs ist es nicht weit zum Friedhof. Allerdings wurde die Anlage 1968 verkleinert und so liegt das Grab heute außerhalb davon. Den Grabstein

Eiserner Vorhang (Nachbau) am Grenzübergang

Grössings finden wir hinter der Aufbahrungshalle. Zum Begräbnis des Buben am 2. Februar 1927 kamen demonstrativ tausende Menschen. Außerdem rief die Sozialdemokratische Partei zu einem fünfzehnminütigen Generalstreik in Österreich auf. Ungarn zeigte sich alarmiert und stellte 150 Sicherheitskräfte an die Grenze zu Schattendorf.

In der Nähe möchte der „*Gesundheits.Weg am Grünen Band*" „Impulse für eine friedliche und gesunde Zukunft" geben. Stationen regen zum Nachdenken an – über das Zusammenleben an der Grenze, mit der Natur und den Menschen. Gründe gibt es leider genug. Am Ende des Grenzwegs befindet sich eine *Gedenk- und Grabstätte* für 33 ungarisch-jüdische Zwangsarbeiter, die am Südostwall (→ S. 256) zu Tode gequält wurden. Wir begeben uns zurück zum Friedhof und rechts über die Agendorfer Straße zum *Gedenkplatz an der Grenze*, wo ein Nachbau des Eisernen Vorhangs steht. Informationstafeln geben einen Überblick zur örtlichen Grenzgeschichte (1918–2011) sowie zum Grünen Band Europa.

Die Wiederherstellung der Wegverbindung zwischen den Nachbardörfern Schattendorf und Ágfalva (Agendorf) war 1989 noch ein Wunschtraum. Siebzehn Jahre später, im Dezember 2006, wurde ein *kleiner Grenzübergang* für touristische Zwecke Wirklichkeit. Nach der Herstellung einer Straße 2011 nützten Pendler diese Strecke. Zeitbeschränkungen sollten einen starken Durchzugsverkehr vermeiden, aber offenbar reichte diese Maßnahme nicht aus. 2023 sorgte Schattendorf mit dem Bau einer 75 Meter langen *Fußgängerzone* vor der Grenze für große Aufregung. Im Raum Sopron – und nicht nur dort – steht man vor den Herausforderungen einer grenzüberschreitenden Verkehrsplanung: zwischen Verhinderung einer Autolawine und angemessener Infrastruktur.

EV 13
Distanz: 2 km

Von Schattendorf nach Ágfalva

Hinein ins Ödenburger Land! Nur zwei gemütliche Kilometer auf der Landstraße sind es zum Nachbardorf. Der Turm der evangelischen Kirche

Ausblick vom Hausberg auf Schattendorf und Agendorf

von Ágfalva begrüßt uns schon von weitem. Oberhalb befindet sich übrigens – für uns nicht sichtbar – die Siedlung *Brennbergbánya (Brennberg)*, die seinen Namen dem Kohlevorkommen zu verdanken hat. Dieses wurde Mitte des 18. Jahrhunderts entdeckt. Das erste Kohlebergwerk Ungarns war bis zur Einstellung 1952 ein wichtiger Faktor der Region.

Ágfalva (Agendorf)

Seehöhe: 256 m

Soproni utca 3,
Tel. +36 99 33012,
www.agfalva.hu

Ágfalva (Agendorf) wurde 1194 erstmals erwähnt und gehörte zeitweise den Zisterziensern von Klostermarienberg (→ S. 220). Von 1373 bis 1848 war es eines der Stadtdörfer der königlichen Freistadt Sopron (Ödenburg). Das Ortszentrum wird von der evangelischen Kirche geprägt. Hier hat früh im 16. Jahrhundert die Reformation Anklang gefunden und dann die schwierigen Phasen der Gegenreformation überdauert. Der bestehende Bau ersetzte 1835 das Gebetshaus von 1785, der Turm kam 1870 hinzu. Die *evangelische Gemeinde* in Ágfalva ist historisch eng mit jenen in Bánfalva und Loipersbach verbunden. So begann die Pfarre zu Pfingsten 1991 mit einem *Friedensgebet an der Grenze*.

Heimatmuseum Agendorf / Tájház Ágfalva Hegy utca / Berggasse 8/9, www.agfalva.hu, Besuch nach Voranmeldung bei der Gemeinde unter Tel. +36 99 330 012 oder +36 99 7797 013

GPS: 47.6882664N, 16.5118022E

Dies entwickelte sich zu einer jährlichen ökumenischen und grenzüberschreitenden Tradition, an der sich auch die Pfarren Sopronbánfalva, Loipersbach und Schattendorf beteiligen.

Vor der Kirche sehen wir neben dem Kriegerdenkmal und Millenniumsdenkmal (896–1896) den Gedenkstein von 1996 zur *Vertreibung* (→ S. 79) des Großteils der deutschsprachigen Agendorfer. Im April 1946 mussten über 1.400 Menschen ihren Heimatort verlassen und wurden nach Deutschland deportiert. Ausgenommen waren jene, die z. B. für den Kohleabbau in Brennberg oder als Eisenbahner benötigt wurden. Sie lebten „am Beari", am Berg. Unter dem Kommunismus war das Thema Vertreibung der „Schwaben" ein Tabu und Deutsch lange aus dem öffentlichen Leben verbannt. Heute beträgt der Anteil der deutschsprachigen Bevölkerung in Agendorf etwa 15 Prozent. Als Stützen der Sprachminderheit fungieren die evangelische Kirche und die Deutsche Selbstverwaltung im Ort, die es seit 1994 gibt.

Distanz: 3,2 km

Kilátó/Aussichtsturm Hausberg

GPS: 47.6858864N, 16.5113417E

Abstecher: Heimatmuseum und Hausberg

Im *Heimatmuseum*, das der Agendorfer Andreas Böhm (1943–2014) in seinem Elternhaus eingerichtet hat, können wir mehr über das frühere Leben erfahren. Von der evangelischen Kirche führt ein Fußweg südwärts auf die Anhöhe hinauf (ca. 280 m, mit Stufen, blaue Markierung). Mit dem Rad fährt man ein Stück zurück, biegt links in die Patak utca ein und folgt den Schildern Kilátó / Aussichtsturm zur Hegy utca (ca. 950 m).

Vom Heimatmuseum ist es nicht mehr weit zum Aussichtsturm am *Hausberg / Ház-hegy* (630 m). Am oberen Ende der Hegy utca geht es in den Wald hinein, bei einer Weggabelung hält man sich rechts. Es ist ein ruhiger Platz mit Blick auf die Pforte. Ein *Gedenkstein*, der 2021 als Teil eines Themenwegs errichtet wurde, bringt uns in den turbulenten Spätsommer 1921 und zur *„Schlacht von Agendorf"* (→ S. 161). Diese gilt in Ungarn als ein Meilenstein auf dem Weg zur Ödenburger Volksabstimmung (→ S. 171).

SPÄTSOMMER 1921: DER ERSTE VERSUCH DER LANDNAHME UND DIE SCHLACHT VON AGENDORF

Denkmal für László Baracsi

Nachdem Österreich offiziell grünes Licht für die Übernahme des Burgenlands erhalten hatte, schickte die Regierung am Morgen des 28. August 1921 Zoll- und Gendarmeriebeamte los. So marschierten auch von Wiener Neustadt 400 Mann in Richtung der (geplanten) Landeshauptstadt Ödenburg. Am Nachmittag gab es die ersten Zwischenfälle: Ungarische Freischärler hielten den Landesverwalter des Burgenlandes, Robert Davy, auf dem Weg zwischen Ödenburg und Agendorf kurz fest. Andere schossen auf die österreichischen Gendarmen bei ihrer Ankunft in Schattendorf und Agendorf.

Bei diesen Scharmützeln starb der 42-jährige *László Baracsi* (→ S. 162) in der Nähe der katholischen Kirche beim Bahnübergang, wo seit Ende der 1920er-Jahre ein Denkmal steht. Zunächst konnten die Österreicher mit Verstärkung ihre Posten in Agendorf besetzen, doch die Landnahme im Süden scheiterte im Ansatz. Bei Kirchschlag griffen die Freischärler am 5. September sogar niederösterreichisches Gebiet an. Das Bundesheer musste die alte Grenze sichern, schritt aber aufgrund der Vorgaben der Siegermächte bei der Landnahme nicht ein.

Am 8. September 1921 kam es in Agendorf zu einem einstündigen Gefecht zwischen Freischärlern und der Gendarmerie. Als die Einheiten des Stadtkommandanten von Ödenburg (Sopron), Gyula Osztenburg, anrückten, traten die österreichischen Beamten per Bahn den Rückzug an. Man zählte drei Todesopfer aufseiten der Freischärler und zwei bei den Österreichern.

Da Österreich keine Soldaten zur Sicherung schicken durfte, brach die Regierung am 10. September die Aktion ab und rief alle Beamten aus dem Burgenland zurück. In der unsicheren Situation flohen auch viele Menschen aus dem Gebiet. Landesverwalter Robert Davy übte sein Amt vorerst in Wiener Neustadt aus.

Hauptstraße und Evangelischer Friedhof

Auch auf der *Hauptstraße (Fő utca)* passieren wir eine *Tafel* des Themenwegs zur „Schlacht von Agendorf" (→ S. 161), auf der wir österreichische Gendarmen im Ort marschieren sehen (29. August). Am Ende der Geraden (Busstation) erblicken wir linker Hand die katholische Kirche und das Baracsi-Denkmal. Wir nehmen dann einen Schleichweg, der von der Busstation rechts über den Bach abzweigt und an der zweisprachigen Grundschule vorbei zum evangelischen Friedhof führt.

Man muss nicht lang nach deutschen Inschriften (teilweise mit Gedichten) suchen. Im westlichen Teil ragt das geschmückte Grab des *László Baracsi* heraus. Der Freischärler war in Agendorf völlig unbekannt, daher beerdigte man ihn auf dem Friedhof der größeren Religionsgemeinschaft, wie das in solchen Fällen üblich war. So fand der Katholik aus Kecskemét auf dem evangelischen Friedhof seine letzte Ruhestätte.

EV 13, Radweg (Stadtroute)
SacraVelo
Distanz: 5,7 km

Von Ágfalva nach Sopron

Auf dem Weg nach Sopron begegnen wir Klein- und Weingärten, Bahngleisen, Vorstadtsiedlungen, landwirtschaftlichen Flächen. Wir stoßen zur Zufahrtsstraße Ágfalvi út mit einem Radweg am Gehsteig und passieren einen Fußballplatz, verlassene Industriegebäude und neuere Gewerbeparks. An der *Ampel* bei einem großen Supermarkt mündet der EV 13 in den Stadtverkehr.

An dieser Stelle weichen wir auf eine Stadtroute aus und biegen rechts in die *Besenyő utca*. Die Route schwenkt vor einer Brücke nach links ab, führt am Bach an einem Spielplatz vorbei und geradeaus bis zu einer großen *Kreuzung beim Elisabethpark* (Etappenpunkt). Hier stoppen wir und gehen über einen Zebrastreifen.

Für die *Fahrt ins Stadtzentrum* folgen wir einem *Radweg* (SacraVelo) durch eine Parkanlage dem Krebsenbach (Rák-patak) entlang, der dann in den Untergrund abtaucht. Wir unterqueren Bahnstränge und

Rondell an der Grabenrunde

kommen auf die *Frankenburg út* mit Gebäuden aus den 1930er-Jahren. Schließlich empfängt uns ein langgezogener Platz, der *Deák tér,* der in kommunistischer Zeit als 1.-Mai-Platz viele Aufmärsche sah. Auf dieser Grün- und Villenzeile fahren wir an Denkmälern (u. a. zu den Weltkriegen) vorbei bis zum bunkerartigen *Volt Café.* Die hier querende *Mátyás király utca* führt zum Széchenyi tér, wo die Radspur abrupt endet.

Sopron (Ödenburg)

Seehöhe: 215 m

Sopron (Ödenburg / Šopron), eine Stadt mit etwa 60.000 Einwohnern, ist zweifellos eine der schönsten Perlen Westpannoniens: ein hübsches Kleinod, das manche wohl erst entdecken müssen. Denn es gibt viel mehr als nur günstige Zahnarztpraxen, Friseurläden, Lokale und Geschäfte. Die Altstadt erscheint fast als einziges historisches Ensemble, wo sich auf engstem Raum Spuren verschiedenster Zeiten drängen. Und die Museenlandschaft ist erstaunlich. Für die Besichtigung Soprons, das beinahe die Hauptstadt des Burgenlandes geworden wäre, sollte man sich Zeit nehmen.

Die charmante Lage an den Ausläufern der Alpen, leicht versteckt zwischen bewaldeten Hügeln und in

Tourismusbüro Sopron Régió Turisztikai Központ, Szent György u. 2, Tel. +36 99 951 975, visitsopron.com, www.turizmus.sopron.hu, www.sopron.hu

Bahnknotenpunkt

Deutschsprachige Stadtführungen Di und Fr 14 Uhr (1,5 Std.); (mit Burgenland Card gratis); ohne Anmeldung Treffpunkt: Escort Tourist, Templom u. 21, www.escorttourist.hu
Bummelzug für Touristen Start am Fő tér / Hauptplatz www.sopronikisvonat.hu

Distanz: 610 m

der Nähe des Neusiedler Sees, lässt an einen längeren Aufenthalt denken. Mit Bahn und/oder Rad kann man einige Ausflüge in die Umgebung unternehmen, z. B. nach Eisenstadt (Verbindungsradroute B14).

In Sopron gehen wir in erster Linie dem im Stadtwappen ausgewiesenen Titel nach: *Civitas fidelissima* (allertreueste Stadt). Die besondere Lage nach der Grenzziehung 1922 brachte ihr weitere Beinamen ein: „Tor zum Westen" und „Tor zur Freiheit" (1989). Heute ist Sopron ein gemütlicher Treffpunkt in einer mitteleuropäischen Region.

Vom Széchenyi tér zum Vordertor

Wer vom *Bahnhof Sopron* kommt, nimmt ebenfalls die Mátyás király utca (König-Matthias-Straße) bzw. den Radweg (mit sonderbaren Unterbrechungen an Kreuzungen) zum *Széchenyi tér.* Hier begrüßen uns die Dominikanerkirche und das *Széchenyi-Palais* im Osten. Die Fläche wurde schrittweise im 19. Jahrhundert anstatt von Teichen als südliche Eingangsstelle angelegt. Der Platz ehrt Graf István Széchenyi (→ S. 123) und wird gerne für politische Veranstaltungen genutzt. Auf ihm sehen wir die *„Fahne der Treue"* (1932) in Gedenken an die Kämpfe der Freischärler und die Volksabstimmung 1921 (→ S. 171) sowie in der Mitte ein 1956er-Denkmal.

Uns zieht es zum *historischen Haupteingang.* Beim Széchenyi-Palais beginnt ein schöner Radweg über die *Grabenrunde (Várkerület).* Der zugeschüttete Stadtgraben präsentiert sich als einladende Flanier- und Einkaufsmeile mit netten Lokalen. Auf ihr zählt das traditionsreiche Hotel Pannonia (Nr. 75) zu den bekanntesten Adressen. Die Lücke in der Häuserfront, die einen Blick zur Stadtmauer mit dem Großen Rondell aus dem 17. Jahrhundert gewährt, tat sich durch einen Bombentreffer im Dezember 1944 auf.

Auf der Spazierfahrt geben einige zweisprachige Aufschriften eine Einführung in den Basiswortschatz

KIADO

für die Bereiche Essen, Einkauf und Entspannung. Bald sind wir bei der *Mariensäule* angekommen und finden in der Nähe Radabstellplätze. Das Wahrzeichen Soprons – der Stadtturm – ruft schon.

Beim Vordertor / Előkapu

Sopron liegt von alters her an einem wichtigen *Kreuzungspunkt:* Hier trafen sich die West-Ost-Verbindung zwischen Wiener Becken und Kleiner Ungarischer Tiefebene und die europäische Nord-Süd-Fernroute, die Bernsteinstraße (→ S. 196). Die günstige Lage war in der ersten Hälfte des 1. Jahrhunderts n. Chr. für die römischen Eroberer der Grund für die Errichtung des antiken *Scarbantia* (→ S. 173). Zuvor existierte am Wienerberg (Bécsidomb) eine keltische Siedlung. Von Norden her liefen hier die Wege aus Carnuntum und Vindobona zusammen, und später jene von Pozsony-Pressburg und Wien.

Faszinierend ist der Gedanke, dass das nördliche Stadttor von Scarbantia fast genau an derselben Stelle wie heute stand. Der *Stadtturm* von Sopron geht auf das 13./14. Jahrhundert zurück, der oberste Teil mit dem steinernen Rundgang ersetzte 1681 nach einem Brand eine Holzkonstruktion. Der rund sechzig Meter hohe Turm wird seit dem 19. Jahrhundert auch *Feuerturm* genannt. Bis in die 1930er-Jahre versah ein Wächter hier Dienst; er sollte vor Unheil und feindlichen Angriffen warnen.

Bevor wir den historischen Stadtkern betreten, beachten wir auf der Grabenrunde den *Treuebrunnen*. Er erklärt das Selbstverständnis als *„Stadt der Treue"* anhand von drei Schlüsseljahren (Entwurf: Tamás E. Soltra, 2003). *1277 pro patria (für die Heimat)* – Sopron war 1273 vom König von Böhmen und Herzog von Österreich, Ottokar II. Přemysl, eingenommen worden. Der Eroberer nahm Kinder der Stadt in Geiselhaft. Dennoch öffnete (der dargestellte) Richter István (Stephan) später die Stadttore für den ungarischen König László (Ladislaus) IV. Dieser verlieh 1277 Sopron (Ödenburg) aus Dank den Rang einer königlichen Freistadt.

1921 pro fidelitate (für die Treue) – Die Volksabstimmung 1921 entschied über die staatliche Zugehörigkeit der Stadt. Das Ereignis wird durch den damaligen Bürgermeister Michael Thurner symbolisiert, der ein Blatt mit dem Spruch „Magyarok maradtunk" („Wir sind Ungarn geblieben") zeigt (→ S. 172). *1989 pro libertate (für die Freiheit)* – eine Frauengestalt (Europa) hält einen durchtrennten Stacheldraht in den Händen. Sopron hätte 1989 beim Paneuropäischen Picknick (→ S. 141) Treue gegenüber Europa bewiesen und als „Tor zur freien Welt" gedient. Der Brunnen wurde von der ungarischen Regierung anlässlich des achtzigjährigen Jubiläums der Volksabstimmung von 1921 gestiftet.

Treuebrunnen

Wir schlendern durch die Reste des einstigen Schutzsystems (vgl. Tafel Stadtmauerpassage) zum *Besucherzentrum des Feuerturms*, zur Top-Sehenswürdigkeit Soprons. Ein Perspektivenwechsel ist empfehlenswert: Achtzig Stufen (ab Drehkreuz) über eine (teils enge Wendel-)Treppe sind zu bewältigen. Beim Aufstieg sieht man in Zwischenetagen historische Ansichten, Fotos und Karten von Ödenburg (Sopron). Dann eröffnet sich ein schöner Rundumblick: über den Hauptplatz, über die Dächer der Stadt bis hin zum Schneeberg. Im Untergeschoß entdecken wir Fundamente des römischen Stadtturms und einen Teil der Bernsteinstraße sowie Steindenkmäler aus der Römerzeit, dem Mittelalter und der frühen Neuzeit.

Feuerturm / Tűztorony Előkapu u. 2–4, www.tuztorony.sopron.hu, www.sopronimuzeum.hu, tägl. 10–18 Uhr (Hauptsaison). (Auch als Teil des Museumsquartiers zu besichtigen)

Am Hauptplatz / Fő tér

Der hübsche *Hauptplatz* bildet seit Jahrhunderten das Zentrum der alten *Komitatsstadt*. Nur die *Namen* wechselten, z. B.: Placz, Hauptmarkt, Városház tér (Rathausplatz), Ferenc József tér (Franz-Josefs-Platz), Szentháromság tér (Dreifaltigkeitsplatz). Ab den 1950er-Jahren war auf den Straßentafeln „Beloiannisz tér“ zu lesen. (Beloiannisz ist ein Dorf in Ungarn, das griechische Bürgerkriegsflüchtlinge aufbauten und nach dem Widerstandskämpfer Nikos Belogiannis benannten.) Mit „Fő tér“ (Hauptplatz) hat man in den 1980er-Jahren wieder eine einfache Lösung gefunden.

Sopron gehört zu den wichtigsten historischen Städten Ungarns. Die königliche Freistadt stand zwar im Schatten der (provisorischen) Krönungs- und Hauptstadt Pozsony-Pressburg, spielte aber manchmal eine stellvertretende Rolle. So sah Sopron fünf ungarische Landtage (1533, 1622, 1625, 1634/35, 1681) und drei Krönungen. Ein Schauplatz dieser Ereignisse war die damalige *Franziskanerkirche*, die heute als *Benediktinerkirche* bekannt ist. Der Volksmund nennt das Gotteshaus, das schon etwa seit dem Jahr 1280 auf dem Platz steht, *Geißkirche oder Ziegenkirche*. Denn über dem Eingang prangt ein Relief einer Ziege, das Wappen der Stifterfamilie Gaissel. Eine Erweiterung und der Turm folgten etwa hundert Jahre später.

Die gotischen Gemäuer boten die Kulisse für die Krönungszeremonien von *König Ferdinand III. 1625*, und außerdem von Anna Eleonora als Gemahlin Ferdinands II. im Jahr 1622 und Magdalena Eleonora als Gemahlin Leopolds I. im Jahr 1681. Diese historische Bedeutung bewahrte die Klosterkirche allerdings nicht vor der Auflösung unter Kaiser Joseph II. im Jahr 1786. Kurz zuvor hatte noch der bekannte Künstler der Stadt, Stephan Dorffmaister, das barocke Altarbild mit der Darstellung der Maria Himmelfahrt geschaffen. Das Gebäude stand zeitweise leer oder wurde von der Komitatsverwaltung als Lager genutzt. 1802 zogen die *Benediktiner* ein.

Apothekermuseum / Patikaház Fő tér 2, sopronimuzeumhu, April bis Sept., Di–So 10–14 Uhr, für Gruppen auch nach Vereinbarung

Von der barocken *Dreifaltigkeitssäule* (1695–1701) lassen wir den Blick über den Platz streifen. Das *Neue Rathaus* (Nr. 1) wurde anlässlich des Millenniumsjahrs 1896 erbaut. Das Grundstück Nr. 2 wollte man einst zur Fläche des Platzes hinzufügen, doch König Ludwig (Lajos) II. verbot 1525 den Abriss faktisch aus Denkmalschutzgründen. Über Jahrhunderte gab es hier eine Apotheke, seit 1968 kann man das Apothekermuseum

Geißkirche, dahinter die Evangelische Kirche

besuchen. Das *Gambrinushaus* (Nr. 3) diente im 15. Jahrhundert als Rathausgebäude. An der Westseite schließt das klassizistische *Komitatshaus* (Nr. 5) den Fő tér ab. Den Rang als Komitatssitz verlor Sopron im Jahr 1950 an Győr (Raab), als das Komitat Sopron mit dem Komitat Győr-Moson vereinigt wurde. Zu nah lag Sopron am Eisernen Vorhang. Über Jahrzehnte sparten die Machthaber mit Investitionen in der Grenzstadt.

Seit 2023 bilden das Fabriciushaus (Nr. 6), das Generalshaus (Nr. 7) und das Stornohaus (Nr. 8) gemeinsam mit dem Feuerturm (→ S. 166) das *Museumsquartier*. Hier kann man in mehreren Schwerpunkten durch die vielschichtige Geschichte der Region und der Stadt „reisen". Seit der Neugestaltung gibt es eine eigene Ausstellung „Sopron und die Krone": 1463 befand sich die ungarische Krone erstmals kurz in Sopron, nachdem Matthias Corvinus diese von Kaiser Friedrich III. zurückerhalten hatte (→ S. 20). Weitere Inhalte sind die Krönungen in Sopron sowie der Aufenthalt des letzten gekrönten Haupts, Karl Habsburg 1921 (→ S. 342). Vertiefungsmöglichkeiten für einige Kapitel der jüngeren Zeit bietet die Abteilung „Grenzenlose Geschichte" (mit Medienstationen). Jedenfalls einen Besuch wert sind das römische Lapidarium im gotischen Keller des Fabriciushauses

Museumsquartier / Múzeumnegyed
Fő tér 6–8, muzeumnegyed.hu, Di–So 10–18 Uhr

und die reich gestalteten Räume des Stornohauses. Das Eckhaus neben dem Stadtturm hatte im Laufe der Geschichte prominente Gäste wie z. B. König Matthias Corvinus 1482/83 und Franz Liszt (1840, 1881). Hier lädt uns ein freundliches Lokal zum Verweilen ein.

Das *Treuetor (Hűgség-kapu)* an der Südseite des Stadtturms erinnert an die Volksabstimmung von 1921 (→ S. 171) und ist ein Geschenk der Nation an Sopron („A nemzet sopronnak“). Es zeigt Bürger aller Nationalitäten und Religionen, die sich um die personifizierte Hungaria mit der heiligen Stephanskrone versammeln (Gestaltung: Rezső Hikisch / Zsigmond Kisfaludi Strobl, 1928). Zum positiven Votum für Ungarn trugen sicher auch die Stimmen deutschsprachiger Ödenburger bei. Sie machten damals etwa 48 Prozent der Stadtbevölkerung aus. Als Dank verlieh die ungarische Nationalversammlung der Stadt Sopron per Gesetz 1922 den Titel „Civitas fidelissima“, was den Beginn des Treuekults markiert. Dieser war lokal identitätsstiftend, schloss aber einen Teil der Bevölkerung als „Verräter“ aus.

In kommunistischer Zeit geriet die Civitas fidelissima in den Hintergrund, während der Rang einer

Im Zentrum von Sopron

DEZEMBER 1921: ABSTIMMUNG ÜBER ÖDENBURG (SOPRON)

Seit Jänner 1921 war Ödenburg (Sopron) per Gesetz als Hauptstadt des Burgenlandes vorgesehen. Doch es kam anders: Die Abstimmung über die Zugehörigkeit von Ödenburg und des Umlandes war – vereinfacht gesagt – der Preis für das Burgenland, auf den sich Österreich und Ungarn einigten (→ S. 24).

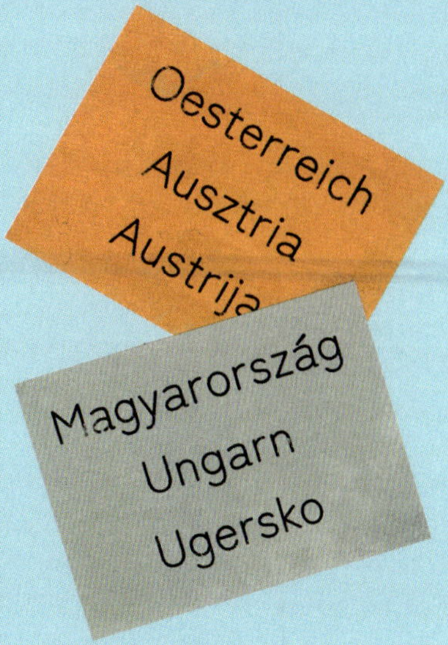

Stimmzettel (Faksimile)

Man nannte die Abstimmung oft die „Ödenburger Komödie": chaotische Umstände, Unklarheit über den Termin, Verdacht auf durch ungarische Behörden manipulierte Wählerlisten, eine Propagandaschlacht auf beiden Seiten. Das Gebiet stand dabei faktisch unter ungarischer Verwaltung. Nach Diskussionen ab Anfang Dezember gab die Interalliierte Generalskommission in Sopron letztlich recht kurzfristig die genauen Abstimmungstermine bekannt: *14. und 16. Dezember 1921.* Österreich forderte eine Verschiebung zur besseren Überprüfung der Wählerllisten. Eine mögliche Verlegung des Urnengangs auf den 18. Dezember lehnte die Interalliierte Generalskommission ab. Österreich zog aus Protest seine Vertreter ab.

15.304 (65,1 %) Personen stimmten für Ungarn, 8.227 für Österreich (34,9 %), 502 Stimmen waren ungültig. Während die Stadtbewohner eindeutig für Ungarn (72,8 %) entschieden, war im Umland eine Mehrheit für Österreich (54,5 %). Fünf Dörfer (Ágfalva, Harka, Fertőrákos, Bánfalva und Balf) stimmten für das Burgenland, drei für Ungarn (Nagycenk, Fertőboz, Kópháza).

Die offizielle Übergabe des Gebiets an Ungarn erfolgte am 1. Jänner 1922. Das Burgenland musste auf die wichtigste Stadt mit einer bedeutenden Infrastruktur wie z. B. den höheren Schulen verzichten. Für Sopron hatte die Trennung vom Hinterland negative wirtschaftliche Folgen. Budapest hatte aber eine Änderung der Bestimmungen des verhassten Vertrages von Trianon und einen symbolträchtigen Erfolg erreicht.

Grenzwächterstadt betont wurde. Dies änderte sich allmählich wieder nach 1990. Der Treuekult wird durch die Partei Viktor Orbáns (Fidesz) stark gefördert: Mit deren Mehrheit erklärte das Parlament 2001 den 14. Dezember zum „Tag der Treue", und Treue-Denkmäler wurden in allen Abstimmungsgemeinden gestiftet. Der hundertste Jahrestag 2021 war Anlass für festliche Veranstaltungen, Publikationen, eine Straßenausstellung, eine eigene Internetseite *(www.husegnapja.hu)* und für eine große *Gedenktafel* im Durchgang des Stadtturms.

★ DER „RETTER SOPRONS": BÜRGERMEISTER MICHAEL THURNER

Von den Arkaden des Rathauses beobachtet ein zum Denkmal gewordener Bürgermeister (polgármester) das Leben auf dem Hauptplatz: *Thurner-Sopronyi Mihály (1878–1952).* Fast durchgehend von 1918 bis 1941 lenkte er die Geschicke der Stadt durch turbulente Zeiten. Nur während der kommunistischen Räterepublik 1919 war er des Amts enthoben. Im Vorfeld der Volksabstimmung 1921 agitierte der Ungarndeutsche leidenschaftlich für das Land der heiligen Stephanskrone.

Thurner ist ein typisches Beispiel für einen Vertreter einer patriotischen Elite. Er stammte aus einer deutschsprachigen Beamtenfamilie aus Marz (Márcfalva) – einem Ort, der 1921 zum Burgenland kam. Der Schulbesuch in Győr machte ihn zum Magyaren, wie Thurner selbst sagte. Es folgte eine bürgerliche Bildungs- und Beamtenkarriere in der ungarischen Reichshälfte bzw. in Ungarn. In der Zwischenkriegszeit förderte der engagierte Soproner Bürgermeister gezielt den Tourismus und nutzte dafür den Ehrentitel „Civitas fidelissima". Er appellierte an die patriotische Pflicht der Staatsangehörigen Ungarns, Sopron zu besuchen. 1931 nahm Thurner sogar den Beinamen Sopronyi an.

Thurner-Sopronyi Mihály

1941 zog sich Thurner wegen Unstimmigkeiten innerhalb der Einheitspartei aus der Politik zurück und arbeitete als Direktor einer Seidenfabrik in Sopron. Nach dem Krieg wurde ihm unpatriotisches Verhalten vorgeworfen: Er hätte die Fabrik nach Deutschland absiedeln wollen. Das Volksgericht sprach ihn aber mangels belastender Zeugen frei. Außerdem blieb dem ehemaligen Bürgermeister die „Rücksiedlung" nach Deutschland erspart. Thurner starb 1952 in Sopron, sein Name geriet in kommunistischen Zeiten in Vergessenheit.

Nach der Wende erinnerte sich die Stadt wieder an den „Retter von Sopron", man gab Thurner die verlorene Ehrenbürgerschaft zurück und setzte ihm zum 120. Geburtstag ein Denkmal (Entwurf: László Kutas, 1998).

Streifzüge durch den Stadtkern

Für weitere Erkundungen hält das nahe *Tourismusbüro* Material und Pläne bereit. Grund für den relativ neuen Bau im Stadtzentrum ist ein Bombentreffer vom 6. Dezember 1944. Vor etwa 2.000 Jahren wären wir auf dem *Forum von Scarbantia* gestanden. Reste des antiken Marktplatzes und mehr Informationen finden wir im Untergeschoß. Der Verlauf der römischen Fernstraße ist in der Pflasterung des Hauptplatzes zwischen Stornohaus und Apothekerhaus angedeutet. Die einstige Hauptstadt des Imperium Romanum liegt laut Inschrift 1051 Kilometer entfernt.

Forum Scarbantiae (in der Tourismusinformation) Szent György u. 2, tägl. 10–17 Uhr (Hauptsaison), Eintritt: freie Spende

Etwa um 80 n. Chr. erhielt Scarbantia den Rang einer Stadt mit Selbstverwaltung (municipium). Die antike Hauptattraktion bildete im 2. Jahrhundert wohl ein Tempel mit den drei Gottheiten Jupiter, Minerva und Juno. Die Skulpturen wurden 1893/94 während der Bauarbeiten für das Neue Rathaus entdeckt und sind im römischen Lapidarium des Museumsquartiers (→ S. 169) zu bewundern. Die offene *Ausgrabungsstätte* hinter dem Rathaus gewährt seit den 1970/80er-Jahren Einblicke in Scarbantia und in die Struktur der Stadtbefestigung, die im 4. Jahrhundert angelegt wurde. An die römischen Mauern bauten die Magyaren im 11. Jahrhundert

Ausgrabungsstätte bei der Stadtmauer

eine Schanze (Wallanlagen), um ihre Gespansburg im Grenzgebiet zu schützen. Im 13./14. Jahrhundert konnte Sopron darauf weiter aufbauen.

Abseits des Hauptplatzes locken die *romantischen Gassen* zu einem Spaziergang voller Impressionen und Gedankensplitter: barocke Fassaden, ältere Details wie gotische Fensterbögen und Sitznischen, versteckte Innenhöfe und weitere *Museen* ... Spuren einer vielfältigen Bevölkerung und wechselvoller Zeiten. In der *Kirchengasse (Templom utca)* schlendern wir an den beiden Esterházy-Palais mit dem Bergbaumuseum (Nr. 2) und Museum für Forstwirtschaft (Nr. 4) vorbei. Neben der *Evangelischen Kirche* (1784, Turm: 1863) symbolisiert ein Denkmal eine starke Zäsur in der Stadtgeschichte: die Vertreibung von mehr als 7.000 deutschsprachigen Ödenburgern 1946 (Entwurf: László Kutas, 2010).

In der *Neugasse (Új utca)* verbirgt sich eine Seltenheit in Mitteleuropa. Zwei ehemalige *Synagogen* (Nr. 22 und Nr. 11), die auf das 14. Jahrhundert zurückgehen, zeugen von der jüdischen Gemeinde im Mittelalter. Diese wurde 1526 aus der Stadt vertrieben, und erst nach mehr als 300 Jahren durften Juden wieder in der Stadt wohnen. Mit der deutschen Besatzung ab Frühjahr 1944 veränderte sich die Situation dramatisch. Die

Zentrales Bergbaumuseum / Központi Bányászati Múzeum
Templom utca 2, sopronimuzeum.hu, Di–So 10–18 Uhr

Soproner Evangelische Sammlungen / Soproni Evangélikus Gyűjtemények
Sínház utca 27, soprongyujte menyek.lutheran. hu/de/, April bis Okt. Mo, Mi 8–15 Uhr, Sa 9.30–17 Uhr, So 9.30–18 Uhr

jüdische Bevölkerung Soprons und aus der Umgebung wurde in Ghettos zusammengepfercht, darunter hier in der Új utca, und am 5. Juli ins Konzentrationslager Auschwitz-Birkenau deportiert. Von etwa 3.000 Personen überlebten nur zehn Prozent den Holocaust.

In der *St.-Georgen-Gasse (Szent György utca)* gibt es einen Abstecher in die Zeit der Gegenreformation, in einer Stadt, die lange ein wichtiger Zufluchtsort für evangelische Gläubige war: 1674 gingen alle Kirchengebäude an die Katholiken, die Jesuiten übernahmen z. B. die *St.-Georgs- bzw. Domkirche*. Schräg gegenüber wurde das *Eggenberger Haus* (Nr. 12, mit Kindermuseum) für zwei Jahre zum Treffpunkt der Protestanten. Die Fürstin Eggenberg durfte im Innenhof noch evangelische Messen lesen lassen. Davon zeugt die Steinkanzel im ersten Stock. Zum Schluss noch ein Geheimtipp: Die *Stadtmauerpassage* erlaubt ungewöhnliche Einblicke in Hinterhöfe und Ecken. Durch das Lenck-Durchhaus (Nr. 11) kommen wir zur Grabenrunde. Vom Rondell wandeln wir entlang der Befestigungsmauern zum Vordertor zurück.

Alte Synagoge / Ó-Zsinagóga Uj utca 22, sopronimuzeum.hu, April bis Okt. Di–So 10–18 Uhr. Für Gruppen auch nach Vereinbarung Nov. bis März

Neue Synagoge / Új Zsinagóga (Dauerausstellung „Die vergessenen Soproner"), Új utca 11, elfeledettsoproniak.hu, April bis Okt. Di–So 10–18 Uhr

Katzenkopf-Kindermuseum / Macskakő Gyermekmúzeum Szent György u. 12, www.sopronimuzeum.hu, Di–So 10–18 Uhr

Ponzichterviertel und Krönungshügel

Wer Zeit und Lust auf mehr reizvolle und interessante Flecken hat, sollte das *Ponzichterviertel* mit dem Rad

Impressionen aus Sopron

Im Ponzichterviertel

Besichtigungsroute (mit Stadtplan aus Tourismusbüro): ca. 3,6 km

Besucherzentrum Michaeliskirche / Szent Mihály látogatóközpont Szent Mihály u. 26, szentmihalylatogatokozpont.hu, Mi–Sa 10–14 Uhr

erkunden. Von der Mariensäule auf der Grabenrunde geht es über die Ikva híd (Spitalbruck) und den überbauten Spitalbach (Ikva) in den nördlichen Stadtteil. In der *Szent Mihály utca* reihen sich einige ehemalige Wirtschaftshäuser der deutschsprachigen Weinbauern, die „Ponzichter" (Bohnenzüchter). Sie pflanzten zwischen den Reben auch Bohnen als Dünger und steuerfreies Zubrot an. Unter den alten Gebäuden sticht das sogenannte *Zweimohrenhaus* mit dem Barocktor hervor (Nr. 9). Auf der Anhöhe wartet die älteste Pfarrkirche der Stadt, die *Michaeliskirche* mit einem Besucherzentrum und stimmungsvollen Garten.

Über die Fövenyverem (Sandgrube) und Bécsi út (Wienergasse) sowie nach Überwindung der nördlichen Verkehrsader kommt man zu den überwachsenen Rängen des *römischen Amphitheaters.* Bis zu 6.000

Menschen konnten hier Tierkämpfe, Gladiatorenspiele oder andere Veranstaltungen verfolgen. Heute ist das Areal ein beliebter Platz für ein Picknick vor einem schönen Panorama. Ein paar Meter weiter oben markierte 1915 der Verschönerungsverein einen historischen *Krönungshügel (koronázo domb).* Angeblich ist er als einziger seiner Art „im Originalzustand" erhalten. An dieser Stelle schwor König Ferdinand III. am 8. Dezember 1625, auf einem Pferd sitzend und mit dem Schwert Stephans I. in der Hand, Ungarn gegen alle Feinde zu verteidigen. Auf der *Aussichtsterrasse Krönungshügel,* die am 23. August 2021 in der Nähe eröffnet wurde, liegt uns Sopron buchstäblich zu Füßen (Foto → S. 148). Ein würdiger Ausklang.

Zurück im Ponzichterviertel führt vom Sás tér (Adlerplatz) die Rózsa utca (Rosengasse) hinunter zum offenen Spitalbach (Ikva). Über eine kleine Brücke und durch das enge Färbergassl (Festő köz) kommt man wieder zur Grabenrunde (nicht mit Anhänger!).

Von Sopron nach Harka

Ohne Markierung, Route 3 u. 4, EV 13
Distanz: 10,9 km

Vom Treuebrunnen radeln wir über die Grabenrunde zum Széchenyi tér und an dessen Westende, zum Denkmal Istváns. Hier biegen wir nach links ab, auf die Erzsébet utca, die zum Deák tér führt. An dieser Stelle sei zu guter Letzt noch der Besuch der *Lenck-Villa* mit einer sehr anschaulichen Ausstellung empfohlen („Meisterwerk. Bürgerliches Leben und Handwerk in Sopron am Ende des 19. Jahrhunderts").

Lenck-Villa / Lenckvilla Deák tér 1 / Csatkai utca 9, lenckvilla.hu, sopronimuzeum.hu, Di–So 10–18 Uhr

Auf der bekannten Route fahren wir zum *Etappenpunkt,* zur Kreuzung beim Elisabethpark (Erzsébet kért), zurück. Ab besten gehen wir über den Zebrastreifen und ein Stück auf dem Gehsteig nach links (Süden) bis zur Ampel an der Ady Endre út. Schräg gegenüber nehmen wir die ruhige Deákkúti út (Nr. 3), eine spürbare Steigung in den Stadtteil Oberlöwer (Felsőlövérek). Teilweise verläuft die Route auf einem Waldweg parallel zur Straße. Nach dem Löwer-Bad (Lőver fürdő) queren wir vorsichtig den Löwer-Ring (Lőver korút) und folgen diesem nach links durch den

Lenck-Villa

Stadtteil Unterlöwer (Alsólövérek). Auf einem bequemen Radweg erleben wir die grüne Lunge der Stadt, sehen Hotels und Villen – ein traditionelles Erholungsgebiet. Am Ende der Geraden leitet uns der EV 13 nach Südosten, hinab durch den Wald. Achtung! Unten quert eine Straße, und die Stelle ist etwas unübersichtlich.

Die (neue) Route des EV 13 verläuft mit den lokalen Routen 3 u. 4 auf einsamen (Schotter-)Wegen. ⊛ Auf der stressfreien Variante passieren wir zunächst einen Campingplatz. Die angenehme Route am Abhang des Ödenburger Gebirges haben schon die Römer gekannt. Mit sanften Auf und Abs geht es durch den kühlen Wald und über ein weites Plateau.

⊛ Leichter Trail (3,7 km), Alternative für Rennräder: Landstraße (ohne Radstreifen, schneller Autoverkehr)

In *Harka* radeln wir geradeaus (teilweise recht holprig ohne Asphalt) durch die Siedlung bis zur Hauptstraße Nyéki utca. Auf ihr fahren wir (nach links) am Rathaus, Treuedenkmal (→ S. 172) und an der alten katholischen Kirche hl. Peter und Paul (Szent Péter és Szent Pál templom) vorbei. Wir stoppen bei der *Kreuzung* nahe der großen evangelischen Kirche.

Harka (Harkau)

Seehöhe: 204 m

Harkai Polgármesteri Hivatal, Nyeki u. 34, Tel. +36 99 506 796, www.harka.hu

Die Siedlung Harka (Harkau / Horka) sonnt sich im sanften Hügelland. Der spitze Kogelberg („Kogli"), der auf Landkarten als Harkai-cúcs (Harkauer Gipfel) verzeichnet ist, markiert die Lage des Ortes in der Landschaft. Zwischen 1947 und 1990 war auf Plänen und Ortstafeln als Name der Gemeinde *Magyarfalva* zu lesen, was schlicht „Ungardorf" heißt – und einen radikalen Wandel widerspiegelt. Zum alten Namen kehrte der Ort nach einer Volksabstimmung zurück. Als „villa Harka" wurde er im Jahr 1245 erstmals urkundlich erwähnt.

Die Namensänderung ist auf der Rückseite des *Kriegerdenkmals* eingraviert. Bei der großen Wegkreuzung finden wir die „Spende der in Hamilton Amerika arbeitenden Harkauer" aus dem Jahr 1923. Die Liste der Gefallenen verdeutlicht, dass Harkau ein deutschsprachiges Dorf war. Die Bevölkerung stimmte im Dezember 1921 mit über neunzig Prozent für Österreich, da sie enge Verbindungen mit Neckenmarkt, Haschendorf und Deutschkreutz hatte.

Dies änderte sich mit einem Schlag am 12. Mai 1946, als fast alle Bewohner, rund 700 Personen, in die Aussiedlerzüge nach Deutschland steigen mussten. An diesen Tag erinnert seit 2016 ein Gedenkstein in der Nähe des Kriegerdenkmals.

Spätere Rückkehrer aus der Kriegsgefangenschaft erkannten ihr Dorf kaum wieder. Selbst der Ortsname war als „deutsch" getilgt worden. Zum Ursprung des Namens „Harkau" erzählte man im Dorf, dass in karolingischer Zeit ein Mann namens Hark das Gebiet erhielt. In den 1950er-Jahren verwies jedoch der aus Sopron stammende Sprachwissenschaftler Karl (Károly) Mollay darauf, dass ein Wort aus der Zeit der magyarischen Landnahme dahinterstehe: horka/harka als Bezeichnung für einen Richter.

Harka

Liszt am Wegesrand

Von der Kreuzung führen die Wege nach Sopron, Kópháza, Deutschkreutz, Neckenmarkt und weiter nach Raiding. Am Straßenrand erblicken wir *Franz Liszt als Holzskulptur.* In Harka denkt man gerne an den Zwischenstopp des Komponisten am 7. April 1881 auf der Fahrt in seinen Geburtsort (→ S. 206). Der örtliche Männergesangsverein Concordia gab vor dem berühmten Gast ein Lied zum Besten. Vor Aufregung begann der Chor in einer zu hohen Tonlage, brachte die Aufführung aber gut zu Ende. Liszt lobte den Tenorsänger: „Mein Herr! Sie haben Gold in der Kehle." Dieser Spruch ist auf der Gedenktafel (2011) auf dem evangelischen Pfarrhaus auf Ungarisch zu lesen.

liszttura.hu/de/index.html

Diese Liszt-Anekdote liefert den Aufhänger für eine amüsante Veranstaltung, die 2003 initiiert wurde: die *Franz Liszt Radtour / Liszt Ferenc Kerékpártúra.* Am letzten Sonntag im August fahren mehrere hundert Liszt-/Radfans gemütlich von Harka über Neckenmarkt nach Raiding und zurück. Auf dem Programm stehen Volksfeste und eine Kranzniederlegung bei Liszts Geburtshaus.

Von Harka nach Deutschkreutz

Verbindungsweg, R62, Distanz: 5,2 km

Mittlerer Trail (1,7 km): holpriger Feldweg, bei Regen Gatschgefahr, (→ Variante*).

Wir wählen einen alten Verbindungsweg nach Deutschkreutz, die Keresztúri utca immer geradeaus. Früher gingen hier Harkauer zu einer Quelle bei Deutschkreutz, um Trinkwasser zu holen. Diese Gewohnheit blieb auch nach der Grenzziehung vorerst erhalten. Ab der Grenze führt eine Schotterstraße zur Abfüllanlage des Mineralwassers Juvina. Etwa 80 m westlich davon liegt der „Harkauerplatz" mit einem Gedenkstein (1986).

Nun steuern wir auf der asphaltierten Route R62 (am Anfang auch B47) auf Deutschkreutz zu, bis wir die Bahngleise queren. Hier fahren wir links (ohne

Markierung) an Silos vorbei zum Bahnübergang. Beim Kreisverkehr geht es rechts zum Bahnhof. Geradeaus kommen wir zur Kirche, zum Startpunkt der Tour durch das „Sonnenland".

★ Variante (9,5 km): Die Hauptstraße in Harka, die Nyéki utca, führt über leichte Steigungen und an einem Wirtshaus vorbei zum Grenzübergang Neckenmarkt. Hier wird an die Ereignisse von 1989 und an den Eisernen Vorhang erinnert. Ein *ungarischer Wachturm* übersiedelte übrigens nach der Wende zu einem Aussichtspunkt in die Weinberge bei Neckenmarkt. Nach der Grenze bieten sich die Routen B40/B47 für eine schöne Fahrt Richtung Deutschkreutz an. Nördlich der Ortschaft stößt man zur Route R62 (siehe oben).

„Harkauerplatz"

GPS: 47.6198075N, 16.6187319E

Ungarischer Wachturm bei Neckenmarkt

GPS: 47.6138469N, 16.5602894E

Alter Weg von Harkau nach Deutschkreutz

Kultobjekt bei Haschendorf

5 Im sanften Sonnenland

Oberpullendorfer Becken

Route: 62 km + Verbindungsroute nach Lockenhaus (Kap. 6): 15 km

Kartenmaterial:
- Raderlebnis Mittelburgenland-Rosalia (Tourismuskarte mit Radrouten/www.mittelburgenland-rosalia.info)
- Kompass Karte Burgenland WK 227 (1:50.000)

Wichtige Links zur Region:
- Tourismusverband Mittelburgenland-Rosalia: www.mittelburgenland-rosalia.info, www.sonnenland.at

Alte Spuren führen uns durch das sanfte Sonnenland zwischen Deutschkreutz, Raiding, Lutzmannsburg und Klostermarienberg. Bei der wechselvollen Zeitreise durch die Jahrhunderte gibt die römische Bernsteinstraße oft die Richtung vor.

Auf dem Weg finden wir ein rätselhaftes Kultgerät aus der Bronzezeit und treffen den Fahnenschwinger in Neckenmarkt als Zeugen der Schlacht von Lackenbach von 1620. Es bieten sich Gelegenheiten, den europäischen Star aus Raiding, Franz Liszt, kennenzulernen und in Deutschkreutz die Welt des Phantastischen Realismus zu erleben. Die Hrvatska majka begrüßt uns herzlich in Gradišće (im kroatischen Burgenland). Die friedliche Landschaft im Blaufränkischland lässt dramatische Entwicklungen des 20. Jahrhunderts fast vergessen, doch wir beachten Hinweise auf das verschwundene Zelem, den NS-Terror, die Geschehnisse der Weltkriege und das Jahr 1989.

Stillgelegte Bahngleise erzählen von der Abgeschiedenheit an der einst „toten Grenze" und den neueren Entwicklungen im Tourismus. Draisinen, Wein und die Thermenwelt in Lutzmannsburg sorgen für Erholung und Ausgleich im geschichtsreichen Sonnenland.

Gut zu wissen

Radfahren in der Region

Das *Gelände* im Sonnenland ist ansprechend und abwechslungsreich. Manchmal radeln wir auf sanften „Wellen" der Weinberge, die stellenweise steiler sind als gedacht. Für die optimale Route greifen wir auf die Erfahrungen der Römer zurück und nützen oft den B47 (Römische Bernsteinstraße Radwanderweg). Unsere Route verläuft auf ruhigen Straßen und asphaltierten Güterwegen. Für den leichten *Trail* zwischen Raiding und Großwarasdorf ist für Rennradler die Landstraße eine Alternative (→ S. 205).

Der Bahnhof Deutschkreutz kann als Ausgangspunkt für Touren in Kap. 3 und Kap. 4 dienen. Besonders nützlich ist der Schleichweg Deutschkreutz–

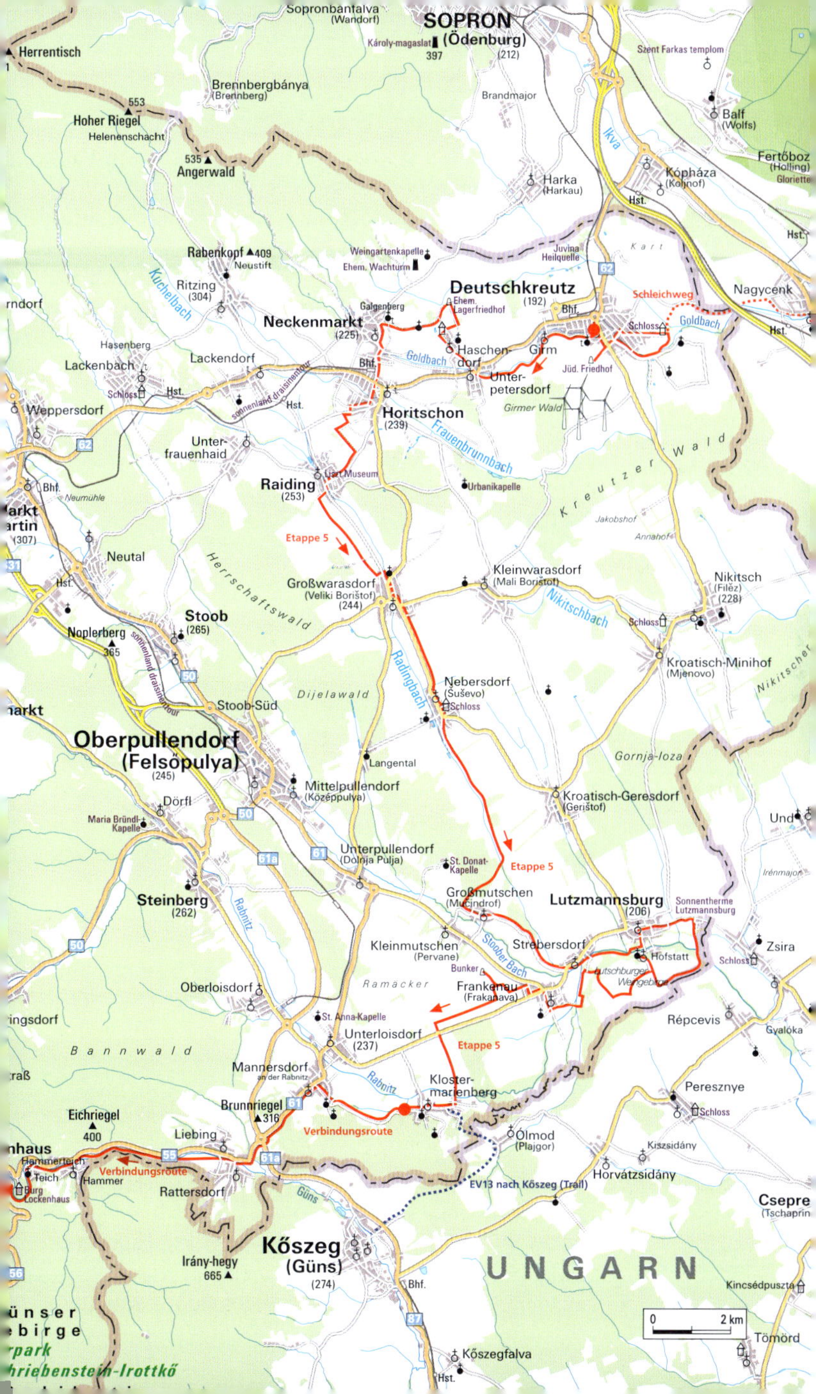

SOPRON (Ödenburg) (212)
Sopronbánfalva (Wandorf)
Károly-magaslat 397
Herrentisch
Brennbergbánya (Brennberg)
Brandmajor
Szent Farkas templom
Balf (Wolfs)
Hoher Riegel 553
Helenenschacht
535 Angerwald
Ikva
Harka (Harkau)
Kópháza (Koljnof)
Fertőboz (Holling)
Gloriette
Hst.
Rabenkopf 409
Neustift
Weingartenkapelle
Ehem. Wachturm
Juvina Heilquelle
Kart
Ritzing (304)
Kuchelbach
Deutschkreutz (192)
Bhf.
Schleichweg
Nagycenk
Neckenmarkt (225)
Galgenberg
Ehem. Lagerfriedhof
Schloss
Goldbach
Hasenberg
Lackenbach
Lackendorf
Haschendorf
Girm
Jüd. Friedhof
Unterpetersdorf
sonnenland draisinentour
Weppersdorf
Horitschon (239)
Girmer Wald
Unterfrauenhaid
Frauenbrunnbach
Raiding (253)
Liszt Museum
Urbanikapelle
Neumühle
Kreutzer Wald
Jakobshof
Annahof
Etappe 5
Neutal
Herrschaftswald
Großwarasdorf (Veliki Borištof) (244)
Kleinwarasdorf (Mali Borištof)
Nikitsch (Filež) (228)
Nikitschbach
Stoob (265)
Noplerberg 365
Kroatisch-Minihof (Mjenovo)
Nikitscher
Radingbach
Dijelawald
Nebersdorf (Šuševo)
Stoob-Süd
Oberpullendorf (Felsőpulya) (245)
Langental
Gornja-loza
Mittelpullendorf (Középpulya)
Dörfl
Maria Bründl-Kapelle
Kroatisch-Geresdorf (Gerištof)
Und
Unterpullendorf (Dolnja Pulja)
St. Donat-Kapelle
Irénmajor
Steinberg (262)
Rabnitz
Großmutschen (Mučindrof)
Lutzmannsburg (206)
Sonnentherme Lutzmannsburg
Kleinmutschen (Pervane)
Stoober Bach
Strebersdorf
Hofstatt
Zsira
Lutschburger Weingebirge
Bunker
Ramacker
Frankenau (Frakanava)
Oberloisdorf
Répcevis
Gyalóka
St. Anna-Kapelle
Unterloisdorf (237)
Bannwald
Mannersdorf an der Rabnitz
Klostermarienberg
Peresznye
Brunnriegel 316
Eichriegel 400
Verbindungsroute
Ólmod (Plajgor)
Kiszsidány
Liebing
Hammerteich
Teich
Hammer
Burg Lockenhaus
Rattersdorf
Horvátzsidány
EV13 nach Kőszeg (Trail)
Güns
Csepre (Tschapring)
Kőszeg (Güns) (274)
Irány-hegy 665
UNGARN
Kincsédpuszta
0 2 km
Tömörd
Kőszegfalva

Nagycenk (→ S. 192). Aufgrund der verschwundenen Bahntrassen im Mittelburgenland ist es am besten, gleich die nächste Tour (Kap. 6) anzuschließen (Verbindungsroute → S. 222). Andernfalls radelt man über hügeliges Gelände zurück zum Bahnhof Deutschkreutz (B44, B40) oder fährt von Lutzmannsburg gemütliche zehn Kilometer zum Bahnhof Bük (GYSEV Nr. 15 Sopron–Szombathely). Eine weitere Möglichkeit ist der Bahnhof Kőszeg mit der Verbindung zum Bahnknotenpunkt Szombathely.

Ohne Markierung
Distanz: 650 km

Zum Startpunkt der Etappe: Vom Bahnhof Deutschkreutz ins Zentrum (Kirche)

Vom Bahnhof fahren wir ein kurzes Stück auf der Bahnstraße nach links (ostwärts) zum Kreisverkehr. Dort biegen wir rechts auf die Hauptstraße ab, die uns ins leicht erhöhte Zentrum führt. Dort begrüßt uns die Kirche von Deutschkreutz.

Deutschkreutz

Seehöhe: 192 m

Marktgemeindeamt Deutschkreutz, Hauptstraße 79, www.deutschkreutz.at, Tel. +43 2613 802 03-0, Tourismusbüro Hauptstraße 55, Tel. +43 2613 20200

Wien / Wiener Neustadt-Sopron-Deutschkreutz

Besichtigungsroute: ca. 1,2 km

„Mitten im Burgenland" sieht sich die Marktgemeinde Deutschkreutz (Sopronkeresztúr / Kerestur). Tatsächlich bildet sie durch ihre gute Lage und Infrastruktur einen günstigen Ausgangspunkt für die Erkundung des Mittelburgenlands, das touristisch gerne Blaufränkischland oder Sonnenland genannt wird. Aber auch Sopron und die südliche Neusiedler-See-Region liegen vor der Haustür. Deutschkreutz verfügt über den großen Vorteil eines Bahnanschlusses mit Verbindungen über Sopron nach Wiener Neustadt und nach Wien. Im Ort leben über 3.000 Menschen.

Deutschkreutz wurde 1245 erstmals urkundlich erwähnt und ist seit 1340 Marktgemeinde. Als besondere Sehenswürdigkeit sticht die *Pfarrkirche zur Kreuzerhöhung* heraus, die im Kern seit mehreren Jahrhunderten erhaben auf einer leichten Anhöhe steht. Ein modernes Mosaik auf einem Zubau macht auf das Gebäude neugierig: Es zeigt die *„Kirche Christi im Sturm der Zeit"*. Dieses Werk stammt vom österreichischen Künstler *Anton*

Kirche von Deutschkreutz

Lehmden (1929–2018), der 1966 im Schloss Deutschkreutz (→ S. 190) seinen Rückzugsort gefunden hatte. Der Mitbegründer der Wiener Schule des Phantastischen Realismus gestaltete in mehreren Etappen zwischen 1973 und 2001 auch den Innenraum der Kirche. Nur der barocke Hochaltar stammt aus früheren Zeiten.

Mit über dreißig sakralen Werken hat sich Lehmden in der Deutschkreutzer Kirche verewigt, darunter sehen wir Bilder des Kreuzwegs, das Standgemälde „Madonna im Weingebirge" und farbenprächtige Glasfenster mit Motiven aus dem Alten und Neuen Testament. Über dem Altar zeigt ein Glasfenster Symbole, die für das Leben stehen: Ähren, Weinreben, Bienen, aber auch Dornen und Disteln.

Pfarrkirche zur Kreuzerhöhung
Karnergasse 1.
Führungen gegen Anmeldung im Tourismusbüro

Auf der Hauptstraße

Im Leben von Deutschkreutz spielt jedenfalls der Weinbau eine große Rolle. Auf der Hauptstraße finden wir das Kulturzentrum *Vinatrium (www.vinatrium.at)* (Nr. 55) mit dem Tourismusbüro und der Gebietsvinothek. 400 verschiedene Weine von fünfzig Winzern des Blaufränkischlands stehen für die Verkostung zur Wahl.

Beim *Pfarrheim* (Nr. 46) erinnert eine Gedenktafel an die *Ereignisse vom August 1989* (vgl. → S. 141, S. 216).

Carl Goldmark (um 1875)

Hier wurden innerhalb von drei Wochen 1.800 Menschen aus der DDR nach ihrer Flucht untergebracht und vom Roten Kreuz erstversorgt. Sie waren zu Fuß von den Nachbarorten Kópháza, Nagycenk oder Harka über die Grenze gekommen. Um die Gefahr für Flüchtende gering zu halten, bestachen die Deutschkreutzer Feuerwehrmänner die ungarischen Soldaten mit Wein, Schnaps und Zigaretten. Im *Kirchenwirt* (Nr. 53) erhielten die Geflüchteten ein Frühstück. Einige trugen sich an diesem Wendepunkt ihres Lebens ins Gästebuch ein und bedankten sich für die herzliche Aufnahme.

Carl Goldmark Gedenkhaus
Hauptstraße 54, www.deutschkreutz.at/carl-goldmark-gedenkhaus.html, tägl. 9–20 Uhr, Eintritt frei. Eingang durch das Gittertor, Eintrittssystem über Plastikkarte, z. B. Kundenkarten. Audioguides vorhanden. Führungen nach Vereinbarung (Tourismusbüro)

In Deutschkreutz begegnet man öfter dem Namen *Carl Goldmark* (1830–1915). Der „Komponist der Ringstraßenzeit", einst ein bekannter Zeitgenosse von Johann Strauß Sohn und Franz Liszt (→ S. 206), hatte hier seine Kindheit (1834–1844) als Sohn des jüdischen Kantors verbracht, und zwar im Haus Hauptstraße Nr. 54. Für den Besuch einer Musikschule ging der junge Carl zweimal wöchentlich zu Fuß nach Sopron. Bis zu seinem Durchbruch schlug er sich in Wien als Theatergeiger durch.

Große Erfolge als Komponist feierte Goldmark 1865 mit der *Sakuntala*-Ouvertüre und der Oper *Die Königin von Saba* (1875). Der Künstler geriet etwas in Vergessenheit, weil Werke jüdischer Musiker in der NS-Zeit nicht aufgeführt wurden. In Deutschkreutz erinnerte man sich wieder an den prominenten Bewohner. Der im Jahr 1980 gegründete Gedenkverein setzt immer wieder Aktivitäten. Im einstigen Wohnhaus widmete die Gemeinde Goldmark ein kleines Museum.

Auf den Spuren von Zelem

Eine *Gedenkstele* vor dem Carl Goldmark Gedenkhaus erinnert seit 2012 an *Zelem*, eine der Esterházy'schen Siebengemeinden (→ S. 37). So nannten die jüdischen Bürger den Ort, um „Kreuz" zu umschreiben. Zelem bedeutet „Bildnis" im Sinne von „Götzenbild". Um

1857 gehörten fast 38 Prozent der Bevölkerung von Deutschkreutz zur jüdischen Gemeinde. Wo sich Tempel, Mikwa und andere Punkte des jüdischen Lebens befanden, zeigt der schematische Plan Zelems auf dem Denkmal. Davon ließ der NS-Terror kaum etwas übrig. Nach der gewaltsamen Vertreibung von über 400 jüdischen Bewohnern von Deutschkreutz im April 1938 wurden viele Gebäude des jüdischen Viertels abgerissen.

Unseren (virtuellen) Rundgang starten wir auf der Hauptstraße, die früher Judengasse hieß. Schräg gegenüber dem Museum zweigt die *Tempelgasse* ab, wo die Synagoge (Nr. 2) und eine koschere Fleischhauerei standen. Der jüdische Tempel, der 400 Personen fassen konnte, wurde am 16. Februar 1941 in die Luft gesprengt. Um die Ecke, in der Reitschulgasse (Nr. 10/12), hatte eine international bekannte Talmudschule (Jeschiva) ihren Sitz, wo orthodoxe Juden aus Nah und Fern studierten.

Sichtbare Spuren finden wir am Ortsrand. Wir kehren zur Hauptstraße zurück, radeln ein kurzes Stück aus dem Zentrum hinaus bis zum Hinweisschild „Friedhof". Es geht den Hügel hinauf, am katholischen Friedhof vorbei. Ein paar Meter weiter führt ein Feldweg links zum Gittertor, durch das wir auf das große Areal des *jüdischen Friedhofs* sehen. Die Leere ist bedrückend. Die Nationalsozialisten ließen die Grabsteine für den Bau des Südostwalls (→ S. 256) verwenden, sie wurden z. B. als Deckungsauflagen bei Straßensperren missbraucht. Manchmal tauchen noch heute Steine in der Umgebung auf. Die ungarisch-jüdischen Zwangsarbeiter, die Ende 1944 fünf Wochen in der Region eingesetzt wurden, waren unter anderem in einem Lager im und beim Schloss untergebracht. Auch hier gab es hunderte Tote durch Krankheit, Kälte und Gewalt – mindestens 284 Personen, deren Tod protokolliert wurde. Sie sind hier auf dem Friedhof in einem Massengrab bestattet. Ein Blick in die friedliche Landschaft bringt uns wieder in die Gegenwart zurück.

Jüdischer Friedhof
Friedhofgasse.
Schlüssel bei der Gemeinde

GPS: 47.5937469N, 16.6258556E

Ohne Markierung
Distanz: 4,5 km

Hinweis:
Das Schloss(areal) ist ohne Termin / Veranstaltung nicht zugänglich

Runde Schloss Deutschkreutz

Vom jüdischen Friedhof fahren wir zur Hauptstraße hinunter und nur wenige Meter in Richtung Ortszentrum. Wir nehmen rechts die Webergasse und radeln über den Kreisverkehr direkt in die Mühlallee. Bei der ersten Gelegenheit biegen wir rechts in die Neubaugasse ab und gleich darauf links in den Schloßweg. Geradeaus geht es durch eine Siedlung von Einfamilienhäusern und am Schaflerhof vorbei. Das Schloss Deutschkreutz ist hinter viel Grün und einem Zaun versteckt. Danach kehren wir über die Elisabethgasse ins Zentrum und dann zur Kirche von Deutschkreutz zurück.

Schloss Deutschkreutz / Anton Lehmden Museum
Schlossweg / Kreuzung Zinkendorfer Str., www.schlossdeutschkreutz.at, Besichtigungstermine auf der Website oder nach Vereinbarung ab 5 Personen unter lehmden@schlossdeutschkreutz.at bzw. Tel. +43 699 1186 3207

GPS: 47.5997878N, 16.6465175E

Schloss Deutschkreutz / Anton Lehmden Museum

In einer ungewöhnlich großen Distanz zum Ortszentrum (ca. 2 km) liegt der einstige Herrensitz von Deutschkreutz, ein 400 Jahre altes Schloss, das beinahe verschwunden wäre. 1966 kaufte der Maler und Grafiker *Anton Lehmden* (1929–2018) das renovierungsbedürftige Gebäude und rettete in mühseliger Arbeit das Kulturdenkmal. Das alte *Renaissanceschloss* wurde zu einem Treffpunkt von Kulturschaffenden, zu einem Ausstellungs- und Veranstaltungsort und 1999 zum Museum. Hier haben wir die wunderbare Gelegenheit, in die *Welt des Phantastischen Realismus* einzutauchen und den Geist eines international erfolgreichen Künstlers zu spüren *(antonlehmden.at)*. Eines seiner meistgesehenen Werke in Österreich ist jenes in der Wiener U-Bahn-Station Volkstheater *„Das Werden der Natur"* (1991).

Das Schloss selbst kann einiges von seiner wechselvollen Geschichte berichten. Zwischen 1535 und 1671 gehörte Deutschkreutz genauso wie der Nachbarort Nagycenk (→ S. 122) der ungarischen *Magnatenfamilie Nádasdy* und war Teil der Herrschaft Lockenhaus. *Graf Pál (Paul) Nádasdy* (1598–1633) ließ das Schloss im Stil der Renaissance 1625 herstellen, nachdem kaiserliche Truppen das Gebäude in einer Strafaktion zerstört hatten. Er hatte zeitweise Gábor Bethlen (vgl. → S. 197)

Renaissanceschloss Deutschkreutz

gegen Habsburg unterstützt. Dennoch gewährte Kaiser Ferdinand II. dem jungen Grafen 1622 Amnestie. Pál Nádasdy blieb aber Protestant – und Deutschkreutz ein Zentrum des Protestantismus bis Mitte des 17. Jahrhunderts.

Allerdings heiratete sein ehrgeiziger Sohn, Ferenc (Franz) III. Nádasdy, 1643 die Esterházy-Tochter Anna Julia und konvertierte deshalb zum Katholizismus. Aus Anlass der Hochzeit wurde die *frühbarocke Schlosskapelle* errichtet. Von seinem weiteren Schicksal hören wir in Lockenhaus (→ S. 232). Achtung, Spoiler: Ferenc verlor im Jahr 1671 alles. Sein Schwager *Paul (Pál) Esterházy* (→ S. 77) kaufte 1676 den Besitz. Am 10. Juni 1681, zur Zeit des ungarischen Landtags in Ödenburg (Sopron), war Kaiser Leopold I. in Deutschkreutz zu Gast. Paul Esterházy stand vor dem Aufstieg zum Palatin Ungarns.

Unter den Esterházys verlor Deutschkreutz bald seine repräsentative Bedeutung. 1957 verkaufte Paul V. Esterházy nach seiner Flucht aus Ungarn (→ S. 57) das desolate Schloss an die Gemeinde. Die Schleifung des Gebäudes stand im Raum, dann kaufte die Firma *Felix Austria* das Schloss – eine Champignonzucht war ge-

Unbekanntes Kultobjekt

plant. Jedoch war das Gebäude dafür nicht geeignet, und so kam es anders …

B40, 401, ohne Markierung
Distanz: 5,6 km

Zur Info: Schleichweg Deutschkreutz–Nagycenk (→ Kap. 3)

Bei Bedarf kann man hier gut nach Nagycenk zur Etappe 3 wechseln: Vom Schloss Deutschkreutz radelt man am asphaltierten Weg zunächst nach Südosten (B40). Nach ca. 300 m zweigt links die Route 401 ab, die dann über eine sanfte Steigung durch eine Akazienallee zu einer Kreuzung führt. Rechts ist schon Nagycenk zu sehen. Ein alter, (noch) unmarkierter Verbindungsweg (teilweise Schotter, rumpelig) leitet über eine *Grenzübergangsstelle* nach Ungarn und durch eine Autobahnunterführung zu einer schönen Baumallee. Am Siedlungsrand nimmt man rechts die Gyár utca, die beim Rathaus (Községháza) in Nagycenk endet (→ S. 122).

Von Deutschkreutz nach Haschendorf

Die Tour durch das Sonnenland starten wir bei der Kirche Deutschkreutz, unterhalb des Kirchturms.

Auf der Karnergasse radeln wir an Weinhöfen, alten und moderneren Häusern vorbei, immer geradeaus. Im Ortsteil Girm geraten wir fast unmerklich auf die Girmerstraße, die uns zum westlichen Ortsrand führt.

Ohne Markierung, R62, 410
Distanz: 5,5 km

Es folgt eine feine Fahrt auf dem R62: Weingärten, Felder, das Grün am Goldbach, leicht welliges Gelände, grasende Pferde, im Hintergrund das schöne Ödenburger Gebirge ... Auf dem Weg queren wir stillgelegte Bahngleise, die uns noch beschäftigen werden (→ S. 201). Die Route lotst uns durch Unterpetersdorf nach Haschendorf. Hier wechseln wir kurzfristig auf die Route 410, radeln an der schlanken Kirche vorbei und gerade bis zum Ende der Schlossgasse. Das kleine *Schloss Samersdorf*, das 1945 zerstört und dann als Villa wiederaufgebaut wurde, liegt versteckt hinter Bäumen und ist in Privatbesitz. Der Name verweist übrigens auf eine längst verschwundene Siedlung. Wir nehmen rechts die kurze Anhöhe und rollen auf dem querenden Güterweg wenige Meter bergab. Ein Schild zeigt die Abzweigung zum „*Bronze-Kultgerät*" an

Haschendorf

Seehöhe: 205 m

Kultgerät bei Haschendorf

Ein kurzer Stopp bei einem kleinen Hain: Hier ist vielleicht das Areal einer alten Kultstätte, jedenfalls der Fundort eines etwa 3.000 Jahre alten „*Kultgeräts*". Am 12. März 1914 stieß ein Bauer in einer Kalksandgrube auf ein kunstvoll gefertigtes Bronzestück, geschmückt mit Speichenrädern. Ein Opfertisch? Ein Instrument für einen alten Sonnenkult? Eine Trommel? Ein Thron? Über die Funktion tappt die Forschung immer noch im Dunkeln. Ein ähnliches Objekt wurde 1847 in einem Moor entdeckt – allerdings 900 Kilometer entfernt in Südschweden bei Balkåkra. Dieser Umstand weist auf Fernkontakte in der Bronzezeit und eine uralte Handelsroute hin (→ S. 196).

i Katastralgemeinde von Neckenmarkt (→ S. 197)

Das Kultobjekt von Haschendorf (Hasfalva) kam 1914 nach Sopron, wo es heute im Museumsquartier zu bewundern ist. Am Fundort wurde am 30. Juni 2001 eine genaue Nachbildung feierlich enthüllt (Künstler: Heinz Bruckschwaiger). Was das Bronzestück auch gewesen sein mag, wir nehmen es als Zeichen für eine schöne Radtour.

Ohne Markierung
Distanz: 800 m

Von Haschendorf (Kultgerät) zum Lagerfriedhof

Nun fahren wir auf dem eingeschlagenen, etwas rumpeligen Weg bis ans Ende und wenden uns nach Norden (links). Auf einem unmarkierten Güterweg radeln wir leicht bergauf, und bald sehen wir einen weiteren auffälligen Hain. Hier blicken wir durch ein Zeitfenster auf Geschehnisse des Ersten Weltkriegs.

Lagerfriedhof („Russenfriedhof")

Kaum vorstellbar: Wo sich heute fast ausschließlich Weinreben ausbreiten, befand sich von 1915 bis 1918 ein riesiges Lager für Kriegsgefangene und internierte Zivilpersonen. Für diesen Zweck beschlagnahmte die k. u. k. Armee Äcker von Kleinbauern sowie Besitzungen des Eigentümers des Schlosses Samersdorf, wo das Lagerkommando einzog. Zwischen Neckenmarkt und Haschendorf wurden mehr als 500 Baracken errichtet. Es entstand faktisch eine – von Stacheldraht umzäunte – Stadt mit Krankenhaus, Kirche und Anschlussgleisen zur Bahnstrecke Sopron–Kőszeg (→ S. 199).

Wir sehen Reste des Lagerfriedhofs, der ursprünglich größer war. Laut Gedenktafel des Schwarzen Kreuzes sind hier über 700 Kriegsgefangene beerdigt. Neueren Forschungen zufolge dürften auf dem „Russenfriedhof", wie der Hain oft genannt wird, und außerhalb der Einfriedung über 2.000 Menschen unterschiedlicher Herkunft begraben sein. 1922 errichtete Italien einen *Obelisken* für „seine" 94 Toten.

Im Lager Sopronnyék (Neckenmarkt) wurden phasenweise mindestens 8.000 Menschen gleichzeitig festgehalten: Offiziere und Soldaten aus Russland, Italien, Serbien, Rumänien und Montenegro. Das Lager spielte zudem eine große Rolle für die Internierung

Lagerfriedhof bei Haschendorf / Neckenmarkt

tausender Zivilpersonen. Allein im Jahr 1916 zählte man 7.800 Menschen aus Bosnien-Herzegowina, das Österreich-Ungarn 1908 völkerrechtswidrig annektiert hatte. Sie wurden als unzuverlässig verdächtigt und ihrer Freiheit beraubt, darunter Frauen, Kinder und ältere Personen. Mehrere Hundert von ihnen verstarben im Lager (meist an Flecktyphus) und ruhen in dieser Erde. Sie sollen nicht vergessen sein.

Von Haschendorf (Lagerfriedhof) nach Neckenmarkt

Ohne Markierung, B47
Distanz: 3 km

Vom Lagerfriedhof radeln wir etwa 100 m nach Westen. Von den Weinbergen beobachtet uns ein „ausgewanderter" ungarischer Wachturm (→ S. 181). An einer Wegkreuzung folgen wir dem B47 Richtung Neckenmarkt. Die Route führt unterhalb vom Galgenberg zur *Florianikapelle*, wo wir uns kurz orientieren. Ein *Schaupult* des Wanderwegs Römische Bernsteinstraße Mittelburgenland zeigt uns den Verlauf des alten europäischen Fernwegs (→ S. 196) im Abschnitt Neckenmarkt–Raiding–Strebersdorf. Auf dem B47 (Römische Bernsteinstraße Radwanderweg) folgen wir diesen Spuren möglichst nah. Wir radeln zur Landstraße,

Webtipp: www.bernsteinstrasse-burgenland.at

RÖMISCHE BERNSTEINSTRASSE

In und um Sopron, im Mittelburgenland, in Szombathely – immer wieder stoßen wir auf die Bernsteinstraße: eine alte europäische Handelsroute, die Ostsee und Adria miteinander verband. Die Bezeichnung ist eine Erfindung des 19. Jahrhunderts, geht aber auf den römischen Gelehrten Plinius des Älteren (23/24–79 n. Chr.) zurück: Er berichtete, dass auf diesem Wege der beliebte Schmuck aus Bernstein gehandelt wurde.

Mit der Ausdehnung des Imperium Romanum bis an die Donau begann der Ausbau der alten Handelsroute zwischen Aquileia (Grado) und Carnuntum. Östlich der Alpen entstand unter Kaiser Augustus und Kaiser Tiberius eine winterfeste Militärstraße. So erschloss zu Beginn des 1. Jahrhunderts n. Chr. eine gut ausgebaute Staatsstraße (via publica) das eroberte Pannonien. Als „Schnellstraße“ sie bereitete den Weg für den Handel und die Ausbreitung der römischen Kultur. Siedlungen bzw. Städte in Abständen von Tagesreisen dienten der Versorgung, wie Savaria (Szombathely) oder Scarbantia (Sopron). Auf der Strecke gab es Militärlager zur Sicherung sowie Raststationen, Meilensteine, kleine Heiligtümer und Gutshöfe (villa rustica). Im 3./4. Jahrhundert verlor die Route an Bedeutung.

Heute durchquert allein der einst römische Abschnitt fünf Staaten (Italien, Slowenien, Kroatien, Ungarn, Österreich) und wird international erforscht. Auch der Tourismus hat die Bernsteinroute wieder entdeckt *(Bernstein Trail)*.

die von Sopron bzw. Harka kommt und nach Neckenmarkt führt. Zwischen Kirche und Kreisverkehr (Fahnenschwinger) finden wir die Informationsstelle (Vinothek), ein Museum und das Rathaus.

Neckenmarkt

In der Marktgemeinde Neckenmarkt (Sopronnyék / Lekindrof) begrüßt uns ein stolzer Fahnenschwinger. Neben der Skulptur im Kreisverkehr (2003) findet man das Motiv immer wieder im Ort, z. B. am Rathaus und auf der Volksschule. Und so manche Weinflasche mit Blaufränkischem der Region trägt den Neckenmarkter Fahnenschwinger auf dem Etikett.

Das *Fahnenschwingen* ist gelebtes Brauchtum in Neckenmarkt und seit 2018 als *immaterielles Unesco-Kulturerbe* anerkannt. Am Sonntag nach Fronleichnam versammeln sich die jungen Männer des Ortes in Haidukenuniform und zelebrieren den „Umgangssonntag" nach einem genauen Ablauf. Der Höhepunkt: Ein lediger Bursch schwingt eine große, schwere Fahne mit einem Esterházy-Wappen. Zwei Wochen hat der gewählte Fähnrich Zeit, um für die kräfteraubenden Auftritte beim großen Fest am „Tag der Fahne" zu trainieren. Diese Ehre hat man auch nur einmal im Leben. Eindrücke vom Neckenmarkter Fahnenschwingen und vom Weinbau können wir im Museum im Alten Rathaus gewinnen. Im Kellergewölb wartet eine Vinothek mit Weinen der Region und lokalen Produkten.

„Eine Fahne, die aus dem Gestern in das Morgen weht." Mit diesem Slogan feierte Neckenmarkt im Jahr 2022 in Zusammenhang mit dem Fahnenschwingen ein 400-jähriges Jubiläum. Seitdem ziert ein riesiges Wandbild die Mauer des *Alten Rathauses,* auf dem die historischen Gegner Esterházy Miklós (Nikolaus) und Bethlen Gábor (Gabriel) zu sehen sind. Was ist damals passiert? Bethlen, der Fürst von Siebenbürgen, nützte die Wirren des Dreißigjährigen Kriegs für den Kampf gegen Habsburg und stand an der Spitze der protestantischen Opposition Ungarns. Im Herbst 1620 belagerten

Seehöhe: 225 m

Marktgemeindeamt Neckenmarkt, Rathausgasse 1, Tel. +43 2610 422 63, www.neckenmarkt.eu

Webtipp: Videos auf Youtube: „400 Jahre Neckenmarkter Fahnenschwingen", „Historisches Fahnenschwingen in Neckenmarkt 1933"

Weinbau- und Fahnenschwingermuseum / Vinothek (im Alten Rathaus) Rathausgasse 1, www.neckenmarkt.net/gemeinde/weinbaumuseum, ganzjährig geöffnet, Do–Sa 10–12 und 15–19 Uhr, So 10–13 Uhr, Führungen gegen Voranmeldung unter Tel. +43 664 521 64 65

Neckenmarkter Fahnenschwinger

Bethlen-Truppen das Schloss des kaisertreuen und katholischen Esterházy in Lackenbach, dem Nachbarort von Neckenmarkt. Am 29. September 1620 kamen die Bauern von Neckenmarkt in der *Schlacht von Lackenbach* ihrem Grundherrn Esterházy zu Hilfe und trugen zum Ende der Besatzung bei.

Nach dem Frieden von Nikolsburg (Mikulov) vom 31. Dezember 1621 mit Bethlen erhielt der treue Esterházy von Kaiser Ferdinand II. als Ersatz für Gebietsverluste die Herrschaften Forchtenstein und Eisenstadt sowie den Grafentitel (vgl. Frauenkirchen, → S. 75). Dies bildete eine wichtige Grundlage für den weiteren Aufstieg der Esterházy. Als Dank für die tatkräftige Unterstützung verlieh Nikolaus Esterházy 1622 der Bevölkerung von Neckenmarkt einige Privilegien, wie die Nutzung des Waldes, schenkte ihnen seine Fahne und erlaubte das Tragen von Waffen und der Uniformen der Haiduken bei feierlichen Anlässen.

Heutzutage sind aus Sicherheitsgründen und im Sinne des Friedensgedankens Holzgewehre mit Blumen in den Mündungen im Einsatz.

Zum Schluss ein (gedanklicher) Ausflug nach *Lackenbach* (8–10 km), wo noch das Schloss der Esterházy steht *(esterhazy.at/schloss-lackenbach).* Auch in diesem Ort existierte bis 1938 eine der Siebengemeinden (→ S. 37), wovon nur der jüdische Friedhof den NS-Terror überstand. Ein Gedenkstein von 1984 erinnert an weitere NS-Verbrechen: Von 1940 bis 1945 befand sich in Lackenbach ein Anhaltelager für Roma und Sinti – das größte „Zigeunerlager" in NS-Deutschland. Darin wurden in etwa vier Jahren mehr als 4.000 Menschen interniert; es gab über 230 Todesopfer. Für die meisten war Lackenbach eine Zwischenstation auf der Deportation in andere KZ- und Vernichtungslager.

Von Neckenmarkt nach Horitschon (Bahnhof)

EV 13, B46
Distanz: 900 m
↑ 23 m ↓ 0 m

Vom Kreisverkehr in Neckenmarkt fahren wir etwas bergauf zur Nachbarortschaft Horitschon. Die Siedlungsgebiete gehen fast fließend ineinander über, werden jedoch durch Bahngleise streng voneinander getrennt. Unser nächster Halt ist beim gemeinsamen Bahnhof Horitschon-Neckenmarkt. Dieser hat zwar für den normalen Personenverkehr ausgedient, steht aber dem Freizeitvergnügen zur Verfügung.

Horitschon

Seehöhe: 239 m

i Marktgemeindeamt Horitschon, Hauptstraße 43, Tel. +43 2610 422 41-0, www.horitschon.at

Bahnhof Horitschon-Neckenmarkt

In Horitschon (Haracsony / Haračun) herrscht an manchen Tagen „großer Bahnhof". Statt Lokomotiven rollen fröhliche Gesellschaften auf Draisinen durch das Mittelburgenland: 23 Kilometer sind zu bewältigen und alte Haltestellen rufen zur Einkehr. Aber wer von den Gästen weiß, dass die Bahntrasse schon seit über 115 Jahren existiert?

1908 ging die damals ungarische *Bahnstrecke zwischen Sopron (Ödenburg) und Kőszeg (Güns)* in Betrieb. Auf

Sonnenland Draisinentour
Neckenmarkt-Horitschon-Oberpullendorf, Büro Deutschkreutz, Carl-Goldmark-Gasse 4, Tel. +43 2613 801 99, www.draisinentour.at, Betrieb April bis Okt.

57,8 Kilometern passierte sie Orte im heutigen Mittelburgenland wie Deutschkreutz, Neckenmarkt, Lackenbach, Oberpullendorf und Liebing-Rattersdorf und erreichte in Kőszeg den Anschluss nach Szombathely. Geduld war gefragt, denn die Fahrzeit durch das teils hügelige Gelände betrug über drei Stunden! Die Grenze von 1922 konnte der Bahnstrecke noch wenig anhaben, obwohl Anfang und Ende in Ungarn lagen. Der vereinbarte Korridorbetrieb über Sopron machte es möglich, und die Pass- und Zollkontrollen waren zunächst erleichert. Die Trasse wechselte den Betreiber und Besitzer, Österreich übernahm um 1930 offiziell die Gleise.

Jahrzehnte später verschwand die Bahn Sopron–Kőszeg schrittweise: Am 6. Oktober 1951 durchtrennte der Eiserne Vorhang die Verbindung nach Kőszeg für Reisende, am 1. September 1960 auch für den Gütertransport. 1965 endete der Personenverkehr in Oberpullendorf. Seit 1988 wird lediglich der kurze Ast

Freie Fahrt auf Schienen

Nach Raiding

von Sopron bis Deutschkreutz als letzter „Anker“ ins Mittelburgenland vollwertig genutzt. Der Abschnitt zwischen Deutschkreutz und Lackenbach bzw. Nekkenmarkt war noch phasenweise in Betrieb. Ab 2004 rollten neben dem Güterverkehr die ersten Draisinen über die Trasse Neckenmarkt–Oberpullendorf. Im Jahr 2014 verkauften die ÖBB die Strecke an die sonnenland railtour gmbh, und die neue Touristenattraktion nahm Fahrt auf.

Im Gebiet zwischen Sopron und Güssing „verfolgen“ uns eingestellte Bahnstrecken geradezu; die vielen verschwundenen Gleise verwundern und hinterlassen Lücken. Das Problem bestand darin, dass das einst westungarische Schienennetz in erster Linie auf Städte wie Sopron, Szombathely und Körmend ausgerichtet war. Nach 1922 plante Österreich zwar eine bessere Bahnanbindung zum neuen Bundesland, ja sogar eine Nord-Süd-Strecke durch das Burgenland trotz schwieriger Geländeabschnitte. Doch die Projekte scheiterten an finanziellen Problemen und der Wirtschaftskrise der 1930er-Jahre. Nur die Pinkatalbahn (→ S. 271) fand 1925 den Anschluss an die Steiermark. Der Eiserne Vorhang verschlechterte die Situation der burgenländischen Bahnstrecken und bald hatte die Straße Vorrang.

EV 13, B46
Distanz: 4,7 km
↑ 58 m ↓ 54 m

Von Horitschon nach Raiding

Auf unserer eigenen „Draisine" rollen wir hinab. Wer an der Kreuzung einen Blick nach links macht, sieht die Kirche von Horitschon. Sie wurde nach den Zerstörungen im Zweiten Weltkrieg an dem neuen Standort im Zentrum aufgebaut (1947–1949). Der EV 13 (B46) führt uns geradeaus am Gemeindeamt vorbei und über kleine Gassen in die Weinberge. Dabei passieren wir das Gelände der Firma *Horitschon Leier International:* ein Unternehmen für Betonproduktion, das 1985 über Joint Venture zunächst nach Ungarn und dann weiter in Osteuropa expandierte.

Sonst ist der Hügel zwischen Horitschon und Raiding voller Weinreben. Bei der Zickzackfahrt auf die Anhöhe genießen wir den Blick auf das Ödenburger Gebirge und das sanfte Land bis Deutschkreutz, bevor wir ins idyllische Raidingtal wechseln. Das Alpenpanorama vor Augen geht es gerade über die Jägerzeile abwärts. Unten im Tal – bei einem überdimensionalen Bösendorfer-Klavier – biegen wir rechts ins Ortszentrum von Raiding ab.

Raiding

Seehöhe: 253 m

Marktgemeindeamt Raiding, Franz-Liszt-Platz 1, Tel. +43 2619 7472-0, www.raiding-online.at

liszt.life Erlebnisweg www.raiding-online.at/liszt/liszt-life-erlebnisweg, frei zugänglich, Folder im Gemeindeamt erhältlich

Raiding (Doborján / Rajnof) ist ein ruhiges und reizendes Dorf, das sich gemütlich beidseits des gleichnamigen Bachs aufgestellt hat. Schnell stößt man auf den Namen des berühmten Komponisten und Klaviervirtuosen *Franz Liszt*. Dieser wurde 1811 in dem damals westungarischen Dorf geboren, hier verbrachte er die ersten elf Lebensjahre. 200 Jahre später will sich die burgenländische Gemeinde als führender Liszt-Erlebnisort positionieren.

Raiding nützte die Liszt-Jubiläumsjahre 2006/2011 für die Errichtung eines Konzerthauses, die Umgestaltung des Dorfplatzes und die Anlegung eines *Liszt-Pfads (liszt.life)* am Anger. 2018/19 folgte ein neues *Gemeindezentrum* samt Restaurant, das sich trotz seiner Größe und moderner Architektur überraschend gut in den Ort einfügt (Halbritter und Hillerbrand ZT GmbH).

Modernes Ortszentrum in Raiding

Damit hat sich das 800 Jahre alte Raiding ein freundliches Zentrum geschenkt. Davor ehrt eine weiße Liszt-Marmorbüste den großen Sohn der Gemeinde (1967). Als jüngstes Objekt in der „Liszt-Sammlung" kam 2021 eine Skulptur hinzu, die den Künstler am Klavier zeigt. Sie ist ein Geschenk des russischen Bildhauers Aidyn Zeinalov (geb. 1978).

liszt zentrum

Gleich in der Nähe finden wir das liszt zentrum auf dem Areal des ehemaligen Esterházy'schen-Meierhofs. Neben dem Geburtshaus Franz Liszts entstand 2005/06 mithilfe von EU-Förderungen ein modernes Konzerthaus mit fast 600 Sitzplätzen. Die Pläne entwarf das niederländische Architekturbüro Atelier Kempe Thill. Seitdem findet in Raiding jährlich das *Internationale Liszt Festival statt (www.lisztfestival.at).* In der *Dauerausstellung* erfahren wir einiges über das bewegte Leben des berühmten Künstlers unter dem Titel „Franz Liszt. Wunderkind, Weltstar, Abbé". Im Geburtshaus steht die schillernde Person im Vordergrund, während im *Konzerthaus* Liszts Virtuosenreisen durch Europa zu verfolgen sind. Den Abschluss bildet der „Blaue Salon", den Liszt in Wien öfter nutzte. Zu entdecken sind einige Devotionalien, wie ein Abguss der linken Hand des Komponisten und dessen Schreibfeder.

Franz Liszt Geburtshaus Lisztstraße 46, www.liszthaus.at, März bis Mitte Nov., Di–Fr 9–17 Uhr, Sa, So, Fei 10–17 Uhr (Kassa im Konzerthaus). Audio-Guide-App

Liszt-Geburtshaus

Einige *Gedankensplitter* zu Raiding und Liszt, dessen Verehrung buchstäblich grenzenlos scheint: Als Franz Liszt am 22. Oktober 1811 in Raiding geboren wurde, erstrahlte ein Komet am Himmel. Vater Adam Liszt sah dies als Omen für eine musikalische Laufbahn, von der er selbst geträumt hatte. Der Rechnungsführer am Esterházy'schen Meierhof förderte tatkräftig das Talent des einzigen Sohns. Ab 1820 absolvierte Franz unter großem Aufsehen die ersten Klavierkonzerte in Ödenburg, Pressburg und Wien. Adam Liszt setzte alles auf die Karriere und ging mit Franz nach Wien und weiter nach Paris. Trotz des frühen Todes des Vaters 1827 gelang Franz Liszt der Aufstieg zu einem europäischen Star (→ S. 206).

Der berühmte Sohn Raidings besuchte später noch fünf Mal seinen Geburtsort: 1840, 1846, 1848, 1872 und 1881. Am 7. April 1881, anlässlich des bevorstehenden siebzigsten Geburtstags, war Liszt bei der Anbringung der *Gedenktafel* an seinem Geburtshaus persönlich anwesend. Der ungarische Text lautet übersetzt: „Hier wurde geboren / Franz Liszt / am 22. Oktober des Jahres 1811 / Hochachtungsvoll / vom Ödenburger Verein für Literatur und Kunst / 1881 gestiftet".

Jahrzehnte später folgte das Relief im linken Giebel mit der Inschrift: „Diese Gedenktafel weiht dem deutschen Meister das deutsche Volk". Sie wurde am 28. Juni 1925 durch den burgenländischen Landeshauptmann Josef Rauhofer enthüllt und spiegelt den deutschnationalen Zeitgeist wider. Gemeinsam mit Joseph Haydn sollte Franz Liszt als einende Kraft für das junge Bundesland dienen. Denn die berühmten Künstler vergangener Zeiten standen erhaben über jeden ideologischen Parteienzwist. Die beiden Inschriften am Geburtshaus symbolisieren jedoch den oft geführten Streit über die nationale Identität Liszts.

Die Anfänge des Museums gehen noch auf das Jahr 1911 und die Initiative des Ortspfarrers Johann Prikoszovich zurück. Dieser sammelte damals auch Spenden für den Neubau der Raidinger Kirche als *„Franz Liszt-Gedächtniskirche"*. 1924 wurde die *Pfarrkirche hl. Antonius von Padua* unter Mithilfe vieler Freiwilliger neu erbaut. Nur der Turm ist ein Relikt vom Ende des 17. Jahrhunderts. In der Zwischenkriegszeit sprach man noch von der „Franz-Liszt-Gedächtniskirche", und manche träumten von der Umbettung Liszts nach Raiding. Doch die sterblichen Überreste blieben in Bayreuth. 1951 erfolgte eine Erneuerung des Museums, 1971 schenkte Paul V. Esterházy das Gebäude und den Park der Gemeinde Raiding. Seit 1979/80 ist das Liszt-Geburtshaus eine Außenstelle des Burgenländischen Landesmuseums. Für die nächste Zeit sind weitere Flächen für die Liszt-Ausstellung und den Konzertbetrieb geplant.

Von Raiding nach Großwarasdorf

B47
Distanz: 4,9 km

Wir folgen dem Bach abwärts bis zum Ende des Angers. Der B47 führt uns aus dem Ort und über den

Ikone Franz Liszt

EIN EUROPÄISCHER STAR AUS RAIDING – FRANZ LISZT

Franz Liszt (1811–1886) war ein Superstar seiner Zeit. Auf seinen Virtuosenreisen allein zwischen 1839 und 1847 besuchte Liszt 230 Städte in ganz Europa – von Lissabon bis Moskau, von Glasgow bis Gibraltar. In dieser Zeit gab er über 600 Konzerte, die von modernen Merchandising-Maßnahmen begleitet waren (z. B. Verkauf von Liszt-Haarlocken). Die große Begeisterung des Publikums beschrieb der Schriftsteller Heinrich Heine 1844 mit dem Begriff *Lisztomanie*.

Liszt, der sich lange ausschließlich über seine Konzerte finanzierte, hatte ein gutes Gespür für den Geschmack seines Publikums. So bearbeitete er in den Auftrittsorten beliebte Melodien, Volkslieder und einige Nationalhymen. Liszt hatte seine Jugend in Paris verbracht und war im Laufe seines Lebens in mehreren Städten Europas zuhause. Als Liszt in Weimar lebte (1848–1861) und als „Hofkapellmeister in außerordentlichem Dienst" des Großherzogs stand, wirkte er in einem universellen Geist. Als Kosmopolit war ihm Nationalismus fremd.

Obwohl Liszt kein Ungarisch sprach, fühlte er sich seinem Herkunftsland sehr verbunden. Er wurde dort glühend verehrt und 1840 in den Adelsstand erhoben. Liszt wäre gern der *„erste Zigeuner des ungarischen Reichs"* (1846) gewesen. Seine Bedeutung zeigte sich, als ihm auf Drängen Ungarns und nach längerem Zögern des Wiener Hofs aufgetragen wurde, die Messe für die Krönung Franz Josephs I. zum ungarischen König zu komponieren. Liszt fühlte sich geehrt *„comme catholique, comme hongrois et compositeur"* („als Katholik, Ungar und Komponist"). Als die Zeremonie am 8. Juni 1867 in Budapest stattfand, durfte er sein kirchliches Werk mit ungarischem Kolorit nicht dirigieren. Das Protokoll sah dafür Ausführende der Wiener Hofkapelle vor.

An den Star aus Raiding wird heute an vielen Orten erinnert – nicht nur in Österreich, Ungarn oder Europa. Es gibt sogar den Mount Liszt in der Antarktis und den Asteroiden Liszt (3910).

Triftweg auf eine leicht erhöhte Ebene. Eine Schautafel versetzt uns in die Zeit des Imperium Romanum, zu dem dieser Flecken Erde einst gehörte. Zwischen Raiding und Strebersdorf nutzten die Römer das geringe Gefälle entlang des Raidingbachs. Die Bernsteinstraße (→ S. 196) verlief schnurgerade parallel zum rechten Ufer. So erleben wir die Fahrt in dem Bewusstsein, dass die antike Trasse teils direkt unter uns liegt. Der B47 führt uns als Abstecher in den Ort Großwarasdorf hinein. Dort folgen wir den Schildern „KUGA" bis zur Parkanlage unterhalb der Kirche.

Leichter Trail: großteils Feldweg, Kies, kurze schwierige Stelle für schwere Räder bzw. mit Anhänger). Alternative: Landstraße nach Großwarasdorf (etwas Verkehr)

Großwarasdorf (Veliki Borištof)

Seehöhe: 244 m

Gemeindeamt Großwarasdorf, Obere Hauptstr. 18, Tel. +43 2614 222 70, www.grosswarasdorf.at

Im Zentrum von Gradišće

„Veliki Borištof Vas pozdravlja – Willkommen in Großwarasdorf!" (ung. Szabadbáránd). Wir sind in einem wichtigen Zentrum von Gradišće (Burgenlandkroatisch für „Burgenland") angekommen. Im lauschigen Park begrüßt uns die *Hrvatska majka* – die kroatische Mutter: Die Bronzestatue des Zagreber Künstlers Stjepan Gračan zeigt eine Frau mit ihrem Kind auf Wanderschaft und ist ein Symbol für die Ankunft der Vorfahren der Burgenlandkroaten im 16. Jahrhundert. Die Skulptur enthüllte Diözesanbischof Stephan László, der selbst aus dieser Volksgruppe stammte, am 26. Oktober 1984 an ihrem ursprünglichen Standort vor der Kirche. Damals begingen die Burgenlandkroaten das (ungefähre) 450-Jahr-Jubiläum.

Hrvatska majka

In Veliki Borištof gibt es die *KUGA*. Eigentlich ein Schreckensszenario, wenn man Kroatisch versteht: die Pest. 1982 breitete sich die KUGA – die Kulturna zadruga (Kulturvereinigung) – in der ehemaligen Volksschule aus und wurde für die Volksgruppe zu einer identitätsstiftenden Institution. Hier begeisterte z. B. der bekannte Sänger

KUGA Parkgasse / Park ulica 3, www.kuga.at

und Burgenlandkroate Willi Resetarits (alias Ostbahn-Kurti / Dr. Kurt Ostbahn, 1948–2022) öfters das Publikum. Die KUGA ist eine Bühne für den „Krowodnrock", der von der legendären Gruppe Bruji geschaffen wurde. Aber auch andere Volksgruppen und Kunstsparten sind willkommen. Der Verein hat sich der Förderung der Vielfalt und künstlerischen Freiheit verschrieben. In dem Veranstaltungszentrum finden Konzerte, Kabaretts, Lesungen, Ausstellungen, Workshops und anderes mehr statt. Die KUGA lebt bereits vierzig Jahre mithilfe von Menschen, die sich ehrenamtlich engagieren. Vielleicht steht ja etwas Interessantes auf dem Programm? An Veranstaltungstagen hat die KUGA krčma (Beisl) ab dem späteren Nachmittag geöffnet.

Ein nettes Platzerl zum Sinnieren ist der Kirchenberg / Crikveni brig mit den hohen Kastanienbäumen und der *Kirche hl. Demetrius*. In der Geschichte der kroatischen Volksgruppe spielte die katholische Kirche immer eine bedeutende Rolle. In den 1970er-Jahren erreichte Diözesanbischof Stephan Lászlo im Vatikan die Zulassung von Burgenlandkroatisch als Liturgiesprache und richtete das „Kroatische Dekanat" Veliki Borištof / Großwarasdorf mit neun Pfarren ein.

Frühling im ruhigen Raidingtal

Webtipp:
ORF-TVthek, Bericht vom 13.7.2000 (Erste zweisprachige Ortstafel im Burgenland), tvthek.orf.at/history/Kroatische-Volksgruppe/13557925/Erste-zweisprachige-Ortstafel-im-Burgenland/9056913

Hier in der Umgebung ist der Anteil der Bevölkerung, der sich dieser Volksgruppe zugehörig fühlt, noch sehr hoch, etwa achtzig Prozent. Die Aufschriften auf Gemeindeamt, Feuerwehrhaus, Schulen und Straßenschildern oder Kirche sind auch in einigen Nachbarortschaften zweisprachig. Die öffentliche Sichtbarkeit der „kroatischen Welt" ist aber erst eine Entwicklung der letzten Jahrzehnte.

In Großwarasdorf / Veliki Borištof wurde ein Meilenstein in der Geschichte der anerkannten Volksgruppen in Österreich gesetzt: Am 13. Juli 2000 enthüllten Landeshauptmann Karl Stix und Bundeskanzler Wolfgang Schüssel vor Presse und Fernsehen die erste *offizielle zweisprachige Ortstafel* des Burgenlands. Mit einem Volksfest feierte man die Umsetzung eines Minderheitenrechts, zu dem Österreich im Artikel VII des Staatsvertrags von 1955 verpflichtet ist. Das Volksgruppengesetz von 1976 sah für topografische Aufschriften eine Richtlinie von mindestens 25 Prozent Bevölkerungsanteil einer anerkannten Minderheit vor. Auf dieser Grundlage erhielten im Burgenland 47 kroatischsprachige und vier ungarischsprachige Gemeinden entsprechende Ortstafeln. Befürchtete

Probleme wie Ortstafelstürme und weitere Diskussionen (wie in Kärnten) blieben aus. Nach 1989 konnten Mehrsprachigkeit und Vielfalt mehr Vorteile und ein positives Image mit sich bringen – und nicht zuletzt auch EU-Förderungen.

Ohne Markierung, B47
Distanz: 10,7 km
↑ 78 m ↓ 92 m

Von Großwarasdorf nach Großmutschen (Meilenstein)

Von der Kirche fahren wir ein kurzes Stück hinauf, biegen rechts ab, zu den Schulen und dem Kindergarten (Škole i čuvarnica). Wir beachten die „historische" Ortstafel und radeln dann auf der ruhigen Straße 3 km nach *Nebersdorf / Šuševo (Ligvánd).* Hier ragt recht unterwartet ein *Schloss* heraus. Es geht wohl auf ein Kastell im ungarischen Grenzburgengürtel zurück. Um 1770 ließ Christoph von Niczky, ein Berater Maria Theresias, das Schloss in seiner heutigen Form errichten. Sein Überleben verdankt das Kulturerbe letztlich dem Gast- und Landwirt Rudolf Golubits, der es 1961 kaufte und vor dem Verfall rettete *(www.schloss-nebersdorf.at).*

Vor dem Schloss gesellt sich wieder der B47 zu uns, und wir fahren weiter geradeaus auf ruhigen Güterwegen. Es folgen zwei-, dreimal überraschend steile Abfahrten und Steigungen, wie bei der Querung des hübschen Raidingtals. Dann grüßt schon das Günser Gebirge aus der Ferne. In Großmutschen fallen bei der Durchfahrt einige alte (geschlossene) Brunnen auf. Auf der Straße nach Strebersdorf reisen wir neuerlich in die Antike. Ein römischer Meilenstein (Abguss) in einer langen Rechtskurve markiert unsere nächste Station.

Großmutschen (Mučindrof)

Seehöhe: 239m

Ortsteil von Frankenau-Unterpullendorf, www.frankenau-unterpullendorf.gv.at

Römische Landstraße (Meilenstein)

Im Wald von Großmutschen (Sopronnudvard / Mučindrof) versteckt sich ein gut erhaltenes *Überlandstück* der römischen Bernsteinstraße (→ S. 197). Der Straßendamm ist (für Wissende) erkennbar, wurde 1930 entdeckt und steht seit 1931 unter *Denkmalschutz.* Denn oft sind die antiken Trassen z. B. durch neue

Römische Bernsteinstraße bei Großmutschen

Straßen, Gebäude oder landwirtschaftliche Nutzung verschwunden.

Im Gegensatz zu den gepflasterten Abschnitten in den Städten bestand die antike Fahrbahndecke im freien Gelände aus feinem Kies und war etwa vier Meter breit, darunter befinden sich Lehm- und Schotterschichten. Grund für die Trassenführung der via publica (Staatsstraße) durch dieses Gebiet stellten wohl das Eisenerzvorkommen und die Hütten dar; hier konnten für Rom Waffen hergestellt werden.

Die Station des Wanderwegs „Römische Bernsteinstraße – Mittelburgenland" präsentiert Kopien von Fundstücken aus dem 2. Jahrhundert n. Chr.: Der Meilenstein aus der Zeit Kaiser Hadrians gilt als einer der ältesten in Pannonien (131/132 n. Chr.). Der Grabstein eines Veteranen und dessen Familie zeigt die römische Siedlungspolitik im eroberten Gebiet.

In Lutzmannsburg

B47, B48
Distanz: 4,7 km
↑ 5 m ↓ 25 m

Von Großmutschen (Meilenstein) nach Lutzmannsburg

Wir setzen die gemütliche Fahrt auf der Landstraße über der via publica fort und passieren in Gedanken ein römisches *Militärlager* (Infotafel). An der Bernsteinstraße bei Strebersdorf bzw. Frankenau entdeckten Archäologen zwischen 2007 und 2013 drei römische Militärlager (in mehreren Schichten übereinander) und eine Siedlung mit über hundert Häusern, die bis ins 4. Jahrhundert n. Chr. nachzuweisen ist. In Strebersdorf endet unsere Zeitreise auf der Bernsteinstraße.

An der letzten Brücke über den Raidingbach wechseln wir auf den B48 (EU-Thermal-Radwanderweg). Wir radeln im romantischen Tal an schönen Obstbäumen vorbei, und nun übernimmt die Rabnitz die Begleitung zum Lutschburger Weingebirge. Leicht erkennbar ist der Kirchberg mit der St.-Veits-Kirche. Unterhalb davon, bei der Kapelle Maria Königin, biegen wir in die Ortsmitte von Lutzmannsburg ab (Hinweisschild).

Lutzmannsburg

Seehöhe: 206 m

Auf die Burg von Lutzmannsburg (Locsmánd / Lučman) verweist nur noch der deutsche Ortsname. Die Befestigungsanlage – immerhin einst eine Komitatsburg – befand sich im 12./13. Jahrhundert auf dem heutigen Kirchberg. Darauf fußt die *katholische Kirche hl. Veit*, die wir später besuchen werden (→ S. 217). Der Ort erhielt bereits im Jahr 1156 das Marktrecht. Trotz dieses mittelalterlichen Hintergrunds von Lutzmannsburg stehen im Ort nur Gebäude aus den letzten zwei Jahrhunderten. Denn nach verheerenden Überschwemmungen 1813/14 baute man die Siedlung auf einem neuen Platz wieder auf, selbst der steinerne Pranger stammt aus dieser Zeit. Auf dem großen, freundlichen Anger begrüßt uns die evangelische Kirche, ein klassizistischer Bau von 1848, mit dem Bibelzitat aus dem Buch Samuel „Bis hierher hat uns der Herr geholfen".

Dass der Weinbau traditionell eine große Rolle in Lutzmannsburg spielt, ist nicht zu übersehen. Oft kann man Rotweine bei den Höfen im Direktverkauf erwerben, vor allem den Blaufränkischen *(www.rotweinerlebnis.at)*. Heute kennen viele die älteste Marktgemeinde des Burgenlands wegen der Thermenlandschaft direkt an der ungarischen Grenze. Mit ihr zog ab Mitte der 1990er-Jahre der Tourismus als völlig neuer Wirtschaftszweig ins Land. Der touristische „Hotspot" liegt im Thermengebiet am Rand von Lutzmannsburg.

Marktgemeindeamt Lutzmannsburg, Neustiftplatz 1, Tel. +43 2615 872 02, www.lutzmannsburg.info; Tourismusverband Mittelburgenland-Rosalia, Florianigasse 2, Tel. +43 2615 207 20, www.sonnenland.at

Sonnentherme Lutzmannsburg-Frankenau, Thermengelände 1, www.sonnentherme.at

Vom Ortszentrum Lutzmannsburg zur Sonnentherme und Grenze (Skulpturenpark)

Ohne Markierung
Distanz: 1,9 km

Wir radeln bis zum östlichen Ende des Angers und weiter auf der Thermenstraße, wo wir ein typisches altes Zollhaus erkennen. Es steht an der Ecke zur Bahnhofgasse ... Bahnhof? Ja, zwischen 1913 und 1933 lag auch Lutzmannsburg an der Bahn. Die Trasse zwischen Bük und Oberloisdorf verband entlang der Rabnitz (Répce) die ungarische Südbahn und die Strecke Sopron–Kőszeg (→ S. 199). Das Bahnhofsgebäude dient heute als Ferienunterkunft.

Es geht auf der Thermenstraße weiter, und bald bringt uns ein eigener Geh- und Radweg zur Sonnentherme. Geradeaus radeln wir auf der Straße am Parkplatz und Hotelanlagen vorbei. Am Ostende des Thermenplatzes erreichen wir über einen Rad- und Spazierweg den kleinen Grenzübergang. Von hier aus wären es etwa 10 km zum Bahnhof Bük (→ S. 186).

Sonnentherme Lutzmannsburg

Ein 23 Meter hoher Turm mit bunter Rutsche ragt aus der Thermenanlage, er wirkt wie ein Wahrzeichen der Wasserwelt. In einem gewissen Respektabstand zur Ortschaft wuchs in den letzten Jahrzehnten ein Ferien- und Freizeitdorf aus dem Boden: Neben der Sonnentherme gibt es Hotels, Chalets, einen Seilgarten und einen Golfplatz.

Das Leitprojekt „Sonnentherme" wurde mithilfe von vielen Fördermitteln aus EU, Land und Bund im Jahr 1994 begründet und dann schrittweise ausgebaut. Der anfängliche Name „barbablub" sollte die Hauptzielgruppe Familien mit Kindern ansprechen. Die Anlage avancierte schnell zu den wichtigsten Tourismusorten des Burgenlandes. So steht die Therme Lutzmannsburg stellvertretend für Entwicklungen und Investitionen im Burgenland, die EU-Förderungen des „Ziel-1-Programms" bis 2006 ermöglichten. Finanzspritzen sollten das strukturschwache Burgenland an der einst „toten Grenze" beleben und Arbeitsplätze schaffen. Zum 25. Jubiläum 2019 erreichte die Therme eine Zahl von 425.000 Besuchern pro Jahr und neun Millionen Gästen insgesamt.

Denkmal „Die flüchtende Familie"

Kleiner Grenzübergang Zsira – Lutzmannsburg

Nach unserer Runde durch das Mittelburgenland sind wir wieder direkt an der Grenze von 1922 angelangt. Eine kleine Brücke führt über den Grenz-

Aussicht vom Lutschburger Weingebirge

graben, der ungarische Nachbarort *Zsira (Tening / Žira)* liegt in Sichtweite. An dem alten Grenzübergang wurde 2006 der *Themen- und Skulpturenpark „Flucht und Freiheit“* angelegt (und 2016 mit Tafeln ergänzt). Er ist der Ungarnkrise 1956 (vgl. S. 89) gewidmet.

Damals flüchteten über 30.000 Menschen aus Ungarn über Lutzmannsburg in den Westen. Auf einer Skulptur sind „Die flüchtende Familie“ (Vorderseite) und „Der Flüchtling / Der Fremde“ (Rückseite) dargestellt (György Kovács, 2006). Auf der österreichischen Seite symbolisiert ein *Freiheits-Trichter* den Übergang von „der Enge der Flucht und Unfreiheit zur Weite des Friedens, der Freiheit“ (Karl Hiess, 2006). Auch Schülerinnen und Schüler aus Oberpullendorf trugen Kunstwerke bei. Außerdem sehen wir eine Nachbildung des Eisernen Vorhangs. In der Nähe kam 2014 eine Holzstele hinzu, die zur ungarischen Erinnerungskultur zum Vertrag von Trianon (4. Juni 1920) gehört (vgl. S. 246).

Von der Grenze (Skulpturenpark) zum Aussichtshügel im Weingebirge

EV 13, B48, ohne Markierung
Distanz: 3,5 km
↑ 73 m ↓ 0 m
+ Abstecher: 900 m
↑ 29 m ↓ 29 m

Auf der Lutzmannsburger Seite radeln wir auf dem B48 / EV 13 am Seilgarten vorbei; nach einigen Metern biegen wir links über eine Brücke in Richtung Golfplatz bzw. Appartementsiedlung (in Ungarn) ab. Auf

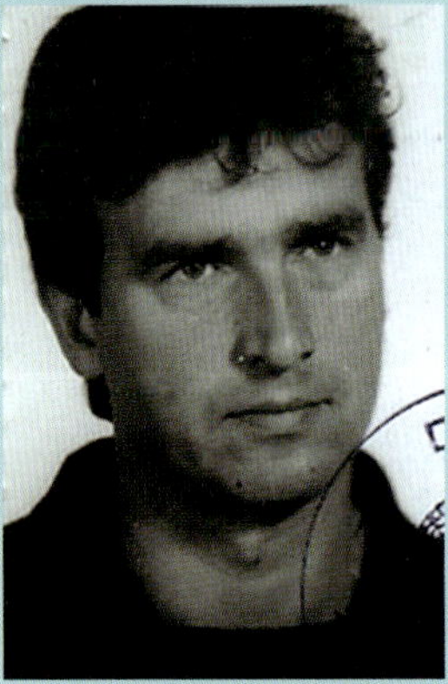

Kurt-Werner Schulz (1953-1989)

KURT-WERNER SCHULZ: DAS LETZTE TODESOPFER DES EISERNEN VORHANGS

In den letzten Tagen des Eisernen Vorhangs an der österreichisch-ungarischen Grenze ereignete sich noch ein tödlicher Vorfall. Nachdem im Laufe des Sommers 1989 bereits viele hunderte DDR-Bürger in den Westen geflüchtet waren, wollte auch Kurt-Werner Schulz mit seiner Lebensgefährtin Gundula Schafitel und seinem sechsjährigen Sohn den Weg in die Freiheit wagen. Die Familie hatte von der Massenflucht beim Paneuropäischen Picknick (→ S. 141) gehört und wollte bei Sopron nach Österreich kommen. Nach einem fehlgeschlagenen Versuch fiel die Wahl auf das Lutschburger Weingebirge.

In den späten Stunden des 21. August 1989 – im Schutz der Dunkelheit – näherte sich die Familie von Zsira und Répcevis kommend der Grenze. Hier standen noch Teile des Grenzzauns und die Grenzwache sollte Flüchtende aufhalten. Die Soldaten gaben Warnschüsse ab und nahmen die Verfolgung auf. Frau und Kind hatten es bereits nach Österreich geschafft, während ein Soldat Schulz einholen konnte. Es kam zu einem heftigen Gerangel. Die beiden Kämpfenden gerieten auf österreichisches Gebiet. Aus dem entsicherten Maschinengewehr löste sich ein Schuss, der Deutsche wurde getroffen. Die Grenzsoldaten schleppten das Opfer nach Ungarn. Die Lebensgefährtin lief mit ihrem Kind zurück über die Grenze und versuchte Kurt-Werner Schulz Hilfe zu leisten. Doch der 36-Jährige verstarb an Ort und Stelle. Einige Tage später durften Gundula Schafitel und Sohn Johannes ausreisen.

Nach einer Untersuchung des Vorfalls kam ein ungarisches Gericht zu dem Schluss, dass es sich um einen Unfall gehandelt hatte. Der beteiligte junge Soldat litt danach unter psychischen Problemen. Dreißig Jahre später wurde im Lutschburger Weingebirge auf der Aussichtsplattform eine Gedenktafel für Schulz errichtet. Für die Eröffnung kamen Gundula und Johannes Schafitel wieder an den Ort des Geschehens.

dem asphaltierten Güterweg entlang der Grenze kommen wir nach einer Rechtskurve zu einem Rastplatz. Hier verabschieden sich die Radrouten in Richtung Lutzmannsburg (Baumallee). Aber wir halten den Kurs geradeaus auf dem Güterweg, der durch Grenzgraben, -steine und -stangen markiert ist.

Wir überqueren die Rabnitz, die auf diesen Metern zur Répce wird, und erklimmen endlich das Lutschburger Weingebirge (700 m / 40 Hm) – einen Hügel mit insgesamt etwa 180 ha Weingärten. Den grenznahen asphaltierten Güterweg verlassen wir erst beim Schild „*Aussichtshügel*", das uns zu einer Art Rampe leitet. Hier erwartet uns ein wunderschöner Rundumblick. Und wir lesen von einer dramatischen Geschichte (→ S. 216).

Webtipp Eiserner Vorhang. Tödliche Fluchten und Rechtsbeugung (Portal der Freien Universität Berlin: todesopfer.eiserner-vorhang.de/articlemd/305-kurt-werner-schulz/

Als Abschluss der Besichtigung von Lutzmannsburg schauen wir noch zur Kirche St. Veit am *Kirchberg* (Abstecher pro Richtung: 450 m / 29 Hm). Von dort kommt man gegebenenfalls wieder schnell ins Ortszentrum.

Am Kirchberg

Der überraschend weite Ausblick vom Lutschburger Weingebirge in alle Himmelsrichtungen war wohl zu allen Zeiten beliebt und in der Vergangenheit strategisch wichtig. Die Römer schätzten ihn sicher wegen der Lage an der Bernsteinstraße. Im Mittelalter wurde eine Ringwallanlage gebaut, die in Resten im näheren Umfeld der Kirche St. Veit erhalten ist. Hier war der Sitz des kurzlebigen Komitats Lutzmannsburg (1171–1263). Die Burg fiel wohl um 1300 Kämpfen im umstrittenen Gebiet zum Opfer. Das Kirchengebäude geht im Kern auf das Ende des 14. Jahrhunderts zurück, darunter liegen im Fundament römische Steinquader und im umliegenden Areal noch ältere Siedlungsspuren.

Von Lutzmannsburg (Aussichtshügel) nach Frankenau

Ohne Markierung, B43, EV 13
Distanz: 5,3 km

Zum Abschied lädt das Lutschburger Weingebirge zu einer reizvollen *Panoramafahrt* ein – Treffpunkt Aussichtshügel, Marterl. Auf dem breiten „Bergrücken" radeln wir durch ein Meer von Weinstöcken dem Gün-

Denkmal für den Dichter Mate Meršić-Miloradić

ser Gebirge entgegen. Nach ca. 790 m kommen wir zu einer Kreuzung mit Feldwegen. Hier halten wir die Richtung und bleiben auf dem asphaltierten Güterweg. Dieser mündet in die Route B43, der wir (nach rechts) folgen. Wir rauschen wieder ins Tal (1,2 km / 70 Hm), an Stationen eines Kreuzwegs und einer Kapelle vorbei. Unten achten wir auf die Abzweigung des B43 / EV 13 nach *Frankenau*. Dorthin begleitet uns die Rabnitz. Im Ort radeln wir an der Pfarrkirche vorbei und auf einem Neben-/Hintausweg zum Park bei der Landstraße.

Frankenau (Frakanava)

Seehöhe: 209 m

ℹ Ortsteil der Gemeinde Frankenau-Unterpullendorf, Frankenau 108, Tel. +43 2615 872 78, www.frankenau-unterpullendorf.gv.at

Mitten im *Park* von Frankenau / Frakanava (ung. Répcesarud) „demonstriert" ein – historisches –Ortsschild: 1993 wurde die *zweisprachige Tafel* während des kroatischen Jugendtages (Dan mladine) in Frakanava als Einforderung des Minderheitenrechts vorübergehend aufgestellt (→ S. 209). Im Oktober 2023 kehrte sie in Erinnerung an diese Aktion zurück.

Schon länger steht das Denkmal für den kroatischen Priesterdichter *Mate Meršić-Miloradić* (1850–1928), der hier geboren wurde (Skulptur: Ivan Meštoradić, 1961). Vor über hundert Jahren trug dieser mit zahlreichen Schriften zur Bewusstseinsbildung der kroatischen Volksgruppe in der Region bei. Sein Gedicht „Hrvat u Gradišću" (Der Kroate im Burgenland), wird heutzutage als burgenlandkroatische Hymne *„Hrvat mi je otac"* (Mein Vater ist ein Kroate) gesungen, allerdings ohne die dritte Strophe in antisemitischem Geist.

Meršić-Miloradić gilt als ein Vorreiter für die Normierung der kroatischen Sprache in Westpannonien. Denn in den verstreuten Dörfern werden verschiedene Dialekte gesprochen, die sich über Jahrhunderte unabhängig vom Mutterland entwickelt haben. Der Priesterdichter veröffentlichte ein Wörterbuch, Grundzüge der Grammatik und Rechtschreibung. Dies waren Schritte im Prozess zu einer burgenlandkroatischen Standardsprache, die erst in den letzten Jahrzehnten erarbeitet wurde. So gibt es eine gemeinsame Grundlage für Medien, Unterricht und Ähnliches. Im Jahr 2020 ging ein wissenschaftlich erstelltes Wörterbuch online *(rjecnik.at)*.

Von Frankenau nach Klostermarienberg

Ohne Markierung, EV 13, B43, B45
Distanz: 7,2 km
+ Abstecher: 1,7 km

Wir spazieren durch den Park zur Abzweigung nach Klostermarienberg (Hinweisschild, ohne Markierung). Kurz vor der Ortsausfahrt Frankenau / Frakanava zieht es uns nach rechts in die Neugasse / Nova ulica mit den ehemaligen *Zollhäusern* von 1938. Am Ende biegen wir links ab und stoßen wieder zum EV 13 / B43 (Naturinteressierte können noch einen *Waldlehrpfad* besuchen. Abstecher: 120 m nach rechts).

Unsere Route verläuft im leicht welligen Gelände auf Güterwegen im Zickzack parallel zur Landstraße. In diesem Abschnitt verlässt uns die Begleitroute B43. Wer möchte, macht auf ihr noch einen Abstecher (ca. 850 m / pro Richtung) zu einem *Bunker* des Südostwalls. Auf dem EV 13 / B45 steuern wir schließlich

Bunker

GPS: 47.4554142N, 16.5798308E

Relikt des Zweiten Weltkriegs

auf Klostermarienberg zu, das sich an sanfte Hügel schmiegt. Dahinter, wenige Kilometer Luftlinie entfernt, liegt Kőszeg. Bei der Zufahrt queren wir vorsichtig die Landstraße, und im Ort suchen wir die Klosteranlage auf.

Klostermarienberg

Seehöhe: 235 m

Ortsteil der Gemeinde Mannersdorf an der Rabnitz, Gemeindeamt Mannersdorf, Hauptstraße 68, Tel. +43 2611 2204, mannersdorf-adr.at

Klostermarienberg (Borsmonostor / Kloštar) gilt als der älteste Standort eines Klosters auf burgenländischem Boden. Nach einer Schenkung von Dominicus Bors, dem Banus (Statthalter) von Slawonien, kamen im Jahr 1197 Mitglieder des *Zisterzienserordens* vom Stift Heiligenkreuz im Wienerwald hierher. Nachdem um 1530 die Osmanen die Region verwüstet hatten, wurde allerdings das Kloster für längere Zeit aufgegeben. Den Besitz übernahmen 1568 die Nádasdy. Von den Mauern der Kirche der frühen Phasen sind Reste in der Ausgrabungsstätte zu sehen.

Den Neubeginn in Klostermarienberg wagten um 1680 Zisterziensermönche aus dem Stift Lilienfeld, dem der damalige Grundherr Paul Esterházy (→ S. 77) eine Schenkung gemacht hatte. Mitte des 18. Jahrhunderts wurde die bestehende *Kirche hl. Georg und Mariä Him-*

Klostermarienberg

melfahrt erbaut. Bis heute gehört das Kloster dem Stift Lilienfeld, seit 2021 wird es vom Stift Heiligenkreuz im Wienerwald personell betreut. 1996 beleuchtete in den Klostergemäuern die burgenländische Landesausstellung „800 Jahre Zisterzienser im pannonischen Raum" die Bedeutung dieses Ordens. Wir begegnen ihm auf unserer Tour auch in Mönchhof (→ S. 73) und Szentgotthárd (→ S. 321).

Jährlicher Höhepunkt in Klostermarienberg ist das *Kastanienfest* im Klostergelände am österreichischen Nationalfeiertag *(www.kastanienfest.at)*. Tausende Menschen genießen verschiedenste Produkte aus Edelkastanien, wie Bier, Knödel, Reis etc., oder einfach gebratene „Kästn" (Maroni) aus der Region. Der Reinerlös kommt der Erhaltung des Klostergebäudes zugute.

Unser Besuch hat aber noch einen wichtigen zeitgeschichtlichen Hintergrund: Im März 1945 begann bei Klostermarienberg die Wiedererstehung Österreichs, wie ein *Gedenkstein* von 1985 an der Hauptstraße neben dem Kriegerdenkmal erinnert. 2015 wurde eine russische Gedenktafel mit der Inschrift ergänzt (Übersetzung: „Klostermarienberg. An diesem Ort betraten am 29. März 1945 die sowjetischen Soldaten-Befreier das Territorium Österreichs.")

★ 29. MÄRZ 1945: DIE ROTE ARMEE IN ÖSTERREICH

Als sich die 3. Ukrainische Front der Grenze NS-Deutschlands näherte, war dem Kommandanten Fjodor Tolbuchin bekannt, dass der Raum Kőszeg in der Verteidigung Schwächen aufwies. Die Rote Armee hatte bereits Ende 1944 damit begonnen, mit Fallschirmagenten die Stellungen des Südostwalls und das hügelige Gelände der Region Kőszeg und Sopron für die „*Wiener Operation*“ zu erkunden.

Als Aufklärer dienten sowjetische Soldaten, teilweise österreichische Kommunisten, die in der Sowjetunion im Exil gewesen waren, oder ehemalige Kriegsgefangene. Sie sollten militärisch wichtige Informationen über Funk weitergeben, Sabotage betreiben und Widerstandsgruppen bilden. Im Mittelburgenland agierte die Gruppe Suworow sehr erfolgreich. Es war eine sehr gefährliche Tätigkeit, denn die Gestapo konnte manche der gefassten Agenten zu „Funkspielen“ zwingen. Im Raum Kőszeg waren nachweislich mehrere Frontaufklärungstrupps unterwegs. So wurde Ende Jänner 1945 die Gruppe Rattersdorf – drei Kundschafter und eine junge russische Funkerin – in einer wilden Verfolgungsjagd „aufgerieben“.

Im Raum Kőszeg gelang der Roten Armee der Durchbruch beim Vormarsch auf Wien. Am 29. März 1945 um 11.05 Uhr überschritt ein sowjetisches Motorradaufklärungsbataillon die Grenze – etwa einen Kilometer westlich von Klostermarienberg. Es folgten Panzer, die nach Mannersdorf und weiter nach Oberpullendorf vorstießen. Es gab heftige Kämpfe und die Zivilbevölkerung musste die Schrecken des Krieges hautnah erleben. Gleichzeitig war dies der Anfang vom Ende des NS-Regimes in Österreich.

B45
Distanz: 14,7 km

Verbindungsroute zur Etappe 6

Verbindungsradweg B45 nach Lockenhaus: Vom Befreiungsdenkmal radeln wir auf der Hauptstraße ein paar Meter westwärts, um in die Waldgasse abzubiegen. Auf einem Güterweg geht es am kühlen und friedlichen Waldesrand entlang und weiter nach

Denkmal zur „Wiedererstehung Österreichs" in Klostermarienberg

Mannersdorf. Auf der Hauptstraße radeln wir leicht bergauf durch den Ortskern. Am Ortsende führt ein Begleitradweg neben der Straße auf eine Anhöhe (1,2 km / 60 Hm). Hier kreuzt die Schnellstraße nach Kőszeg. Der Kreisverkehr entschärft die Situation, aber Vorsicht beim Queren! Flott geht's hinab ins Tal der Güns (700 m / 26 Hm). Der alte Straßengrenzübergang wäre nah (Route nach Kőszeg → S. 237). Wir folgen aber dem gut markierten B45. Das Gelände ist flach, erst gegen Ende – ab Hammerteich – wird es am Bergabhang sanft wellig. ◎ Wir radeln am Burgsee vorbei bis zum Hauptplatz von Lockenhaus.

◎ Leichter Trail am Burgsee / Burghügel, Alternative für Rennräder ab Hammerteich: Bundesstraße (mäßiger bis reger Verkehr)

Info zum EV 13 von Klostermarienberg nach Kőszeg (mittlerer, stellenweise schwerer Trail) | Distanz 7,8 km: (Achtung, mangelnde Markierung!) Am östlichen Ende der Hauptstraße (bei Nr. 49) schlägt der EV 13 bergauf über die Grenzgasse den Weg Richtung Ungarn ein. Die erste Abzweigung links führt zur Grenzübertrittsstelle. Stellenweise ist der Weg nach *Ólmod / Plajgor (Bleigraben)* recht steinig, sodass man sicherheitshalber absteigen sollte. In Ólmod führt der EV 13 zu einer ehemaligen Kaserne und dann mit Auf und Abs durch den Wald (Naturboden, Schotter) nach Kőszeg (→ S. 239).

atyai keze
Gold vodschiha taj vasteha
Ti si moje drago Gradišće
Burgenland
a szülőnépem
Lolo-somnakuno
sna
mein Heimatland
büsz
Kraft
legfiatalabb gy
Devleskero
ruka mro
Tu lek ter
mro hajmatkero than
Redlichkeit
domovina
19 21

6 Unter den Bergen
Um den Geschriebenstein

Aussichtswarte am Geschriebenstein

Route: 54 km
+ Ausflug Geschriebenstein: ca. 15 km
+ Exkurs Szombathely: 11 km

Kartenmaterial:
- Szarvas-Wanderkarte Kőszegi-hegység / Günser Gebirge (1:50.000/1:25.000)
- Raderlebnis Mittelburgenland-Rosalia (Tourismuskarte mit Radrouten / www.mittelburgenland-rosalia.info)
- Raderlebnis Südburgenland (Tourismuskarte mit Radrouten/suedburgenland.info)
- Kompass Karte Burgenland WK 227 (1:50.000)

Wichtige Links zur Region:
- Naturpark Geschriebenstein-Írottkő: www.naturpark-geschriebenstein.at, naturpark.hu
- Tourismusverband Südburgenland: www.suedburgenland.info

Der geheimnisvolle Geschriebenstein / Írottkő zieht uns magisch an. Der Gipfel im Günser Gebirge verdankt seinen Namen alten Grenzen und ist der höchste Markstein unserer Tour.

In der wundervollen Landschaft der grenzenlosen Naturparkregion verbergen sich Kostbarkeiten wie alte Burgen und Wallfahrtskirchen, Kraftplätze und Kellergassen. In Lockenhaus entführt eine Gruft in eine Zeit, als hier die Magnatenfamilie Nádasdy herrschte. Kőszeg (Güns) mit seiner zauberhaften Altstadt öffnet seine Tore und spricht stolz vom Widerstand gegen die Osmanen im Jahr 1532. In der jüngeren Vergangenheit spielten sich „unter den Bergen" abenteuerliche und erschütternde Szenen ab: ein russischer General auf der Flucht, die „Heilige Krone" in Bunkern versteckt, sinnlose Opfer am Südostwall, ein Massaker in Rechnitz am Ende des Zweiten Weltkriegs ... Bei der Fahrt gegen das Verdrängen darf aber auch die Erholung nicht fehlen.

Ein Ausflug zur Aussichtswarte am Geschriebenstein, die seit über hundert Jahren steinern in zwei Staaten steht, macht den Kopf frei. Das atemberaubende Panorama mit Alpen und pannonischer Ebene ist unvergesslich.

Gut zu wissen

Radfahren in der Region

(Zum Startpunkt → S. 228) „Unter den Bergen" sind wir meist gemütlich, aber doch mit mehreren überschaubaren Steigungen unterwegs. Leichtes *Gelände* erfreut uns entlang der Güns zwischen Lockenhaus und Kőszeg (Route B45, Nr. 1). Im Abschnitt zwischen Kőszeg und Rechnitz wird es etwas hügeliger: Reizvoll ist die Fahrt auf lokalen Radrouten im ruhigen „Hinterland" bis Bozsok – vor allem für jene, die etwas *Trail* mögen. Ansonsten muss man den EV 13 über die Landstraße nehmen (mäßiger bis reger Autoverkehr). Die Straße Bozsok–Rechnitz ist relativ ruhig. Der sanfte Ausklang von Rechnitz nach Bucsu verläuft großteils auf einer Schotterstraße (Alternative → S. 261). Eine

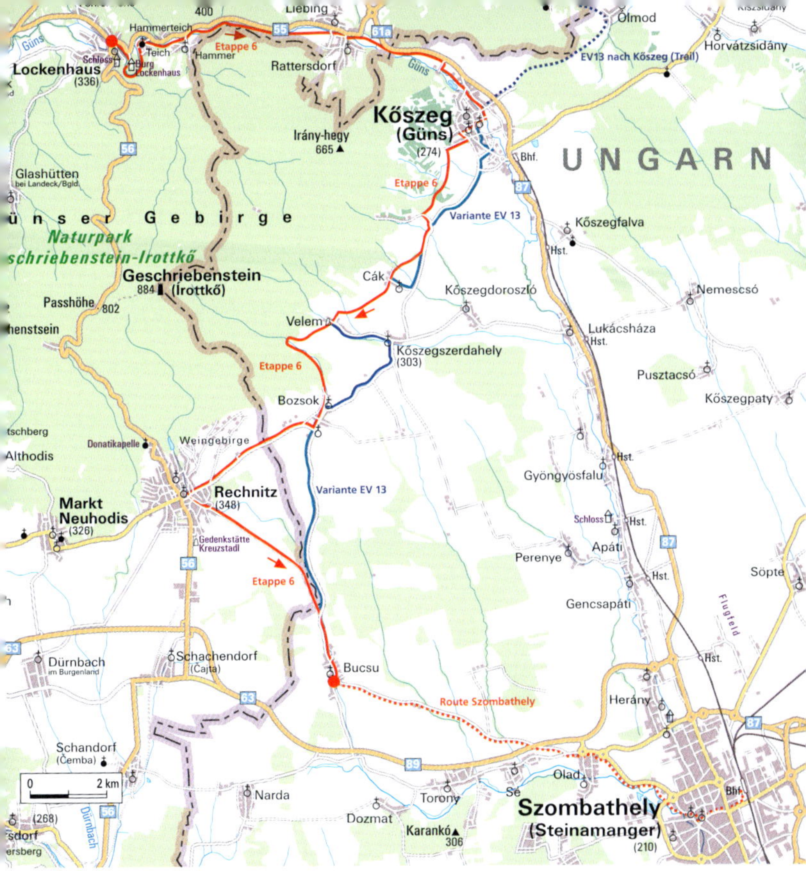

Radroute (→ S. 263) bringt uns zum *Bahnknotenpunkt Szombathely*.

Ausflug auf den Geschriebenstein

Günstige Ausgangspunkte für eine *Wanderung* sind Rechnitz oder Lockenhaus (Gehzeit: ca. 2,5 Stunden pro Richtung). Wichtig: ausreichend Verpflegung mitnehmen! Die *Fahrt mit dem Rad* auf der Geschriebenstein Straße von Rechnitz (7,5 km / 431 Hm) oder Lockenhaus (9,6 km / 475 Hm) zur Passhöhe weist viele Kurven und Höhenmeter auf. Das Verkehrsaufkommen hängt zum Teil vom Wetter ab, denn bei günstigen Bedingungen lockt die Bergstraße viele Motor-

Burgenlandtrails trails.burgenland.info, Hotline +43 660 416 16 19. Shuttlebus-Service an Sa, So, Fei und Fenstertagen von Lockenhaus und Rechnitz, E-Moutainbike-Verleihstelle in Lockenhaus

radfahrer an. Von der *Passhöhe Geschriebenstein* führt ein geschotterter Wanderweg zur Aussichtswarte, der auch mit Gepäck / Anhänger zu bewältigen ist (Gehzeit: 30 min, 2 km / 80 Hm). Von Ungarn aus ist keine offizielle Tour per Rad möglich.

Für Mountainbiker: Seit 2022 gibt es am Geschriebenstein die Burgenlandtrails mit eigenen Uphill- und Downhillstrecken von/nach Rechnitz und Lockenhaus. Der Shuttlebus führt auf die Passhöhe und ist auf den Transport von Mountainbikes ausgerichtet.

Route 1, B45
Distanz: 15 km

Extra: Zum Startpunkt Lockenhaus (von Kőszeg)

Grundsätzlich empfehlenswert ist eine Kombination mit Kap. 5 (Verbindungsroute → S. 222). Für eine direkte Anreise steht in dieser Etappe die Stichbahn Szombathely–Kőszeg zur Verfügung. Man radelt vom Bahnhof Kőszeg über die Rákóczi Ferenc utca ins Zentrum und dann auf der Route 1 zur Grenze (Verkehrsregelung → S. 237). Über das Günstal kommt man bequem nach Lockenhaus (B45).

Lockenhaus

Seehöhe: 336 m

Marktgemeindeamt Lockenhaus, Hauptplatz 10, Tel. +43 2616 2202, lockenhaus.at

Leicht versteckt liegt Lockenhaus (Léka / Livka), wo eine romantische Ritterburg wie in alten Zeiten über das Tal der Güns zu wachen scheint. Heutzutage bildet es einen wichtigen Ausgangspunkt in das wunderbar waldige Gebiet des Naturparks Geschriebenstein, der am 16. Mai 1996 eröffnet wurde. Hier breiten sich große Eichen- und Hainbuchenwälder aus.

www.kammermusikfest.at
www.orgelfestival.at

Der ruhige Rückzugsort hat sich mit dem *Internationalen Kammermusikfest Lockenhaus* einen Namen in der Musikwelt gemacht. Pfarrer Josef Herowitsch und der lettische Geiger Gidon Kremer hatten die Idee für ein kleines, feines Musikevent. Seit 1981 finden alljährlich im Juli Konzerte in der Burg sowie in der Pfarrkirche statt.

Daneben etablierten sich weitere Musikveranstaltungen wie seit 2003 das Festival *OrgeLockenhaus*.

Ritterburg Lockenhaus

Damals erhielt die Kirche Lockenhaus die größte Kirchenorgel des Burgenlandes.

Zunächst blicken wir uns auf dem *Hauptplatz* um: Ein unübersehbares Denkmal gegenüber dem Rathaus teilt mit, dass Lockenhaus seit 1492 Marktgemeinde ist. Die Wallfahrtskirche hl. Nikolaus und das benachbarte ehemalige Augustiner-Emeritenkloster prägen das Ortsbild und warten mit interessanten, wenig bekannten Geschichten auf. Das Kloster entstand ab 1669 neben der fertiggestellten Kirche, doch musste es 1820 wegen Nachwuchsmangels aufgelöst werden. 1868 ließen die Esterházy das Gebäude zu einer Sommerresidenz umbauen. Es diente im Ersten Weltkrieg als Internierungslager für gefangene Offiziere. Der wohl prominenteste Insasse war der russische General Lavr Kornilov (→ S. 230). 1945 bis 1947 nutzte dann die sowjetische Besatzungsmacht das Schloss. Am westlichen Ende des Platzes erinnert das Kriegerdenkmal an die Lockenhauser Gefallenen der beiden Weltkriege und daneben finden wir einen Gedenkstein von 2008 für die früheren jüdischen Mitbürger bzw. für die Opfer der Shoah.

Naturpark Geschriebenstein-Írottkő Naturparkbüro Lockenhaus, Hauptplatz 10, Tel. +43 2616 2800, www.lockenhaus.at

General Kornilov, um 1917

LAVR KORNILOV IN LOCKENHAUS – EINE VERGESSENE EPISODE DES „GROSSEN KRIEGS"

Am 2. Oktober 1915, mitten im Ersten Weltkrieg, kam ein hochrangiger russischer Militär nach Léka (Lockenhaus). Der unfreiwillige Gast hieß Lavr Kornilov (1870–1918). Im April 1915 war der General in Galizien mit großen Teilen seiner Infanteriedivision in Kriegsgefangenschaft geraten.

Mehrere Monate verbrachte Kornilov im Esterházy-Schloss Lockenhaus. Als General genoss er Sonderbehandlung und stand im militärischen Rang über dem Kommandanten der Internierungsstation für Offiziere. Der Sohn einer Kosakenfamilie dachte an Flucht und tat alles, um einen schlechten Gesundheitszustand zu simulieren – mit Erfolg. Im Juli 1916 überstellte man Kornilov ins Reservespital nach Kőszeg. Von dort gelang dem General am 12. August 1916 tatsächlich die Flucht. Sein Helfer František Mrnak, ein tschechischer Mitarbeiter der Spitalsapotheke, begleitete ihn noch durch Ungarn. Mrnak wurde in einem Geschäft beim Kauf von Lebensmitteln gefasst. Der General entging aber der Verhaftung, weil er im Wald gewartet hatte. Er schaffte es allein nach Rumänien und zurück nach Russland. Die abenteuerliche Flucht machte Schlagzeilen.

Kornilov war zurück im Lauf der Weltgeschichte – die wichtigsten Stationen: Nach der Februarrevolution 1917 in Russland organisierte er als Kommandant des Militärbezirks Petrograd (heute: Sankt Petersburg) den Hausarrest der Zarenfamilie in Zarskoje Selo. Im Juli 1917 bestellte ihn der Ministerpräsident der provisorischen Regierung Aleksandr Kerenskij zum Oberbefehlshaber der russischen Armee. Im September 1917 unternahm Kornilov einen Putschversuch gegen die Regierung, scheiterte und wurde verhaftet. Kurz nach der bolschewistischen Oktoberrevolution kam Kornilov noch auf Weisung eines „alten" Generals frei. Er gründete eine Freiwilligenarmee im Kampf gegen das bolschewistische Regime. Kornilov starb am 13. April 1918 mit 47 Jahren bei Jekaterinodar im russischen Bürgerkrieg.

Wallfahrtskirche hl. Nikolaus

Die frühbarocke Wallfahrtskirche von Lockenhaus ist ein religiös-politisches Statement und untrennbar mit der ungarischen Magnatenfamilie Nádasdy verbunden. Ferenc (Franz) III. Nádasdy (1622–1671) ließ sie ab 1656 erbauen, nachdem er vom lutheranischen zum katholischen Glauben gewechselt war. Als Architekten engagierte er den Italiener Pietro Orsolini. Für die Rekatholisierung der Bevölkerung rief Nádasdy Emeriten des Augustinerordens hierher.

Wir betreten das interessante Gotteshaus, das 1669 dem heiligen Nikolaus von Myra (Bari) und heiligen Nikolaus von Tolentino geweiht wurde. Die Kirchenpatrone sind, wie meist üblich, auf dem Altarbild zu sehen (1675). Neben dem reich verzierten Hochaltar hängen rechts über dem Eingang in die Sakristei die Ölbilder des heiligen Sebastian und der heiligen Katharina: Sie zeigen angeblich die Gesichtszüge des Stifters und dessen Frau: Ferenc III. Nádasdy und Anna Julia Esterházy.

Auch ein historisches Dauerthema, der Kampf gegen die Osmanen, wird hier seit einer Renovierung 1913 illustriert: Über dem linken Seitenaltar erscheint Maria mit der ungarischen Stephanskrone auf dem Haupt und Jesus auf dem Arm. Zu ihren Füßen flüch-

Sarkophag von Ferenc (Franz) III. Nádasdy

ten die Osmanen vor den Toren Wiens. Die Entsatzung von Wien 1683 bedeutete eine militärische Wende, der letztlich die Befreiung Ungarns folgte.

Ein außergewöhnliches Erlebnis ist der Besuch der *Krypta* (Zugang neben dem Haupteingang – rechts Stiege / links Lift). Schaurige Fresken sorgen für das passende Ambiente in der *Gruft des ungarischen Adelsgeschlechts Nádasdy*. Dieses besaß von 1535 bis 1671 große Teile Westungarns, darunter die Herrschaft Lockenhaus (Léka). Im mittleren Bereich des Raumes (rechts), in der Renaissancetumba aus rotem Marmor, liegt der Begründer dieser Phase: Tamás (Thomas) Nádasdy (1498–1562) heiratete 1534 Orsolya (Ursula) Kaniszai – mit ihrem Besitz. Der einstige Palatin Ungarns wurde von seinem Nachfahren Ferenc III. Nádasdy hierher umgebettet. Der ehrgeizige Magnat fand gegenüber seine letzte Ruhestätte (Inschrift: Francisco de Nadasd): Ferenc III. hatte es unter anderem zum Obergespan und Erbgraf des Komitats Eisenburg (Vas), königlichen Rat, obersten Landesrichter und Vize-Palatin gebracht. Seinen Lebenstraum, Palatin Ungarns zu werden, konnte Ferenc III. nicht verwirklichen. Im Gegenteil, er fiel tief: Nádasdy beteiligte sich führend an der Magnatenverschwörung gegen Kaiser Leopold I., wurde deshalb 1671 verhaftet und in Wien zum Tod durch Enthauptung verurteilt.

Der Sarkophag des „Rebellen" wird von ungarischen Landsleuten gerne besucht und geschmückt, denn in Ungarn gilt Ferenc III. Nádasdy vielen als Held im Kampf für die nationale Unabhängigkeit.

Über dem Altar der Krypta thront die „*Schwarze Madonna*": Die Halbfigur der Maria als unbefleckte Empfängnis stammt aus dem 17. Jahrhundert und wird als wundertätig angesehen. Es gibt Bestrebungen, die Wallfahrtskirche zu einer Basilika erheben zu lassen.

Ohne Markierung
Distanz: 1,1 km
↑ 37 m ↓ 5 m

Vom Hauptplatz zur Burg Lockenhaus

Vom Hauptplatz radeln wir zur Bundesstraße im Günser Tal und dort nach rechts. Jene, die noch einen schönen Blick auf die Burg haben wollen, schauen nach

Auf der Burg Lockenhaus

wenigen Metern bei einem Gasthaus links zur Abzweigung auf den *Kalvarienberg*. Nach einem Spaziergang fahren wir auf der Bundesstraße weiter oder gehen ein Stück auf dem Begleitweg (kein Radweg!). Nach einer kurzen Steigung kommen wir zur Burgauffahrt.

Burg Lockenhaus

Lockenhaus wird gerne als die „letzte echte Ritterburg" bezeichnet. Die ältesten Gemäuer von Lockenhaus stammen aus der ersten Hälfte des 13. Jahrhunderts. Urkundlich erstmals erwähnt wurde die Burg im Jahr 1242, nämlich als eine der wenigen ungarischen Burgen, die den Ansturm der Mongolen abwehren konnte (wie auch Moson / Wieselburg, Sopron / Ödenburg, Vas / Eisenburg und Güssing / Németújvár).

Burg Lockenhaus
Eugen-Horvath-Platz 1, www.ritterburg.at, April bis 1. Nov. tägl. 9–18. Termine der Sonderführungen auf der Homepage

Ab etwa 1270 gehörte die wichtige Grenzburg den mächtigen Grafen von Güssing bzw. Güns (→ S. 239), bis die Ungarische Krone den Besitz übernahm

Foltergerät „Eiserne Jungfrau“

(1337–1390). Lange herrschten hier die bedeutenden Magnatenfamilien Kanizsai (1390–1535) und Nádasdy (1535–1671). 1676 begann die Ära Esterházy: Pál (Paul) Esterházy erwarb viele Güter seines hingerichteten Schwagers Ferenc III. Nádasdy (→ S. 232). Die Burg Lockenhaus (Léka) wurde nur noch funktionell, z. B. als Lager genutzt und verfiel allmählich. 1902 bis 1906 erfolgte dann eine teilweise Rekonstruktion mit romantisch-historistischen Elementen der Mode der Zeit entsprechend.

1968 verkaufte Paul V. Esterházy die Burg an den Schriftsteller *Paul Anton Keller* (1907–1976), der sie aufwändig renovierte. Nach dessen Tod wurde der Besitz 1980 in eine Stiftung überführt. Nach weiteren Sanierungen wandelte sich die Festung zu einem stimmungsvollen Veranstaltungsort für Ausstellungen, Konzerte, Theater und Feste. Wer möchte, kann sich ein zünftiges Ritteressen ausrichten lassen, in der Taverne schmausen oder im Burghotel nächtigen, das um 2000 an der Burgmauer ergänzt wurde.

Beim abwechslungsreichen Rundgang durch die Burg entdecken wir den mysteriösen *Kultraum,* den möglicherweise Ritter des Templerordens angelegt haben. Dafür sollen manche Indizien sprechen. Das Bundesdenkmalamt bestimmt diesen Raum jedoch als „eine der besterhaltenen Burgzisternen“. Ab dem 16. Jahrhundert waren die fraglichen Gemäuer über die Mittelburg zugänglich und dienten als Kerker. Ein weiterer Fixpunkt ist die Legende über die *„Blutgräfin“ Erszébet (Elisabeth) Báthory Nádasdy (1560–1614).* Die Frau und Witwe des Ferenc II. Nádasdy wurde beschuldigt, hunderte Mädchen gefoltert, getötet und in deren Blut gebadet zu haben. Vielleicht stimmten die ungeheuren Vorwürfe, möglicherweise aber stand eine Intrige gegen die reiche und selbstbewusste Witwe dahinter. Ihre letzten vier Jahre verbrachte die „Blutgräfin“ in

Hausarrest auf der Burg Csejte (heute: Čachtice, Slowakei).

Eine Ausstellung informiert über heutige Bewohner der Burg: Über tausend *Wimpernfledermäuse* finden hier Unterschlupf und ziehen alljährlich im Sommer ihren Nachwuchs auf; sie bilden eine der größten Kolonien Europas. Und in der *Burgkapelle* sehen wir romanische Fenster und die ältesten Fresken des Burgenlandes aus dem 13. Jahrhundert, aber auch moderne Glasmalereien von Giselbert Hoke (1989).

Vor dem Burgeingang (am Parkplatz) begegnet uns das Thema Grenzziehung: Ein *Gedenkstein* erinnert nüchtern, dass der Völkerbundrat am 19. September 1922 Lockenhaus und Hammerteich Österreich zusprach. Wäre es nach den Interessen des Großgrundbesitzers Esterházy gegangen, wären wir bereits in Ungarn.

Ohne Markierung, B45
Distanz: 8 km

Von Lockenhaus nach Rattersdorf

Vom Burghügel rollen wir die schöne Allee hinab. Kurz vor ihrem Ende biegen wir scharf nach links ab. Über eine Forststraße stoßen wir zur Route B45, die uns verlässlich nach Rattersdorf führt. Am beschaulichen *„Burgsee"*, einem künstlich angelegten Rückhal-

Leichter Trail am Burgsee / Burghügel, Alternative für Rennräder: Bundesstraße bis Hammerteich (mäßiger bis reger Verkehr)

Zwischen Lockenhaus und Rattersdorf

tebecken, schmücken Holzskulpturen die Promenade. Sie sind Resultate des internationalen *Holzbildhauersymposiums*, das alle zwei Jahre in Lockenhaus stattfindet. Wir blicken noch einmal zur Burg, bevor wir über eine kleine Brücke die Güns queren. Nun haben wir Asphalt unter den Rädern. Zunächst geht es wellig durch den Wald. Bei Hammerteich kommen wir ins flache Tal mit der dahinplätschernden Güns und vielen Feldern. Schließlich grüßt von weitem die *Rattersdorfer Kirche*, wir schauen kurz bei ihr vorbei.

Rattersdorf

Seehöhe: 293 m

Ortsteil der Gemeinde Mannersdorf a. d. Rabnitz, mannersdorf-adr.at

Rattersdorf (Rőtfalva / Ratistrof) gehört zu den ältesten Wallfahrtsorten des Burgenlandes. Bereits im 14. Jahrhundert pilgerten Gläubige zum „Fieberbründl". Inzwischen ist die Quelle versiegt, doch für uns ist die außergewöhnliche Kirche Grund des Besuchs: die *Wallfahrtskirche Mariä Geburt und Mariä Heimsuchung*. Die ältesten Spuren des Gebäudes gehen auf das 12. Jahrhundert zurück, es folgten mehrere Bauphasen. Schon ab dem 15. Jahrhundert existierten zwei Kirchen direkt nebeneinander, was die zwei Eingänge und die Struktur des Innenraums noch heute bezeugen. Die Nordkirche stand allerdings nach Zerstörungen etwa 150 Jahre leer.

Wallfahrtskirche Mariä Geburt und Mariä Heimsuchung
Zutritt und Führung gegen Voranmeldung unter Tel. +43 664 536 20 86 (Rudolf Draskovits)
Alte Fresken in der Wallfahrtskirche in Rattersdorf

Ende des 17. Jahrhunderts bemühte sich Paul I. Esterházy (→ S. 77) um die Renovierung, und die beiden Kirchen wuchsen im Laufe der folgenden Jahrhunderte immer mehr zusammen. In der Südkirche erstaunen einige Details wie alte Fresken aus dem 14. Jahrhundert: Wir sehen z. B. den heiligen Georg beim Drachenkampf und die heiligen ungarischen Könige. Aus der Barockzeit stammen das Bild der Maria lactans auf dem Gnadenaltar und die Bilderwand, die unter anderen Augustinermönche, Kirchenväter, Apostel, Evangelisten und Christus zeigt.

Auf dem Weg zurück zur Ortseinfahrt kommen wir am sogenannten *Pfluiradlerdenkmal* (2002) vorbei: Es erzählt von einer rettenden Täuschungsaktion der Bevölkerung während der osmanischen Belagerung 1532 (→ S. 240). Nahe der Güns-Brücke stoßen wir noch auf ein Relikt aus dem Zweiten Weltkrieg, einem *Kugelbunker* des Südostwalls (→ S. 256).

Ein Tipp für alle, die Muße suchen: Im Umfeld von Rattersdorf bzw. Liebing liegt der *Kraftplatz Liebinger Kastanienbäume*. Hier kann man Energie tanken oder zumindest die Wirkung von großen, 350 Jahre alten Bäumen testen (Distanz: ca. 3 km / 85 Hm).

Kraftplatz Liebinger Kastanienbäume
Frei zugänglich, Anfahrtsplan auf dkaestnklauba.at/kraftplatz.php

Von Rattersdorf zum Grenzübergang Kőszeg

B45, ohne Markierung
Distanz: 1,5 km

Von der Güns-Brücke fahren wir vor zur Bundesstraße und ein Stück nach rechts. Bei einer großen Kreuzung zeigen alle Wegweiser nach links bergauf, aber uns zieht es geradeaus weiter zur Grenze, vorbei am *alten Zollhaus* aus den 1920er-Jahren. Die ehemalige Zollstraße ist 2021 durch den Bau der Pullendorfer Straße (B61a) zu einer Sackgasse geworden. Mit dem Fahrrad wird die *verwaiste Grenzstelle* sehr wohl genützt – obwohl auf österreichischer Seite derzeit (2023) ein allgemeines Fahrverbot gilt („Ausgenommen Anrainer"). Auf kleine Verkehrsteilnehmer wurde wohl irrtümlich vergessen. Zur Not legt man den Schiebegang ein, denn der alte Weg über die Grenze im Günstal ist alternativlos.

Denkmal zur EU-Osterweiterung 2004

Alter Grenzübergang Rattersdorf–Kőszeg (Güns)

Übrigens wären Rattersdorf (Rőtfalva) und Liebing (Rendek) nach dem Beschluss des Völkerbundrats vom 19. September 1922 Ungarn zugeteilt worden. Dass sie dennoch im Burgenland liegen, kam durch einen Tausch zustande. Österreich benötigte Rattersdorf-Liebing als Anknüpfungspunkt für den Bahnausbau im Burgenland. Wien gab dafür am 8./9. März 1923 zwei kroatische Dörfer an Ungarn ab: Ólmod /

Lost place – das ungarische Zollhaus Kőszeg (2021)

Plajgor (Bleigraben) nahe Klostermarienberg und Szentpéterfa / Petrovo Selo (Prostrum) im Pinkatal (→ S. 282). Das Bahnprojekt blieb aber in der Schublade.

Vor der Grenze erinnert eine *Skulptur* an die *EU-Osterweiterung 2004*. Ungarn stimmte mit rund 84 Prozent für den EU-Beitritt, wobei nur 46 Prozent der Wahlberechtigten am Referendum teilnahmen. Das Denkmal steht für Freiheit und offene Grenzen. Als während der Corona-Pandemie ein strenges Grenzregime herrschte, verhüllte der Künstler Karl Hiess am 24. März 2020 aus Protest sein Werk.

Ein unfreiwilliges Denkmal stellt das *ungarische Zollhaus* dar. Als es 1968 zu Zeiten des Eisernen Vorhangs gebaut wurde, ereignete sich Ende September ein tragischer Vorfall. Ein Fahrer eines Sattelschleppers machte mit seinem Fahrzeug einen Fluchtversuch. Die ungarischen Grenzsoldaten eröffneten mit Maschinengewehren das Feuer und erschossen den Mann. Seit dem Beitritt Ungarns zum Schengen-Raum im Dezember 2007 verfällt das architektonisch interessante Grenzgebäude.

Route 1
Distanz: 4 km

Vom Grenzübergang Rattersdorf / Kőszeg ins Zentrum von Kőszeg

Beim ungarischen Zollhaus beginnt eine bequeme Radroute in die Innenstadt Kőszegs. Ein Stück verläuft sie auf der alten Bahntrasse Sopron-Kőszeg (→ S. 199). Auf der Fahrt sehen wir eine Vorstadtsiedlung und die Güns, die hier Gyöngyös heißt. Bei einer Brücke stößt der EV 13 aus Ólmod zu uns. Wir wechseln auf die rechte Flussseite, radeln ca. 250 m auf einem Spazierweg durch einen Park und biegen rechts in die *Kiss Janos utca* ab. Die St.-Emmerich-Kirche winkt uns zum Burgring (Várkör), wo wir links Richtung Hauptplatz abbiegen.

Kőszeg (Güns / Kiseg)

Seehöhe: 284 m

Tourinform, Fő ter 2, Tel. +36 94 563 120, www.naturpark.hu, koszeg.hu

Stichbahn Szombathely–Kőszeg

Kőszeg (Güns / Kiseg) ist eine schmucke Stadt am Fuße des Günser Gebirges und zählt etwa 12.000 Einwohner. Sein Zentrum blieb im Zweiten Weltkrieg von Bombardements verschont, und in der Zeit des Eisernen Vorhangs wurde in die grenznahe Stadt wenig investiert. So blieben viele historische Gebäude erhalten, die den Reiz des beliebten Urlaubs- und Ausflugsziels ausmachen. Die schöne Lage am grenzüberschreitenden Naturpark Geschriebenstein / Írottkő trägt das Ihre dazu bei.

Kőszeg hat in seiner Geschichte so manche Machtkämpfe erlebt. Die Stadt im alten Grenzgebiet ist eine Gründung des einflussreichen Geschlechts der Güs-

Hauptplatz in Kőszeg

Írottkő Natúrparkért Egyesület / Naturparkzentrum Kőszeg Kelcz-Adelffy utca 5, 1/3, Tel. +36 20 665 5010 www.naturpark.hu

singer (Németújvári), die den Mittelpunkt ihres Besitztums nach 1260 hierher verlegten und sich dann Günser (Kőszegi) nannten. Die Macht der streitbaren Grafen wurde 1327 gebrochen und Kőszeg 1328 zur königlichen Stadt. Später befand sich Güns etwa 200 Jahre (1445–1648), mit kurzen Unterbrechungen, als Pfandbesitz in der Hand der Habsburger (→ S. 19). Die Stadt gehörte zu jenen Gebieten Westungarns, die König Matthias Corvinus 1463 als Pfand für die ungarische Krone Kaiser Friedrich III. überließ. Die Stadt war sogar in der Verwaltung Niederösterreichs eingegliedert. Erst 1647/48 kam Kőszeg in die ständische Hierarchie von Ungarn zurück und wurde königliche Freistadt.

Am Hauptplatz (Fő tér)

Der großzügige *Hauptplatz* mit seinen hübschen Häusern und netten Lokalen ist der Treffpunkt der Stadt. Wie aus einem Märchenland scheint die neugotische *Herz-Jesu-Kirche (Jézus szíve templom).* Die Pfarrkirche mit dem 57 Meter hohen Turm wurde 1892 bis 1894 nach den Plänen des Wiener Architekten Ludwig Schöne errichtet und vollendete die Gestaltung des Marktplatzes. Den realsozialistischen Gegenpol bildet das *Hotel Írottkő* aus dem Jahr 1979 (Nr. 4). Schon mehrere Jahrhunderte existiert der bekannte *Gasthof zum Goldenen Strauß (Szálloda az Arany Strucchoz):* Das Eckhaus im mittleren Bereich des Platzes war 1665/67 Schauplatz von Zusammenkünften der Magnatenverschwörung gegen Kaiser Leopold I. (→ S. 232). Die Stadtverwaltung übernahm dabei die eine oder andere Rechnung. Das Leitthema von Kőszeg bezieht sich aber auf das Jahr 1532. Damit befassen wir uns, bevor wir den Rundgang in Angriff nehmen.

★ AUGUST 1532 – OSMANEN VOR KŐSZEG (GÜNS)

Die Jahreszahl 1532 begegnet uns in Kőszeg immer wieder auf Souvenirs und Gedenktafeln. Ein Ereignis, das vor fast 500 Jahren stattfand, beherrscht heute die lokale Erinnerungskultur. Damals, von 5. bis 30. August, standen die Osmanen vor der befestigten Stadt,

Heldenturm

als sie neuerlich Richtung Wien marschierten. Gegen das übermächtige Heer leistete Kőszeg (Güns) mit etwa 700 Personen unter dem Oberbefehl von *Miklós (Nikolaus) Jurisics* hartnäckigen Widerstand. Nach drei Wochen zogen die Osmanen ab, angeblich um elf Uhr.

Als Gründe für das Ende der Belagerung findet man unterschiedliche Angaben: entweder den Ausbruch von Janitscharenunruhen wegen Demoralisierung und Versorgungsschwierigkeiten oder eine „Scheinkapitulation" Kőszegs. Für eine Belagerung von Wien war es aufgrund des herannahenden Herbsts zu spät. Die Osmanen zogen durch Teile Niederösterreichs und der Steiermark und verwüsteten nicht befestigte Orte. Das Gedenken an die Belagerung von 1532 hat in Kőszeg Tradition: Seit 1777 erinnert täglich um elf Uhr ein Glockengeläut an den Abzug der Osmanen. In runden Gedenkjahren wurden/werden Denkmäler und Erinnerungstafeln errichtet, wie der Heldenturm 1932. Und seit 2007 finden die „Kőszeger Belagerungstage" (Kőszegi Ostromnapok) als touristisches Sommerfest statt.

Spaziergang durch die Innenstadt

Über die Városház utca (Rathausgasse) und durch das Tor des *Heldenturms* (Hősög tornya; Hősi kapu) be-

Besichtigungsroute: ca. 500 m (eine Richtung)

treten wir die Altstadt. Der Turm entstand 1932 zum 400. Jahrestag der osmanischen Belagerung an der Stelle des abgerissenen Unteren Tors. Im Torbogen werden die Opfer von 1532 und jene des Ersten Weltkriegs geehrt und einander gegenübergestellt. Die zeitgenössischen (und renovierten) Inschriften sind vom großungarischen Gedanken und von der Verbitterung über „Trianon" (→ S. 245) geprägt. So endet die Tafel zu 1532 mit den Worten (Übersetzung): „Köszeg, die Stadt, die vom verteidigten Westen mit Trianon belohnt wurde". Und jene zum Ersten Weltkrieg schließt mit: „Nur in Großungarn ist für uns Platz."

Generalhaus – Heldenturm / Tabornokház – Hősök tornya Jurisics tér 6, www.kvmkl.hu, Di–So 9–17 Uhr

Der Heldenturm beherbergt ein anschauliches Museum zur Ortsgeschichte mit Schwerpunkt auf Handel und Gewerbe. Im Turmzimmer sehen wir Fotos vom Bau der Herz-Jesu-Kirche und von der Warte am Geschriebenstein (→ S. 258). Und außerdem blicken wir über die Dächer der Stadt, die sich entspannt am Abhang des Gebirges ausbreitet.

Am historischen Hauptplatz, dem *Jurisics tér* (Jurisicsplatz), bilden einige jahrhundertealte Häuser einen wunderbaren Rahmen. Das *Rathaus* (Városháza, Nr. 8) steht bereits seit dem 14. Jahrhundert an dieser Stelle, auch wenn es mehrmals umgebaut und neugestaltet wurde. Der Bilderkanon an der Fassade präsentiert das Wappen des Miklós Jurisics, die heilige Maria als Schutzpatronin Ungarns, das Wappen Ungarns, König Stephan I. und das Wappen der Stadt Kőszeg.

Apotheke zum Goldenen Einhorn / Arany egyszarvú patikamúzeum Jursics tér 11, www.kvmkl.hu, Di–So 9–17 Uhr

Auf der gegenüberliegenden Seite befindet sich das Museum *Apotheke zum Goldenen Einhorn* (Arany egyszarvú patikamúzeum, Nr. 11), mit der originalen Einrichtung aus dem 18. Jahrhundert. Aus der Häuserfront sticht das *Sgraffitohaus (Sgraffitós-ház)* von 1560 (Nr. 7) heraus. Es trägt ein Zitat des heiligen Paulus: „Non est volentis, neque currentis sed miserentis Dei" (So liegt es nicht an jemandes Wollen oder Laufen, sondern an Gottes Erbarmen). Der Spruch fand im vielfach übersetzten Roman „Iskola a Határon" (dt. „Die Schule an der Grenze") von Géza Ottlik Eingang. Das Buch erschien 1959 in Ungarn und wurde als Kritik am

Im historischen Zentrum Kőszegs

Kommunismus aufgefasst. Die Handlung spielt in den 1920er-Jahren an einer Kadettenschule nahe der österreichischen Grenze. Doch die beschriebenen Mechanismen von Unterdrückung und Gleichschaltung sind in autoritären Systemen allgemein sehr ähnlich.

Auf dem Jurisics tér fallen die zwei *Kirchen* direkt nebeneinander auf, sie symbolisieren eindrücklich die Religions- und Sprachenfrage: Kőszeg (Güns) war lange eine starke Bastion der Reformation. Das Gotteshaus im Vordergrund wurde Anfang des 17. Jahrhunderts als evangelische Kirche für die ungarischsprachigen Gläubigen gebaut. Dagegen nutzten die deutschsprachigen Protestanten die älteste Stadtkirche, die *St.-Jakobs-Kirche (Szent Jakab templom).* In der gotischen, barockisierten Hallenkirche haben sich Fresken aus dem 15. Jahrhundert erhalten. Die Gegenreformation kam im Jahr 1671 bzw. 1673 als Strafe für die Beteiligung der Stadt Kőszeg an der Magnatenverschwörung. Auch die „Ungarische Kirche" wurde katholisiert und zur *St.-Emmerich-Kirche (Szent Imre templom);* sie fungierte 1697 bis 1894 als Stadtpfarrkirche.

Unsere nächste Station – die *Burg* – befindet sich ein paar Schritte weiter in dem hübschen Gässchen Rajnis utca. Im Hof der imposanten Anlage treffen wir auf ein Denkmal für Miklós Jurisics. Der Verteidi-

Jurisics vár / Burg Jurisics Rajnis u. 9, www.jurisicsvar.hu, Di–So 10–17 Uhr

ger von 1532 stieg als Dank für seine Leistungen zum Burgherrn auf. Spätere Besitzer waren auch hier die Esterházy (1695–1931). Nach dem Verkauf der Anlage an den Staat diente die Burg ab 1932 als Kaserne militärischen Zwecken. 1963 brachen friedlichere Zeiten an: Ein Kulturzentrum und ein Museum zogen ein, und seit 1982 werden Sommertheater inszeniert. Neben der Burg- und Stadtgeschichte liegt ein Schwerpunkt auf der „Heiligen Krone" (→ S. 245). Außerdem kann man an den alten *Befestigungsmauern* entlangwandeln.

Im nördlichen Teil der Altstadt steht gleich neben der evangelischen Kirche die (ehemalige) *Synagoge* (Várkör 38) aus dem Jahr 1859. 1944 kam das Ende der jüdischen Gemeinde, die etwa hundert Personen zählte, durch Deportationen (→ S. 25). Das Gebäude, das lange verfiel, erfuhr 2020 bis 2022 eine umfassende Renovierung und wird für kulturelle Veranstaltungen genutzt.

Besichtigungsroute: 2 km (eine Richtung)

Zum Kalvarienberg und Trianon-Kreuz

Weiter im Norden liegt der *Stadtteil Sziget* (Insel), der früher das deutschsprachige Viertel von Güns war. Von der Synagoge nähern wir uns über die Gyöngyös utca, Árpád tér, Sziget utca und Kálvária utca dem grünen Stadtrand. Am Fuße des Kalvarienbergs (Kálvária utca 33) entdecken wir einen *Bunker*, der in den letzten Monaten des Zweiten Weltkriegs für die Stephanskrone gebaut worden ist. Darin wurde vom 18./19. bis 27. März 1945 das Herrschaftssymbol gelagert, bevor es im Chaos der Kriegsgeschehnisse per Lkw außer Landes gebracht wurde (→ S. 245). Ende März flüchtete auch der ungarische „Führer der Nation" Ferenc Szálasi mit einem Sonderzug aus Kőszeg über die Grenze.

Auf dem Gelände über dem Bunker wurde im Jahr 2020 mithilfe von EU-Geldern ein *Heilige-Krone-Gedenkpark (Szent Korona emlékpark)* angelegt, der über eine Treppe zu erreichen ist. Dieser führt viele Stationen der Stephanskrone im Laufe der Geschichte vor Augen. In den letzten Jahren wird der Kult um die „Heilige Krone" mit Ausstellungen, Parks und Ge-

DIE UNGLAUBLICHE GESCHICHTE DER STEPHANSKRONE

Die „Heilige Krone" im Wappen Ungarns

Die ungarische Krone geht der Legende nach auf den christlichen Staatsgründer König Stephan (István) zurück. Doch das Original verschwand bereits im 11. Jahrhundert. Die heutige Krone entstand schrittweise in den folgenden zwei Jahrhunderten und wird als *„Heilige Krone" (Szent Korona)* bezeichnet. Das Insigne verleiht einem Machthaber die Legitimität, über die *„Länder der heiligen Stephanskrone"* zu herrschen. Im Laufe der bewegten Geschichte war die ungarische Krone umkämpft, wurde verpfändet, an verschiedensten Orten aufbewahrt oder versteckt – und für Krönungen verwendet. Es gab/gibt Bestimmungen zu ihrer Verwahrung und Bewachung sowie ein Verbot, sie außer Landes zu bringen.

Der letzte König, der mit der „Heiligen Krone" gekrönt wurde, war Kaiser Karl I. Als Karl IV. (Károly) bestieg der Habsburger am 30. Dezember 1916 feierlich den ungarischen Thron. Ab 1920 verstand sich Ungarn zwar wieder als Monarchie, wurde aber vom Reichsverweser Miklós Horthy regiert. Nach dem Putsch der faschistischen Pfeilkreuzler am 16. Oktober 1944 legte der „Führer der Nation" Ferenc Szálasi am 4. November einen Eid vor der Krone ab. Bald darauf begann die Flucht der Szálasi-Regierung vor der Roten Armee – und die Krone wurde in der Region Kőszeg versteckt (→ S. 244, S. 249).

Ende März 1945 ging der abenteuerliche Transport der Krone weiter durch Österreich nach Deutschland. Dort gelangte sie im August 1945 in die Hände der US-amerikanischen Besatzungsmacht. Zwischen 1953 und 1978 war das ungarische Nationalheiligtum in der Militärbasis in Kentucky *Fort Knox* gebunkert. Im Sinne der Entspannungspolitik veranlasste US-Präsident Jimmy Carter die Rückgabe an das kommunistische Ungarn. Am 5. Jänner 1978 kehrte die Stephanskrone in ihre Heimat zurück und wurde dann im *Ungarischen Nationalmuseum* in Budapest ausgestellt. Im Jahr 2000 beging Ungarn das tausendjährige Jubiläum der Staatsgründung und überführte die „Szent Korona" ins Parlamentsgebäude in Budapest.

Trianon-Kreuz in Kőszeg

denktafeln von der nationalkonservativen Politik gefördert. In engem Zusammenhang mit der Stephanskrone steht der Gedanke an die (territoriale) Einheit der ungarischen Nation und die Verteidigung des Christentums.

Ein Spaziergang auf den *Kalvarienberg (Kálvária hegy)* (393 m) lohnt sich für den schönen Ausblick auf Kőszeg und die Umgebung. Auf dem recht steilen und steinigen Hohlweg begleiten uns die Stationen eines Kreuzwegs. Die *Kalvarienkirche (Kálvária-templom)* thront seit 1734 auf der Erhöhung über der Stadt. Von dort gehen wir auf einem Wanderweg zum *Trianon-Kreuz (Trianoni-kereszt)* (ca. 200 m). Zu Zeiten des Eisernen Vorhangs stand das Kreuz in der Grenzsperrzone. Einige Einschusslöcher, die Soldaten dem Denkmal zugefügt haben, sind noch zu sehen.

Das acht Meter hohe Denkmal wurde am 31. Mai 1936 eingeweiht und nach dem Friedensvertrag von Trianon vom 4. Juni 1920 benannt. Von hier sieht man über die Grenze ins Burgenland. Das Kreuz drückt die Trauer über das verlorene Westungarn aus. „Trianon" galt als nationale Katastrophe und wirkt als Trauma, das in Ungarn wenig aufgearbeitet, sondern heute in vielen Gedenkstätten (wieder) „gepflegt" wird, fort. Im Mai 2010 bestimmte das ungarische Parlament mit der Mehrheit der Fidesz-Partei den 4. Juni als „Tag der nationalen Zusammengehörigkeit".

Nr. 1, tw. Natúrpark kérekpárút
Distanz: 7,8 km
↑170 m ↓88 m

Leichter, stellenweise mittlerer Trail: Bei Regen mit schwerem Gepäck oder Anhänger meiden (→ Straßen-Variante★)

Von Kőszeg nach Velem

Wir starten am *Hauptplatz* von Kőszeg. Die *Route Nr. 1* lotst uns auf reizvollen (Wander-)Wegen durch die Ortschaften am Abhang des Günser Gebirges. Von der Herz-Jesu-Kirche führen die hellgrünen Schilder aus dem Zentrum über eine langgezogene, mäßige Steigung am Friedhof vorbei und weiter zum Stadtrand. Auf der Route 1 ziehen wir auf einem teils rumpeligen Wanderweg durch den Laubwald noch ein bisschen bergauf. Bei einer unklaren Stelle mit vielen Wandermarkierungen bleiben wir auf dem Hauptweg. Erst an der Kreuzung bei den Weingärten verlassen wir kurzfristig die Route 1, weil diese dann mit Gepäck stellenweise schwierig wird.

Auf dem querenden Güterweg rollen wir links zur *Landstraße* hinunter und biegen rechts ab (Schilder *Natúrpark kerékpárút)*. Ein kurzes Stück radeln wir mit dem Autoverkehr, leicht bergab und bergauf. Nach einer „Ranch" nützen wir die erste Gelegenheit, um von der Landstraße abzufahren (Schild Camping). Es geht auf einem Nebenweg (teilweise Schotter) nach Cák (Zackenbach). Die Route 1 stößt wieder zu uns. Beim Feuerwehrhaus (Tűzoltóság) halten wir uns rechts und kommen zur Hauptattraktion des Dorfs – der Kellergasse (Cáki Pincesor). Ein lauschiges Platzerl für eine Rast.

Die zwei Kilometer lange Strecke (großteils Schotterweg) bis Velem ist gut befahrbar, und wir sehen das „Hinterland" mit Trockenrasen, Weingärten und Obstbäumen. Ins Ortszentrum geht es flott bergab, dort empfängt uns das Heldentor (Hősök Kapuja).

★ Straßen-Variante (8,6 km): Start an der Ostseite des Hauptplatzes in Kőszeg. Die Route verläuft rechts über die Kossuth Lajos utca, bei einem kleinen Platz rechts zur Rákóczi Ferenc utca und weiter stadtauswärts. Bei der Querstraße *Rohonci utca* biegt man rechts ab und folgt den Schildern nach Bozsok (EV 13). Auf der Land-

Kellergasse Cák / Cáki pincesor
April bis Okt. Di–So 10–12, 14–16 Uhr, Mo nach Vereinbarung unter Tel. +36 20 246 01 80. Gelände frei zugänglich, in Ausstellung Eintritt

Historische Kellerhäuser in Cák

Stirling-Villa

straße herrscht mäßiger bis reger Verkehr. Cák und Velem sind über einen Abstecher zu erreichen (teilweise Schotterweg, siehe oben).

Velem

Seehöhe: 352 m

Polgármesteri Hivatal Velem, Rákóczi utca 73, Tel. +36 94 563 380, velem.hu

Das Dorf Velem (St. Veit) hat eine schöne Lage unterhalb des Geschriebensteins. Von einer Anhöhe, dem St.-Veit-Berg, blickt die *St.-Veit-Kapelle* (Szent Vid kápolna) auf den Ort hinab. Sie fußt auf den Resten einer mittelalterlichen Burg. Die Geschichte des Ortes reicht noch viel weiter zurück. Aufgrund der verschiedenen Erzvorkommen gab es hier in der Bronze- und Eisenzeit bedeutende Kulturen. So hat sich der Ort den Leitspruch zugelegt: *Múlt, jelen – Velem* (Vergangenheit, Gegenwart – Velem). Bekannt ist Velem auch für die *Kastanientage* (Velemi Gesztenyenapok), die jedes Jahr Mitte Oktober ausgerichtet werden

Aber wir gehen einer Episode der Zeitgeschichte nach und radeln die Hauptstraße bergauf (360 m) bis zur Stirling-Villa (Rákóczi ut 96). In Velem hatte um den Jahreswechsel 1944/45 die faschistische Pfeilkreuzler-Regierung ihren provisorischen Sitz, und in der Stirling-Villa residierte Ministerpräsident Ferenc Szálasi. Gleichzeitig waren mindestens drei Gruppen von sowjetischen Fallschirmagenten in der Region Kőszeg im Einsatz, vielleicht auch mit einem Spezialauftrag gegen Szálasi. Die politische Führung Ungarns hatte sich auf der Flucht vor der Roten Armee hierher zurückgezogen und Wertgegenstände, Gold sowie den Kronschatz mitgenommen. So soll die „Heilige Krone" (→ S. 245) in Velem in einem Bunker nahe der Stirling-Villa aufbewahrt worden sein (29. Dezember 1944 bis 18./19. März 1945). Dieser ist heute als Koronaőrző-bunker gekennzeichnet.

Von Velem nach Bozsok

Nr. 1
Distanz: 3,8 km
↑ 78 m ↓ 99 m

Etwas oberhalb der Stirling-Villa zweigt links die Route Nr. 1 / Natúrpark kerékpárút nach Bozsok ab. ◉ Der Weg führt in den einsamen Wald, wo wir auf etwas holprigen Schotter- und Waldwegen fahren – ideal für alle, die naturnahes Radeln lieben. Es geht zunächst etwas bergauf auf 424 m Seehöhe, dann bergab bis nach Boszok.

◉ Leichter bis mittlerer Trail: teilw. ohne Mobilnetz, bei Regen mit schwerem Rad, Gepäck oder Anhänger meiden (→ Straßen-Variante★)

★ Straßen-Variante (5 km): Die Hauptstraße führt abwärts durch Velem. Bei der Ortsausfahrt fällt das große Feriendorf Novakfalva (+ Restaurant) mit einem *Millenniumspark* (2000/01) auf. Im nächsten Ort *Kőszegszerdahely* kreuzt die Landstraße (EV 13) nach Bozsok (welliges Gelände).

Bozsok

Seehöhe: 324 m

Polgármesteri Hivatal Bozsok, Rákóczi utca 142, Tel. +36 94 563 380, bozsok.hu

Bozsok (Poschendorf / Božok) ist in Ungarn der letzte Ort „Unter den Bergen". Das Gemeindegebiet reicht hinauf bis zum Gipfelplateau des Geschriebensteins. Die Quellen, die in der waldreichen Umgebung entspringen, nutzten schon die Römer für eine Wasserleitung (→ S. 262). Im Zentrum begrüßen uns die *Kirche St. Anna (Szent Anna-templom)* und dahinter – etwas versteckt – die Reste eines mittelalterlichen Turms. In früheren Zeiten waren unter den Besuchern des Dorfs einige Prominente. Sie nächtigten in einem der beiden

Zwischen Bozsok und Rechnitz

Schlösser, wie der Ungarnkönig Matthias Corvinus bei Jagdausflügen, so zumindest die Legende, oder Kaiser Franz I. im Jahr 1813.

Während das Schloss Batthyány im Südteil von Bozsok ab 1841 zusehends verfiel und heute nicht mehr vorhanden ist, blieb das *Schloss Sibrik* (Sibrik-kastély) bestehen. Es befindet sich im nördlichen Ortsteil am Waldrand. Nach 1906 gehörte es dem Schriftsteller und Kunstsammler *Gyula Végh von Vereb,* bei dem viele Bekannte des Kulturlebens zu Gast waren. Ende der 1940er-Jahre fiel Bozsok in die Grenzsperrzone und das Schloss in die Hände der Grenzbehörden. Der Eigentümer Végh von Vereb nahm sich daraufhin 1951 mit 81 Jahren das Leben. Ab 1960 fungierte das renovierte Gebäude als staatliches Fortbildungs- und Ferienhaus des Komitats Vas. Heute ist darin ein Hotel untergebracht.

In den 1990er-Jahren wurden die Grenzgebiete bei Bozsok (und Buscu → S. 263) sowie der Grenzübergang nach Rechnitz im ungarischen Fernsehen in Szene gesetzt. Die beliebte Actionserie *Kisváros* („Kleinstadt") (1993–2001) brachte Geschichten rund um die Arbeit von Grenzpolizisten in einer fiktiven Grenzstadt (nach 1990).

Von Bozsok nach Rechnitz

Ohne Markierung
Distanz: 5 km
↑ 47 m ↓ 36 m

Und so machen wir uns auf den Weg zur Grenze. Von der *Kirche St. Anna* fahren wir an der rechten Seite des Bachs abwärts. Gleich zu Beginn beachten wir eine *Gedenkstätte* für die 300 bis 500 jüdischen Opfer im Zusammenhang mit dem Südostwallbau bei Bozsok 1944/45. Mit dem Thema werden wir uns in Rechnitz genauer beschäftigen (→ S. 256).

Von der großen Kreuzung in Bozsok führt eine mäßig befahrene Landstraße nach Rechnitz (Rohonc). Wir radeln auf leicht welligem Gelände zum *Straßengrenzübergang*, der 1991 wiedereröffnet wurde, und passieren das verlassene Zollgebäude. Es grüßen die Weingärten und die Silhouette von Rechnitz. Der letzte Anstieg in der Schlossberggasse ist anstrengend, dafür aber kurz. Wir biegen rechts ab und fahren über den Hauptplatz zum Gemeindeamt.

Rechnitz

Seehöhe: 348 m

Marktgemeindeamt Rechnitz, Hauptplatz 10, Tel. +43 3363 792 02, www.rechnitz.at

Naturpark Geschriebenstein, Bahnhofstraße 2a, Tel. +43 3363 791 43

Rechnitz (Rohonc / Rohunac) liegt zumindest seit 1260 auf der Sonnenseite des Geschriebensteins. In der Marktgemeinde gibt es eine Schloßberggasse, einen Schlosspark, einen Schlosshof – doch wo ist das Schloss? Die einstige Sehenswürdigkeit am Hauptplatz ging wegen Kriegsschäden verloren, aber dazu später mehr.

Heute ist die *katholische Kirche hl. Katharina* der erste Blickfang im Zentrum. Über dem Eingangstor prangt das Wappen mit dem Pelikan der Adelsfamilie *Batthyány*, die in der Region südlich des Geschriebensteins über Jahrhunderte bestimmend war, in Rechnitz von 1527 bis 1871. Adam I. Batthyány, der um 1630 zum katholischen Glauben wechselte, veranlasste 1654 den Bau der Kirche, die 1679 vollendet wurde. Dahinter lugt die etwas höher gelegene evangelische Kirche von 1783 hervor. Der weiße, schlanke Turm, der in der Landschaft weithin zu sehen ist, kam 1867 hinzu.

Im *Gemeindeamt* (Hauptplatz Nr. 10) finden wir Unterlagen für den Aufenthalt, wie den Folder des Erinnerungswegs *„Jüdisches Leben in Rechnitz"* (www.

gedenkweg.at). Dieser entstand als Projekt der Gemeinde und des Vereins R.E.F.U.G.I.U.S. (Rechnitzer Flüchtlings- und Gedenkinitiative). Die Batthyánys hatten ähnlich wie die Esterházys (→ S. 37) nach 1671 die Ansiedlung von jüdischen Vertriebenen in fünf Ortschaften ihrer Besitzungen gestattet, darunter in Rechnitz, Körmend und Güssing. Die jüdische Gemeinde in Rechnitz wurde wie überall im Burgenland im Frühjahr 1938 durch den NS-Terror zerstört. Einblick in diesen Teil der Ortsgeschichte geben Informationstafeln, z. B. am jüdischen Friedhof (Herrengasse), bei der ehemaligen Synagoge (Badergasse) und (gedanklich) vor dem Schloss.

Hauptplatz / Schlosshof

Das *Schloss Rechnitz* stand einst auf dem unteren Teil des Hauptplatzes, wo wir alte Aufnahmen sehen. In den letzten Jahrzehnten seiner Existenz gehörte es dem deutschen Großindustriellen Heinrich Baron Thyssen-Bornemisza (ab 1906) bzw. dessen Tochter Margit. Sie erhielt das Schloss 1933 als Geschenk zur Hochzeit mit dem Grafen Ivan Batthyány.

An einem Tag gegen Ende des Krieges, am 31. März 1945, geriet das Schloss vermutlich durch das Feuer der deutschen Flugabwehr in Brand. Das desolate Gebäude blieb noch einige Jahre stehen. Wenigstens den Turm wollte die Gemeinde Rechnitz als Wahrzeichen erhalten, doch es kam zu keiner Einigung mit den Eigentümern. Die Reste der Schlossmauern wurden abgerissen oder teilweise für die Neubauten verwendet. Die Turmruine demolierte man 1953, die hinterlassene Lücke bildet die Zufahrt in den Gebäudekomplex. Im einstigen *Schlosshof* steht ein Überbleibsel eines Brunnens.

Hier wenden wir uns dem *zeitgeschichtlichen Thema* zu, mit dem Rechnitz oft in Verbindung gebracht

Kirche hl. Katharina in Rechnitz

wird: dem Massaker zu Kriegsende. Im Rechnitzer Schloss, in dem ab Oktober 1944 die Leitung für die Errichtung des Südostwalls im Bauabschnitt VI (Oberwart) untergebracht war, fand in der Nacht vom 24. auf den 25. März 1945 ein letztes „Gefolgschaftsfest" der Nationalsozialisten statt. Angesichts des Vormarsches der Roten Armee lud Unterabschnittsleiter Josef Muralter etwa fünfzig Personen ein, die Schlossbesitzerin Margit und ihr Mann Ivan Batthyány waren ebenfalls anwesend. Gegen 23 Uhr kam per Telefon offenbar der Befehl zur Exekution ungarisch-jüdischer Zwangsarbeiter, die mit der Bahn nach Rechnitz transportiert worden waren. Daraufhin schritten 15 Männer unter der Führung des Unterabschnittsleiters Franz Podezin zur Tat. Nach etwa zwei Stunden kehrten sie zum Fest zurück, nachdem sie im (weiteren) Umfeld des Kreuzstadls etwa 180 Menschen erschossen hatten.

Erinnerung an das Schloss Rechnitz

Zur Gedenkstätte Kreuzstadl

Bahntrassenradweg, ohne Markierung
Distanz: 1,2 km

Am unteren Ende des Hauptplatzes beginnt die Bahnhofstraße mit einem eigenen Radstreifen. Wir radeln leicht bergab an den Resten des Schlossparks und am ehemaligen Getreidespeicher vorbei. Beim Sportplatz müssen wir auf die Fahrbahn wechseln. Bald sehen wir schräg gegenüber von einem großen Supermarkt (BILLA) die *Gedenkstätte Kreuzstadl*.

Gedenkstätte Kreuzstadl

Das Massaker von Rechnitz steht stellvertretend für die unvorstellbaren Verbrechen, die in den letzten Kriegstagen an vielen Orten entlang des *Südostwalls* begangen wurden (→ S. 256). Der „Fall Rechnitz" ist heute am bekanntesten, weil er Elemente enthält, die eine „Story" ergeben: das Massenmorden während eines Festabends, unbestrafte Täter, vergessene Gräber. Der Dokumen-

Gedenkstätte Kreuzstadl Bahnhofstraße, www.kreuzstadl.net, frei zugänglich. Begleitungen für Gruppen unter Tel. +43 33 637 72 49, info@refugius.at, www.refugius.at

GPS: 47.2944531N, 16.4450278E

tarfilm *Totschweigen* (Margareta Heinrich, Eduard Erne, 1994) und das Theaterstück *Rechnitz (Der Würgeengel)* von Elfriede Jelinek (2008) griffen das Thema auf.

Die Gedenkstätte Kreuzstadl wurde 1993 eröffnet und 2012 als überregionaler Erinnerungsort ausgestaltet: Hier finden wir Texte, Fotos, Grafiken, Videos und Objekte, Hinweise auf einzelne Schicksale, Listen zu Lagern und Tatorten am Südostwall, aber auch Informationen zum Judentum im Burgenland und Ungarn. Schwerpunkte bilden das Rechnitzer Massaker und das Volksgerichtsverfahren.

Am 24./25. März 1945 wurden etwa 200 ungarisch-jüdische Zwangsarbeiter, die als krank und arbeitsunfähig galten, in der Umgebung des Kreuzstadls hingerichtet und verscharrt. Etwa einen Monat später ließ die Rote Armee die Massengräber vorübergehend öffnen. Weitere Untersuchungen der Hingerichteten fanden im Auftrag von Gerichten im Dezember 1945 und im März 1946 statt. Dann wurden offenbar zwei „Fememorde" an wichtigen Zeugen vor ihrer Aussage im Volksgerichtsverfahren zum Rechnitzer Massaker verübt. In Rechnitz breitete sich eisiges Schweigen aus. Von den Hauptverdächtigen, dem NSDAP-Ortsgrup-

Gedenkstätte Kreuzstadl

penleiter Franz Podezin und dem Gutsverwalter Hans Joachim Oldenburg, fehlte damals jede Spur.

Die jahrzehntelange Verdrängung der Geschehnisse wurde dadurch begünstigt, dass der frühere Gauleiter des Burgenlandes bzw. stellvertretende Gauleiter der Steiermark, *Tobias Portschy,* von 1979 bis zu seinem Tod 1996 als einflussreicher Bürger in Rechnitz lebte. 1949 wurde Portschy zwar zu 15 Jahren Haft verurteilt, doch schon 1951 von Bundespräsident Theodor Körner begnadigt.

1969/70 wurden in Rechnitz Exhumierungen von Kriegsgräbern durchgeführt. Damals fand man die Leichname von 18 Personen, die als Totengräber für die Opfer des Massakers arbeiten mussten und tags darauf ebenfalls erschossen wurden. Sie wurden auf den jüdischen Friedhof in Graz umgebettet. 1988 wollte das Innenministerium alle Opfer exhumieren lassen, doch die genaue Stelle der Massengräber war nicht mehr bekannt. Seitdem gab es immer wieder Suchaktionen mit verschiedensten Methoden: Grabungen, Archivrecherchen im In- und Ausland, Auswertung von Gerichtsunterlagen, Befragungen von Zeitzeugen, Luftbildaufnahmen, geomagnetische Untersuchun-

Gedenkskulptur in Rechnitz (Kosso Eloul, 1961)

DER SÜDOSTWALL UND DIE NS-ENDPHASE-VERBRECHEN

Angesichts des Kriegsverlaufs und des Vormarschs der Roten Armee beschloss im Herbst 1944 das Oberkommando der Wehrmacht den Bau des sogenannten Südostwalls bzw. der „Reichsschutzstellung". Diese zog sich in zwei Verteidigungslinien entlang der Reichsgrenze von Bratislava (Pressburg) an der Westseite des Neusiedler Sees über Sopron, Deutschkreutz, Kőszeg bis Radkersburg an der jugoslawischen Grenze. Mit Bunkern, Panzersperren und Gräben sollten die Truppen der Roten Armee zumindest einige Zeit aufgehalten werden. Im Frühjahr 1945 stellte der Südostwall, der in vielen Bereichen nicht fertiggebaut wurde, allerdings kein besonderes Hindernis dar.

Jedoch – der Aufwand an Arbeit und Menschen war enorm. Zum Schanzen wurden Angehörige der örtlichen Zivilbevölkerung, der Hitlerjugend, des Volkssturms und „Ostarbeiter" herangezogen. Außerdem kamen 35.000 ungarisch-jüdische Zwangsarbeiter unter menschenunwürdigen Bedingungen zum Einsatz. Sie waren ständig von Tod durch Krankheit, Erschöpfung oder Erschießung bedroht. Als die Front näherkam, sollten die Zwangsarbeiter nach Mauthausen „evakuiert" werden. Jene, die für die „Todesmärsche" zu schwach waren, wurden an Ort und Stelle ermordet. Die Zahl der Opfer während der Schanzarbeiten und der Endphaseverbrechen am Südostwall ist erschütternd, viele tausend Tote ... Eine Liste der Lager und die jeweilige Anzahl der Opfer weist die Gedenkstätte Kreuzstadl aus. Dazu kamen die Menschen, die auf den „Todesmärschen" starben.

Auf unserer Fahrt finden wir an einigen Orten entsprechende Gedenkstellen für die ungarisch-jüdischen Zwangsarbeiter, z. B. in Balf, Fertőrákos, Schattendorf, Deutschkreutz, Bucsu, Deutsch Schützen, Eberau und Jennersdorf. Es ist ein dunkles Kapitel der europäischen Geschichte. Niemals vergessen!

gen, sogar mit Wünschelruten. Die Einschränkung der Suchfläche gestaltet sich weit schwieriger als gedacht. Es bleibt zu hoffen, dass die Opfer bald eine würdige Ruhestätte finden.

Durch Rechnitz ins Faludital

Ohne Markierung, Bahntrassenradweg
Distanz: 2,6 km

Wir kehren ins Ortszentrum zurück und setzen die Besichtigung von Rechnitz fort. In den erhaltenen Teilen des *Schlossparks* erinnert seit 2007 ein Friedensdenkmal an die Opfer des NS-Regimes und die Gefallenen der Weltkriege. Ein Bereich mit einem Bachblüten-Kraftpark soll positive Energien aufbauen. An der Bahnhofstraße finden wir fast nebenbei einen römischen Sarkophag. Am *Hauptplatz* erhalten wir bei der *Informationsstelle* des Naturparks Geschriebenstein Auskünfte und Material für Ausflüge. Außerdem kann man noch das Stiefelmachermuseum besuchen. Früher waren in Rechnitz zahlreiche Stiefelmacher tätig, welche die Csizma (ungarisch für Stiefel) für Arbeit und Tracht herstellten.

Bei der katholischen Kirche sei nachträglich ein interessantes Detail erwähnt: Hier hat ein bekannter Künstler seine ersten musikalischen Versuche gemacht: Christian Kolonovits (*1952). Die Austropop-Legende wuchs in einer kroatisch-ungarischen Familie in Rechnitz auf. Ein Onkel aus Ungarn – ein Priester – flüchtete 1956 und hielt sich einige Zeit im Ort auf. Mit ihm lernte Kolonovits als Bub an der Kirchenorgel. Manche der Platten und CDs, an denen Kolonovits später mitgewirkt hat, sind im Wurlitzermuseum (im Weingebirge) zu hören.

An Sommertagen lockt das kühle Nass im romantischen *FaluDital* zur Erholung: Von der katholischen Kirche leitet uns der Bahntrassenweg durch die Badergasse mit der ehemaligen Synagoge und durch die Faludigasse mit der *Vinothek* in der Reichermühle zum Badesee mit dem Campingplatz. Der *Badestausee* von Rechnitz war übrigens der erste, der im Burgenland angelegt wurde (1964). Seit 2016 gibt es „hinter dem See" am Waldrand auch einen barrierefreien Aus-

Naturparkbüro Rechnitz Hauptplatz 10, Tel. +43 3363 792 02 35, www.naturpark-geschriebenstein.at

Stiefelmachermuseum Hauptplatz 10, Mo–Fr während der Amtsstunden des Gemeindeamts, Führungen nach Vereinbarung

Wurlitzermuseum Weingebirge 1165, Mai bis Okt., Besuch nach Anmeldung, Tel. +43 664 308 75 79 (Otti Varga)

Vinothek Reichermühle Faludig. 5, Mai bis Okt. tägl. 16–19 Uhr, an So, Fei 15–19 Uhr, für Gruppen auch nach Vereinbarung (Gemeinde). Weinlehrpfad (1,5 km)

Badesee (mit ganzjährig geöffnetem Buffet)

Stausee am Fuße des Geschriebensteins

„Vogelturm" Rechnitz Hinter dem Badesee Rechnitz, Infos / Anmeldung unter Tel. +43 3363 792 02 35 (Naturpark Geschriebenstein)

Seehöhe: 884 m

Infos zum Aufstieg → S. 227. Bis auf Sitzbänke keine Infrastruktur, ganzjährig frei begehbar

sichtsturm aus Holz, den 22 Meter hohen Vogelturm. Vom Faludital kann man auf den Geschriebenstein wandern oder radeln (Burgenlandtrails → S. 228).

Aussichtswarte Geschriebenstein

Nirgendwo auf unserer Reise sind wir dem Himmel so nah wie am Geschriebenstein / Írottkő. Mit 884 Metern ist er die *höchste Erhebung* im Burgenland und in Westungarn. Der Gipfel des Günser Gebirges mit dem Aussichtsturm zählt zu den Top-Ausflugszielen der Region. Von hier eröffnet sich bei klarer Sicht ein fantastisches Panorama: Auf der einen Seite liegt uns die pannonische Ebene zu Füßen und auf der anderen Seite grüßen die ausklingenden Alpen.

Es ist ein symbolträchtiger Ort mit mystischem Namen. In der Vergangenheit finden sich Bezeichnungen wie Tannenberg (Fenyő-hegy) oder Heidenstein (Pogány kő). Erst im 19. Jahrhundert setzte sich Geschriebenstein / Írottkő durch. Der Namensgeber – ein *Felsen* – liegt ein paar Meter von der Warte entfernt. In diesem Bereich treffen die Grenzen von Lockenhaus (Leká), Rechnitz (Rohonc) und Güns (Kőszeg) zusammen, wie auch die Besitzungen der Esterházy- und Batthyány-Stiftungen. In den Felsen wurden spätestens seit dem 17. Jahrhundert *Besitzzeichen* eingemeißelt, also „eingeschrieben".

Die historischen Inschriften sind inzwischen zum Teil durch Verwitterung zerstört oder schwer lesbar. Am besten erhalten sind die Buchstaben *„HR"* (Herrschaft Rechnitz) am südwestlichen Eck knapp über dem Boden. Reiseführer und Tourismusfolder nennen oft die Markierung „CBE". Sie stand vermutlich für *Confinia (= Grenze) Batthyániana Esterháziana* oder für die Dreifachgrenze mit der Stadt (Civitas) Güns. Die berühmte Inschrift war 1996 schon stark beschädigt. So passierte es, dass etwas später aus Versehen eine Tafel darüber montiert wurde und das „CBE" seitdem nicht zu sehen ist. Es gibt Überlegungen, den ursprünglichen Zustand wiederherzustellen.

Bereits 1891 konnten Wanderer vom hölzernen Árpád-Turm in die Ferne blicken. An seine Stelle bauten die Rechnitzer 1913 die *steinerne Warte*. Seit 1922 teilt ein Grenzstein – mitten im Turm – das Gebäude in eine österreichische und eine ungarische Hälfte. Im Inneren finden wir weitere Details, historische Fotos

Aussicht vom Geschriebenstein

und Abbildungen über die Entstehung der Warte sowie der Grenze 1921/22.

In der NS-Zeit verlief am Geschriebenstein auch die Grenze zwischen dem Gau Niederdonau und dem Gau Steiermark, auf die das Burgenland im Oktober 1938 aufgeteilt worden war. Die Wiederherstellung des Bundeslands war im Jahr 1945 gar nicht selbstverständlich, aber 2021 konnte man „100 Jahre Burgenland" feiern. Aus diesem Anlass initiierte die Keramikschule Stoob das Kreuz am Geschriebenstein in den Landesfarben. Es spiegelt die sprachliche Vielfalt des Landstreifens wider.

Eine *Sonnenuhr* an der Turmfassade zählt seit 1999 die schönen Stunden im grenzenlosen Günser Gebirge. Vierzig Jahre war die *„Grenzwarte"* ein Symbol für das geteilte Europa. Sie war von Österreich aus zugänglich, und der Eiserne Vorhang verlief in Sichtweite. Spätestens am 17. Juni 1988 (!) waren aber große Teile der Grenzsperrvorrichtungen am Geschriebenstein verschwunden. An diesem Tag durfte aus Ungarn eine Weitwandergruppe mit etwa 300 Personen in das Sperrgebiet vordringen. Am Gipfel trafen sie sich mit Vertretern von alpinen Vereinen aus Österreich. Das ungarische

Blick zurück nach Rechnitz

Fernsehen begleitete die außergewöhnliche Veranstaltung, für die nach vierzig Jahren die Grenze extra geöffnet wurde. Eine von Ungarn angeregte Gedenktafel am Aussichtsturm besagt, dass damals Touristen den Grenzzaun „umrissen". Wahrscheinlich haben einige ein Stück als Souvenir mitgehen lassen. Es ist ein kaum bekanntes Ereignis der Grenzgeschichte.

Heutzutage sind am Geschriebenstein Begegnungen zwischen Wanderern und Mountainbikern aus Österreich und Ungarn erfreulicher Alltag. Die Warte liegt mitten im Naturpark Geschriebenstein / Írottkő, der 1997 als *erster grenzüberschreitender Naturpark* Österreichs (8.500 ha) und Ungarns (27.000 ha) gegründet wurde. Die umliegenden Gemeinden feiern die grenzenlose Region mit dem *Musikalischen Gipfelsturms* zum Saisonauftakt und mit der Ultrawanderung *Geschriebenstein Roas* (56 km) Anfang September.

Paradiesroute Südburgenland
Distanz: 7 km
↑ 7 m ↓ 100 m

Von Rechnitz nach Bucsu

Vom unteren Teil des *Hauptplatzes* nehmen wir die abschüssige Schloßbergstraße. ⊙ Nach etwa 60 m Metern biegen wir rechts in die Steinamangerstraße ein. Szombathely (Steinamanger) liegt nur etwa 20 km ent-

⊙ leichter, teils holpriger Trail, bei starkem Regen meiden, Variante: Landstraßen über Bozsok (11 km)

Reste eines römischen Aquädukts

fernt. Am Ortsende halten wir den Kurs geradeaus und radeln auf der Schotterstraße auf die Grenze zu, bis auf eine kurze Steigung immer leicht bergab. Auf dem Weg „stolpern" wir über spannende Geschichten (s. u.). Nach der *Grenzübergangsstelle* radeln wir 250 m auf einem Feldweg (bei Regen Gatschgefahr!) zur Landstraße, biegen rechts ab und kommen nach Bucsu.

Auf der alten Straße Richtung Steinamanger

Der alte Postweg entpuppt sich als abwechslungsreiche Zeitreise. Erste Station – Steinzeit, *Kreisgrabenanlage* (Informationstafel). Vor etwa 7.000 Jahren beobachteten Menschen hier die Gestirne und folgten den Gesetzmäßigkeiten des Jahreskreises. 2011 orteten Archäologen die Reste der Anlage, 2014 entdeckte man eine weitere.

Nächste Station – Römerzeit, *Aquädukt*. Wenige hundert Meter weiter, bei einem schattigen Rastplatz, finden wir einen Abschnitt einer antiken Wasserleitung. Sie entstand vermutlich im 2. Jahrhundert n. Chr. und führte kühles Quellwasser aus dem Günser Bergland nach Savaria (heute: Szombathely). Der Verlauf des Aquädukts konnte in Österreich und Ungarn weitgehend rekonstruiert werden, eine weitere Fundstelle sehen wir bei Bucsu (→ S. 271).

Erste Erforschungen zur römischen Wasserleitung bei Rechnitz machte ein bemerkenswerter Mann: *Karl Halaunbrenner* (1881–1938). Der Gendarmerie-Bezirksinspektor leistete ab 1933 Amtshilfe für das Burgenländische Landesmuseum, engagierte sich aber auch in seiner Freizeit als begeisterter Heimatkundler. Er stammte aus der Bukowina, hatte sich nach dem Zerfall der Habsburgermonarchie für ein Leben in Österreich entschieden und diente nach 1922 im Burgenland. In den 1930er-Jahren ging Halaunbrenner streng gegen illegale Nationalsozialisten vor. Dies und seine jüdische Herkunft wurden ihm zum Verhängnis. Sofort nach dem „Anschluss" wurde er verhaftet und im Dezember 1938 im KZ Buchenwald ermordet. Damit sind wir in den dramatischen Phasen der Zeitgeschichte gelandet.

Dritte Station – 20. Jahrhundert, *Zollhäuschen*. Das verlassene Relikt vor der Grenze beherbergt eine kleine Ausstellung zur Gendarmerie und Zollwache. In Berichten der Behörden aus den Jahren 1947 bis 1958 lesen wir von Minenexplosionen, Fluchtversuchen, Grenzsperren ... Wir erleben hoffentlich keine besonderen Vorkommnisse, sondern eine ruhige Fahrt durch die friedliche Landschaft. In *Bucsu (Butsching / Bucura)* passieren wir noch die leerstehende Grenzkaserne aus der Zeit des Eisernen Vorhangs. Gegenüber errichteten 2017 ehemalige Grenzsoldaten einen Gedenkplatz. Und seit 2019 gibt es an der Kirche St. Michael (Szent Mihály-templom) eine Gedenktafel für die Opfer der kommunistischen Diktatur.

Exkurs: Von Buscu nach Szombathely

Radroute
Distanz: 11,2 km

In Bucsu gibt es die Gelegenheit für einen Exkurs nach *Szombathely* (→ S. 268). Beim Kreisverkehr lenkt ein Schild (mit Fahrradsymbol) in die richtige Richtung. Nach einer kurzen, steilen Steigung erleben wir eine sanft wellige Fahrt auf einer alten Landstraße mit wenig Autos, die jedoch mit 70 km/h unterwegs sein können. Am Stadtrand beginnt ein Radweg neben der Einfallsstraße (Markierung: Romai vízvezeték útja). Bei Plattenbausiedlungen queren wir den Perint-Bach *(siehe Foto)* und dann die Rohonci út. Entlang des Bachs kommen wir ins Stadtzentrum. Ein Schild (Tourinform / Fő ter) weist durch einen Gebäudekomplex zum Hauptplatz.

Radroute in Szombathely

7 Im Zickzack durch die Weinidylle

Eisenberg, Pinkaboden und Stremtal

Vom Eisenberg auf das Pinkatal

Route: 95 km
+ Verbindungsroute Szombathely–Bucsu: 11,2 km
+ Verbindungsroute Güssing–Sankt-Emmerich-Kirche (Kap. 8): 8,6 km

Kartenmaterial:
- freytag & berndt WK 423 Wander-Rad-Freizeitkarte: Südliches Thermenland / Südliches Burgenland / Steirisches Vulkanland (1:50.000)
- Raderlebnis Südburgenland (Tourismuskarte mit Radrouten/suedburgenland.info)
- Kompass Karte Burgenland WK 227 (1:50.000)

Wichtige Links zur Region:
- Weinidylle Südburgenland: www.weinidylle.at
- Tourismusverband Südburgenland: www.suedburgenland.info

Südlich des Geschriebensteins und im Vorfeld der Stadt Szombathely (Steinamanger) liegt ein für viele unbekanntes Gebiet: Eisenberg und Pinkaboden. Die Fahrt durch das idyllische Land mit romantischen, sanften Weinbergen, Burgen und „Schützen“ und weiter Ebene wirkt entschleunigend: Genuss, Natur, Ruhe.

Durch die Region zieht sich im eigenartigen Zickzack die Grenze von 1922/23, was zu vielen Kilometern verführt. Wir sind auf den Spuren von verschwundenen Bahngleisen, nützen wieder grenzenlose Verkehrswege in der früheren Sperrzone. Der Eiserne Vorhang steht hier glücklicherweise längst in einem Museum. Öfter als die Pinka passieren wir die Staatsgrenze, um Land und Leute kennenzulernen: die „allertreuesten Gemeinden“, das „Dorf ohne Grenzen“ Bildein, das jüngste Stück Österreichs um Luising und die „Heimat des Uhudlers“ in Heiligenbrunn. Und aus der Ferne grüßen die Verwandten aus Amerika. Zum Ausklang der Etappe empfängt uns noch die erhabene Burg Güssing im schönen Stremtal.

Gut zu wissen

Radfahren in der Region

Der Einstieg erfolgt im Anschluss an Kap. 6 und/oder von Szombathely aus. Das *Gelände* dieser Etappe ist mit wenigen Ausnahmen flach bis sanft wellig. Nur der Eisenberg (→ S. 280) und die Verbindungsroute von Güssing in die Region Szentgotthárd (→ S. 321) über das Hügelland erfordern einige Energie. Unsere ausgeprägte *Zickzackroute* erfasst viele sehenswerte Punkte. Ebenso berühren wir Stationen des *ökoEnergielands* (Symbol „Grüner Tropfen“), die Themen der Nachhaltigkeit näherbringen *(www.oekoenergieland.at)*. Wer lieber zügig durchs Land will, radelt im Pinkaboden über die alte, grenzenlose Landstraße nach Moschendorf, weiter bis Strem (EV 13) und dann nach Güssing (R1).

Danach könnte man gleich Etappe 8 in Angriff nehmen; die nächsten *Bahnhöfe* liegen ohnehin in der

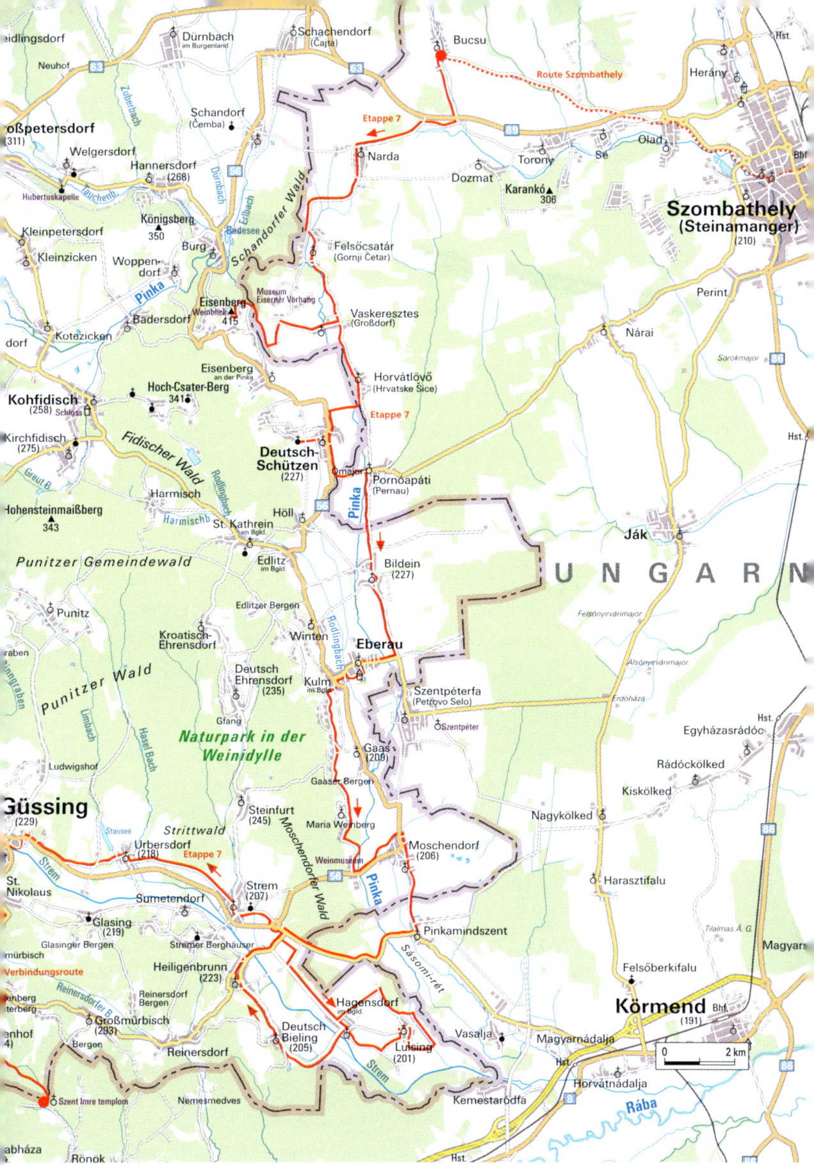

Nachbarregion: in Szentgotthárd (19 km, siehe Wegbeschreibungen → S. 314) und Mogersdorf (20 km). Aber auch Körmend (26 km) ist auf leichtem Gelände gut zu erreichen.

Tw. Radweg
Distanz: 1,2 km

Zur Info: Vom Bahnhof Szombathely zum Hauptplatz (Fő tér)

Gegenüber dem Hauptportal des Bahnhofs starten wir in die Szelestey László utca. Bei der ersten Quergasse (Nádasdy Ferenc utca) biegen wir links auf den Radweg am Gehsteig ab. Er führt zur großen Szent Márton utca mit der Sankt-*Martin-Kirche (Szent Márton templom)*. Es ist nicht irgendeine Martinskirche: An dieser Stelle wurde um 316/17 der heilige Martin von Tours geboren (gest. 397). Der Sohn eines römischen Offiziers machte militärische Karriere, beendete diese aber für ein geistliches Leben. Martin wurde 371 in Gallien Bischof wider Willen. 1925 bestimmte der Vatikan den Heiligen aus Pannonien zum Landespatron des Burgenlands.

Der Radweg führt westwärts über die alte Szent Marton utca quer über einen Parkplatz und die Gyöngyös (Güns) zum Savaria tér. Hier stattet uns die *Tourinform* mit (Karten-)Material aus. Der freundliche Hauptplatz lädt zum Spaziergang (Fußgängerzone).

Exkurs: Szombathely (Steinamanger / Sambotel)

Seehöhe: 220 m

Tourinform, Király u. 1/a, Tel. +36 20 260 8400, szombathelypont.hu, facebook.com/savariaturismus
GYSEV Nr. 15 (Sopron-Szombathely), GYSEV Nr. 21 (Szombathely - Szentgotthárd), wichtiger Bahnknotenpunkt

Szombathely (Steinamanger / Sambotel) gehört als Verkehrsknotenpunkt zu den wichtigsten Städten in Westungarn. Sie ist Sitz des Komitats Vas und zählt rund 80.000 Einwohner. Der ungarische Name bedeutet „Samstagsmarkt" und betont treffend die Funktion als wirtschaftliches Zentrum. Einkaufslustige aus Österreich sind hier oft anzutreffen. Wir besuchen Szombathely, um den einstigen Einzugsbereich in Westpannonien zu erleben und manche Sehenswürdigkeiten zu streifen. Trotz großer Zerstörungen durch Bomben im März 1945 blitzen einige historische Juwele auf.

Auf dem großen *Hauptplatz* erscheinen Skulpturen und der Brunnen als Anklang an die Antike. Vor rund 2.000 Jahren hätten wir das Leben in der *Colonia Claudia Savaria* gesehen. Seine römische Vergangen-

Hauptplatz von Szombathely

Spaziergang (tw. mit Rad möglich): ca. 2 km

heit lässt Szombathely jedes Jahr am letzten Augustwochenende beim „Historischen Karneval von Savaria" (Savaria Történelmi Karnevál) wiedererstehen *(www.karnevalsavaria.hu)*. Die Siedlung an der römischen Bernsteinstraße wurde unter Kaiser Claudius 43 n. Chr. gegründet. Savaria (auch: Sabaria) gewann stark an Bedeutung, wurde im Jahr 107 zur zivilen Verwaltungszentrale der Provinz Oberpannonien (Pannonia superior) und rund 200 Jahre später der Provinz Pannonia prima. Die Reste der römischen Stadt blieben noch lange sichtbar und zeigen sich im deutschen Namen Steinamanger. Manches davon werden wir während des Rundgangs entdecken.

An der nordwestlichen Ecke des Hauptplatzes, beim großen Jugendstilgebäude, führt die Széchenyi István utca zum prachtvollen *Bischofspalast (Püspöki palota)*. Szombathely ist seit 1777 Bischofssitz, mit dem heiligen Martin als Schutzpatron. Ende März, Anfang April 1921 wohnte Karl Habsburg einige Tage im Bischofspalast, als er den ersten Versuch unternahm, auf den ungarischen Thron zurückzukehren (→ S. 342). In Szombathely hatte der königstreue General Anton Lehár nach dem Ende der Räterepublik eine militä-

Diözesansammlung und Besucherzentrum János Szily (Palast, Museum, Kirchturm) / Szily János Egyházmegyei Gyűjtemény és Látogatóközpont Berzsenyi Dániel tér 3, Di–Sa 9–17 Uhr, nur mit Führung (9.30, 11, 12.30, 14, 15.30 Uhr), latogatokozpont.martinus.hu/nemet.html

Ruinengarten / Romkert Mindszenty József tér 1, romkert.savariamuseum.hu, April bis Okt., nur mit Führung Do–Sa um 10.30, 14.30, 16 Uhr

Iseum Savariense II. Rákóczi Ferenc u. 6–8, iseum.savariamuseum.hu, April bis Okt. Di–So 10–18 Uhr, Jän. bis März / Nov. bis Dez. Mi–So 10–18 Uhr

rische Basis aufgebaut. Die Stadt diente als wichtiger Stützpunkt der Freischärler in Westungarn.

Der beeindruckende *Dom Mariä Heimsuchung (Sarlós Boldogasszony–székesegyház)* wurde nach Kriegsschäden 1947 wiederaufgebaut. An dessen Nordseite führt ein unscheinbares Tor zum Ruinengarten (Romkert): Es öffnet sich ein Zeitfenster ins altertümliche und mittelalterliche Zentrum. Ein frei zugänglicher Panoramaweg erlaubt einen Blick, z. B. auf die gepflasterte *Bernsteinstraße* (→ S. 196).

Wir kehren auf demselben Weg zum Hauptplatz zurück und nehmen den „Südausgang", der vom *Rathaus (Varosháza)* flankiert wird. Das auffällige Gebäude aus kommunistischer Zeit wurde 1976–1983 erbaut (Architekt: László Horváth) und erscheint als große Schwester des Zollhauses am Grenzübergang Kőszeg (→ S. 238). Ein Radweg führt zu weiteren interessanten Punkten: Im *Iseum* kann man einen rekonstruierten Tempel der altägyptischen Göttin Isis bewundern. Gleich gegenüber sehen wir die ehemalige *Synagoge* (Architekt: Ludwig Schöne, 1880/81), die als Konzertsaal genützt wird, und das Denkmal für die im Juli 1944 aus Szombathely deportierten Juden. Unseren historisch sprunghaften Spaziergang lassen wir wieder am Hauptplatz ausklingen – wer will, mit einem etwas skurrilen Besuch einer Bankfiliale (Fő tér 5), wo man an einer antiken Straßenkreuzung stehen kann.

Radroute
Distanz: 11,2 km

Verbindungsroute Szombathely–Bucsu

Startpunkt Hauptplatz, Fő tér 3–4. Ein Radweg lotst durch einen Häuserkomplex zur Umfahrungsstraße Kiskar utca, die wir über einen Zebrastreifen queren. Von der nahen Brücke – hinter der Tankstelle – folgen wir dem Radweg am Perint-Bach etwa 2 km, bis wir bei elfstöckigen Plattenbauten auf die Rohonci út stoßen. Neben dieser Ausfallstraße durchdringen wir auf sicheren Wegen die Außenschicht der Stadt.

Nach einer Kleingartensiedlung zweigt die Route auf die Landstraße nach Bucsu ab. Wegen der nahen

Ehemalige Synagoge

Schnellstraßen verirren sich nur wenige Autos hierher, aber sie dürfen bis zu 70 km/h fahren. Daher Vorsicht bei Stopps, zu denen das fotogene Günser Gebirge verleitet! Auf sanftem Gelände nähern wir uns der Grenze, nach Bucsu geht es kurz schwungvoll hinab.

Start der Etappe 7: Zum Bahnhof Bucsu

EV 13
Distanz: 1,7 km

Beim *Kreisverkehr* in Bucsu biegen wir über eine Brücke ab (EV 13) und radeln südwärts. Auf einer mäßig befahrenen Landstraße mit schönen, hohen Bäumen kommen wir nach etwa 2 km zu den Resten der *römischen Wasserleitung (Római kori vízvezeték)* (→ S. 262) und zu unserer ersten Station der Etappe.

★ DIE VERSCHWUNDENE PINKATALBAHN

Station Bucsu. Die Verkehrsgedenkstätte (Közlekedési emlékhely) ist ein *ehemaliger Bahnhof* der *Pinkatalbahn*, die am 16. Dezember 1888 ihren Betrieb aufgenommen hat. 52 Kilometer Gleise verliefen im westungarischen Bahnnetz von Pinkafeld (Pinkafö) über Oberwart (Felsőőr) und Rechnitz (Rohonc) nach Szombathely (Steinamanger). 1922 achtete die Grenzziehungskommission darauf, dass die Schleife zwischen Oberwart und Rechnitz nicht durch die Staatsgrenze

Auf der alten Landstraße nach Bucsu

unterbrochen wurde. Deshalb kam z. B. Schachendorf zu Österreich. 1925 gelang sogar der Anschluss der Pinkatalbahn an das österreichische Bahnnetz, als die Trasse von Pinkafeld in die Oststeiermark nach Friedberg verlängert wurde.

Im Februar 1953 beendete das kommunistische Ungarn den grenzüberschreitenden Verkehr und entfernte 1965 auf seiner Seite die Gleise. In Österreich hielt sich die Pinkatalbahn länger, aber in den 1980er-Jahren führten die ÖBB den Personenverkehr schrittweise nur noch bis Oberwart. Erst 2011 folgte die Einstellung im letzten Abschnitt Friedberg–Oberwart.

Noch vor wenigen Jahren diskutierte man in der Region die *„GrenzBahn"*. Die gesamte Strecke – von Friedberg bis Szombathely – sollte wiedererstehen. Experten befürworteten das Projekt, für das wohl EU-Gelder zur Verfügung gestanden wären. Dennoch wurden 2021 in Österreich 21 Kilometer Gleise entfernt. Hatte man damit eine historische Chance vertan? Das Land Burgenland entschied sich als Eigentümer aus Kostengründen für die Errichtung des Bahntrassenradwegs. Der Abschnitt Rechnitz–Oberschützen wurde im Herbst 2022 freigegeben.

Von Bucsu (Bahnhof) nach Narda

Wir unterqueren die Autoschnellstraße und biegen auf die Landstraße in Richtung Grenzübergang Schachendorf ab. Auf einer eigenen Spur radeln wir leicht bergan. Wir bleiben auf der ungarischen Seite der Region Eisenberg (Vashegy).

Auf der etwas mehr genutzten Straße nach Narda spüren wir die Hügellandschaft in den Oberschenkeln (800 m / 50 Hm). Manchmal reicht unser Blick „hinüber". Auf den letzten Metern nach Narda geht es wieder bergab, und wir halten beim Gemeindeamt. (Rastmöglichkeit am Spielplatz an der Hauptstraße)

EV 13 / Vashegy kerékpárút
Distanz: 3,5 km
↑ 57 m ↓ 17 m

Narda (Narda)

Pozdravljamo Vas! Auf Kroatisch begrüßt uns die Ortschaft Narda (Nähring), die mit Stolz den Titel *Communitas fidelissima (allertreueste Gemeinde)* auf der Einfahrtstafel trägt. Damit streifen wir schon die komplizierte Grenzziehung (→ S. 282) in dieser Region. Vor dem Gemeindeamt erinnert ein Gedenkstein von 2003 an die (Wieder-)Angliederung des Orts an Ungarn am 10. Jänner 1923. Ein Relief zeigt Ungarn in den Grenzen vor 1918 („Großungarn") mit dem Wort „Rendületlenül"

Seehöhe: 279 m

Polgármesteri Hivatal Narda, Kossuth Lajos u. 1, Tel. +36 94 351 036, narda.hu

Spuren der verschwundenen Pinkatalbahn in Bucsu

(unerschütterlich). Dies wird uns auf dieser Etappe öfter begegnen.

2021 feierte Narda seine 800-jährige Existenz. Der Ort besteht aus den Dörfern Nagy-Narda und Kis-Narda, die 1950 vereinigt wurden. Die Gemeinde unterhält gute Kontakte mit den Nachbarortschaften Schachendorf/Čajta und Schandorf/Čemba jenseits der Grenze, wo ebenfalls kroatische Bevölkerungsgruppen wohnen. Zwischen Freunden, Verwandten und Bekannten stand vierzig Jahre lang der Eiserne Vorhang. Ein paar Schritte vom Gemeindeamt entfernt errichtete ein Verein eine Holzstele (2020), um an die Grenzsoldaten zu erinnern, die in der Region ihren Dienst versahen. In der Gegend erzählt man aber auch von der Flucht einer berühmten und mutigen Frau im Jahr 1951.

★ KATALIN KARÁDY (1910–1990) – EINE FILMDIVA UND IHR SCHICKSAL

Eine junge Ungarin, die Katalin Kanczler hieß, hatte Ende der 1930er-Jahre ihren Durchbruch als Schauspielerin und Sängerin. Mit dem Film „Halálos Tavasz" (Kalmár László, 1939; dt. „Tödlicher Frühling") wurde sie als Katalin Karády in Ungarn schlagartig zum Star. Die Rolle als *Femme fatale* brachte ihr weitere Erfolge in über zwanzig Filmen. Doch die Geschichte sollte ihre aufstrebende Karriere beenden.

Während der deutschen Besatzung Ungarns wurde Karády von der Gestapo vorübergehend verhaftet, da sie mit dem Leiter des ungarischen Militärgeheimdienstes verlobt war. Trotz aller Gefahren setzte sich die Schauspielerin für jüdische Mitbürger ein und rettete mehrere Leben. So versteckte sie etwa zwanzig Kinder in ihrer Villa. Nach Kriegsende wurde Karádys Verlobter von der Sowjetarmee verschleppt. Sie selbst hatte im kommunistischen Regime immer weniger Auftrittsmöglichkeiten und entschloss sich zur Emigration. Es wurde eine abenteuerliche Flucht.

Im Februar 1951 bot ein Gastspiel in Szombathely eine günstige Gelegenheit. Fluchthelfer schleusten

Karády und den Sänger Olivér Lantos ins Grenzgebiet bei Narda und durch die technischen Sperren nach Österreich. Wenige Tage später ging die Flucht von „Ungarns Zarah Leander" als Sensation durch die Medien: „Ein Filmstar robbte in die Freiheit", schrieben die *Salzburger Nachrichten*. Bei einer Pressekonferenz in Salzburg erzählte Karády von Minen, Stacheldraht und Bluthunden.

Katalin Karády

Karády konnte ihre Filmkarriere nicht fortsetzen. Die USA verdächtigen die Ungarin als Kommunistin und verweigerten ihr das Visum. Zunächst lebte sie zurückgezogen als Hutmacherin in Brasilien in São Paulo. 1968 übersiedelte Karády nach New York, wo sie ein Hutgeschäft führte. Die sterblichen Überreste der einstigen Filmdiva wurden 1990 nach Budapest überführt, wo sie beerdigt wurden. Für die „Rolle" als Lebensretterin zeichnete die Internationale Holocaust-Gedenkstätte Yad Vashem Karády 2004 als *„Gerechte unter den Völkern"* aus.

Von Narda nach Felsőcsatár (Kirche)

EV 13
Distanz: 4 km
↑ 25 m ↓ 47 m

Wir rollen durch das breite Straßendorf. Noch in Gedanken an die außergewöhnliche Filmdiva kommen wir auf eine Art Hochebene mit weiten Feldern und Wäldern, die an Österreich grenzen. Auf dem Weg nach Felsőcsatár sind ein paar Höhenmeter Auf und Ab inkludiert. Nach der Ortstafel bleiben wir auf der Hauptstraße, die hinauf zur Kirche und zur Nationalitätengrundschule führt.

Felsőcsatár (Gornij Četar)

Seehöhe: 252 m

Polgármesteri Hivatal Felsőcsatár, Petőfi S. utca 74, Tel. +36 94 351 000, felsocsatar.hu

Felsőcsatár (Oberschilding / Gornij Četar) ist Teil der „kroatischen Welt" am Eisenberg, wie wir am Ortsschild und bei der *Kirche Sveti Nikola / Szent Miklós templom (hl. Nikolaus)* erkennen können. Dazu gehört auch das Dorf Alsócsatár (Unterschilding / Dolnij Četar), das 1933 eingemeindet wurde. Bei der Kirche erinnert eine

Museum Eiserner Vorhang in Felsőcsatár

Gedenktafel (1933, erneuert 2003) an die Rückgabe mehrerer Ortschaften an Ungarn 1923 (→ S. 282). Dass diese Dörfer nach 1948/49 zum Grenzsperrgebiet würden, konnte niemand ahnen.

Am 23. Oktober 1956 schaffte es Felsőcsatár mit einer erstaunlichen Meldung in die österreichische *Presse: „Mulatsag am Eisernen Vorhang“*. Ein Journalist berichtete, dass Felsőcsatár in Budapest die Erlaubnis erhalten hätte, die Grenze für ein Erntefest zu öffnen. So kamen am 21. Oktober 1956 268 burgenländische Nachbarn, oft, um ihre Verwandten oder Freunde zu besuchen, in Autobussen und Privatwagen ohne Visum über die Grenze. Nach Jahren der Trennung war die Wiedersehensfreude groß. Bei dem Fest sollen sogar Zollbeamte und Gendarmen mitgefeiert haben, „als ob es selbstverständlich wäre“. Die hoffnungsvolle Stimmung kippte wenige Tage später in der Ungarnkrise. In den folgenden Monaten flüchteten etwa 200 Menschen allein aus der Region Felsőcsatár. 1957 wurde die gefährliche Grenzanlage wiedererrichtet (→ S. 279). Wie diese aussah, können wir hier im Museum Eiserner Vorhang studieren.

Abstecher zum Museum Eiserner Vorhang

Ohne Markierung
Distanz: 2 km
↑ 66 m ↓ 22 m

Von der Kirche rollen wir südwärts kurz bergab. Das *Schild „Vasfüggöny Múzeum“* weist in die erste Gasse rechts, die an der ehemaligen *Kaserne* vorbei hinunter ins Tal führt. Hier queren wir erstmals die Pinka, die sich durch das Gestein kämpft. Wir kämpfen uns hinauf (1,2 km / 45 Hm). Oben biegen wir rechts ab und folgen dem Weg bis zum Museum.

Museum Eiserner Vorhang (Vasfüggöny múzeum)

Museum Eiserner Vorhang (Vasfüggöny Múzeum)
Felsőcsatár, Szőlőhegy Hrsz. 1033, www.vasfuggonymuzeum.hu, Tel. +36 30 564 2657, März bis Okt. tägl. 10–19 Uhr

Eine der wichtigsten Sehenswürdigkeiten während unserer Tour ist das gar nicht kleine *Privatmuseum* am Eisenberg (Vashegy). Im April 2022 wurde die Sammlung als *Hungaricum-Erbe* auf Gemeindeebene anerkannt. Der Gründer des Museums, Sándor Goják, patrouillierte während seines Grundwehrdiensts in den Jahren 1965 bis 1968 in den Grenzabschnitten Kőszeg und Pornóapáti. Dass er einmal in Felsőcsatár die Grenzanlagen ins Museum stellen würde, hätte er damals wohl nicht zu träumen gewagt.

1990 erfüllte sich Goják einen Wunsch und eröffnete in den Weinbergen am Eisenberg einen Buschenschank. Aus Gesprächen mit den Gästen über die Zeit am Eisernen Vorhang entstand die Idee eines Museums. Goják stellte auf seinem Grund die drei (technischen) Phasen der Grenzanlagen mit vielen Details und Objekten nach. Seit 2022 ergänzt die App *„Der Eiserne Vorhang in meinem Garten“* die Präsentation (deutschsprachige Version und Leihgeräte vorhanden). Wir hören Erklärungen und ergreifende Geschichten, wie jene der Schauspielerin Katalin Karády (→ S. 274), erzählt von ihren Fluchthelfern, die in den USA leben. Weiter oben im Garten werden wir mit einem Modell des Grenzzauns von 2015 („4. Phase“) konfrontiert. Einen solchen ließ Ministerpräsident Viktor Orbán während der Flüchtlingskrise an der Grenze Ungarns zu Serbien und Kroatien errichten.

Auf der *Anhöhe des Museumsgartens* können wir unsere Gedanken frei schweifen lassen und den wun-

Keine Verbotszone mehr

derbaren Ausblick über die einst verbotene Sperrzone genießen.

Ohne Markierung, EV 13, ohne Markierung
Distanz: 8,5 km
↑ 179 m ↓ 90 m
+ 4,7 km Abfahrt nach Vaskeresztes
↑ 8 m ↓ 161 m

Von Felsőcsatár zum Eisenberg

(Zur Info s. u.)* Wir kehren in den Ortskern von Felsőcsatár zurück (1,7 km). Von dort radeln wir auf der Landstraße meist bergab in das Pinkatal, spüren die Kühle der Auen und erreichen nach 2 km *Vaskeresztes/ Großdorf.*

Um auf den Eisenberg zu gelangen, biegen wir in Vaskeresztes rechts in die Hauptstraße (Fő utca) ab. radeln durch das langgezogene Straßendorf hindurch. Nun wird es sehr sportlich (3 km / 150 Hm). Wir folgen links der Kellergasse über eine Schleife hinauf (Schild: Csejke / Grenzstelle). Nach der Grenze geht es über die Grenzlandstraße weiter und auf der Oberen Kellergasse zum *„Weinblick"*. Später genießen wir die Abfahrt retour nach Vaskeresztes.

* *Zur Info:* Wanderwege am Eisenberg führen vom Museum ca. 2 km auf die österreichische Seite (Trail für Abenteuerlustige mit leichtem Rad und Landkarte, schwierige Abschnitte und querliegende Bäume möglich!).

DER EISERNE VORHANG ZWISCHEN UNGARN UND ÖSTERREICH

Ungarn begann 1948 mit dem Bau von „technischen Sperren", um illegale Grenzübertritte, Flucht und Schmuggel einzudämmen. Im Frühjahr 1949 nahm der Eiserne Vorhang an der Grenze zu Österreich Gestalt an: Zwei Reihen Stacheldrahtzaun, dazwischen Minenfelder, Stolperdrähte, Spurstreifen, Wachtürme und eine Sperrzone. Aus der Grenzzone, die 15 Kilometer ins Landesinnere reichen konnte, wurden „unzuverlässige Personen" ausgesiedelt. Österreich protestierte gegen die Minen unweit der Grenzlinie.

1955/56 bahnte sich eine Entspannungsphase zwischen den Nachbarstaaten an. Ungarn entschied sich im März 1956 zur Entfernung der inzwischen schadhaften „technischen Sperren" und setzte auf verstärkte Patrouillen und Signalanlagen. Im Sommer 1956 dachte man sogar an die Eröffnung von Grenzübergängen. So wollte es der Zufall, dass während der Ungarnkrise 1956 (→ S. 89) die Flucht über die grüne Grenze weniger gefährlich war. Nach der Niederschlagung der Revolution ließ die kommunistische Regierung Ungarns Anfang 1957 die „technischen Sperren" – mit größeren Minenfeldern – wiedererrichten. Hochwässer der Grenzflüsse konnten Tretminen ins Burgenland schwemmen und dort die Bevölkerung gefährden. Erst Ende der 1960er-Jahre wurden die Minengürtel entfernt.

In den Jahrzehnten vor 1989 bildete der aus der Sowjetunion importierte Signalzaun den Eisernen Vorhang. Das Alarmsystem mit 25 Volt zeigte den Abschnitt an, wo jemand oder etwas den Zaun berührte – und die Grenzsoldaten waren innerhalb weniger Minuten vor Ort. Ein Wildfangzaun sollte Fehlalarme verringern. Der Signalzaun verlief aus technischen Gründen weiter im Landesinneren. So wurden Grenzorte vom Rest Ungarns isoliert, wie jene am Eisenberg und an der Pinka. Sie durften nur mit spezieller Erlaubnis besucht werden.

Wie viel Opfer der Eiserne Vorhang an der Westgrenze Ungarns in vierzig Jahren forderte, ist nicht bekannt. Man schätzt mehrere hundert.

Webtipp: ORF TVthek, History | Europa entfesselt, Burgenland heute, 16.5.2009 (3:04 Min.): tvthek.orf.at/history/Geteiltes-Europa/7773732/Tragoedien-an-der-Grenze/7770878

Weinblick am Eisenberg

Seehöhe: 415 m

Polgármesteri Hivatal Vaskeresztes, Fő utca 33, Tel. +36 94 351 177, vaskeresztes.hu

Eisenberg an der Pinka, www.eisenberg.at Ortsteil von Deutsch Schützen-Eisenberg, Gemeindeamt, Untere Hauptstr. 24, Tel. +43 3365 2225, deutsch-schuetzen.at

Am Eisenberg

Der Eisenberg (Vashegy) trägt seinen Namen natürlich nicht zufällig. Aufgrund der Bodenschätze war die Region in der Eisenzeit sehr reich und bedeutend. Heutzutage präsentiert sich die Hügellandschaft vor allem als wunderbares Weingebiet, viele Kellerstöckl reihen sich aneinander. *Vaskeresztes/Großdorf*, ein Ort mit deutschsprachigem Bevölkerungsanteil, liegt zu seinen Füßen. Seine Kellergasse führt über die Grenze nach Österreich, wo der höchste Punkt des Hügels in *Eisenberg an der Pinka* liegt. Wer diese *Bergetappe* absolviert, kann sich in einem Buschenschank oder Borosház stärken. Die Region ist bekannt für ihren Blaufränkischen.

Die *Aussichtsstelle Weinblick* mit dem grenzenlosen Panorama über den Naturpark Weinidylle und das untere Pinkatal gehört seit 2007 zu den Highlights der Region: Es ist ein idealer Ort, um sich einen Überblick zu verschaffen. In der Landschaft mit den Weinbergen, Äckern und Auwäldern der Pinka können wir die Staatsgrenze zwar nicht erkennen, doch sie prägte den Pinkaboden, wie das „Tal“ auch passend genannt wird. Eine politische Zickzacklinie riss das Gebiet in zwei Teile (→ S. 282) und beeinträchtigte die traditionelle Verbindung nach Szombathely (Steinamanger).

Aussichtsplattform Weinblick Eisenberg an der Pinka, Obere Kellergasse 54, frei zugänglich

GPS: 47.1946214N, 16.4137742E

Tipp für Unermüdliche: Die Region Eisenberg lädt zu weiteren Ausflügen ein: zum Pinkadurchbruch oder in den Schandorfer Wald mit dem größten bekannten Hügelgräberfeld Europas aus der Eisenzeit. In *Burg (Óvár)* legten die „Eisenbarone“ eine Erdburg an, die wohl die Basis für eine mächtige Wehranlage im Mittelalter war. Darauf fußt die Pfarrkirche hl. Andreas.

www.hannersdorf.at/burg/
www.schandorf.at

Von Vaskeresztes über Deutsch Schützen nach Pornóapáti

EV 13,
ohne Markierung
Distanz: 8,3 km

Nun beginnen wir die Erforschung des Pinkabodens, wo Ortsnamen mittelalterliche Grenzwächtersiedlungen verraten. Von Vaskeresztes radeln wir auf der Landstraße durch *Horvátlövő/Horvátske Šice,* also Kroatisch Schützen. Für den Besuch von *Deutsch Schützen* spüren wir einen alten Weg auf, der circa 600 m nach Horvátlövő bei einem Marterl zur Pinka abzweigt: Mitten am Feld nützen wir eine Grenzübertrittsstelle. Wir tauchen durch den Auwald, radeln gerade bis zur Bundesstraße (mäßiger Verkehr) und links in den Ort.

Staatsgrenze am Feldrand bei Horvátlövő

DIE ZICKZACK-GRENZE IM PINKABODEN

Ende November 1921 übernahm Österreich das Südburgenland, so wie es der Vertrag von Trianon vorsah („Trianon-Linie"). Doch Details des Grenzverlaufs waren noch zu klären. Im März 1922 fuhr die Interalliierte Grenzkommission durch die Ortschaften des Eisenbergs und Pinkabodens, um die Stimmung der Bevölkerung zu erkunden. Sie war mit dreisprachigen Fragebögen ausgerüstet und sprach mit Vertretern der Gemeinde und der Grundbesitzer. Eine organisierte Abstimmung der Gesamtbevölkerung der Region gab es nicht. So schien es beim Kurzbesuch der Kommission auf Hochrufe anzukommen: Hoch Österreich! Éljen Magyarország! Die Meinung der Menschen zog sich manchmal quer durch Ortschaften. Viele Faktoren spielten eine Rolle: Beruf, Sprache, Religion, persönliche, politische und wirtschaftliche Interessen, Propaganda, Ängste ...

Am 19. September 1922 beschloss der *Völkerbundrat* in Genf folgende Korrekturen im Pinkatal: die Rückgliederung von Nagynarda, Kisnarda, Vaskeresztes, Horvátlövő und Pornóapáti an Ungarn – und die Angliederung Luisings an Österreich (→ S. 298). Diese Orte wurden am 10. Jänner 1923 übergeben. Durch einen Tausch wechselte am 9. März 1923 zusätzlich das Dorf Prostrum als Szentpéterfa auf die ungarische Seite (→ S. 237 f. und S. 291).

Die so entstandene Staatsgrenze durchschneidet die Pinka und die alte Landstraße Rechnitz–Körmend mehrfach auf kleinem Raum. Die adeligen Großgrundbesitzer bekamen Grenzsteine mitten auf ihr Land. Der unübersichtliche Grenzverlauf begünstigte Zwischenfälle und Schmuggel. Nach einer ersten Phase mit Unklarheiten und gegenseitigen Schikanen beruhigte sich die Lage. Dank des kleinen Grenzverkehrs blieben die Kontakte zwischen den Dörfern in der Zwischenkriegszeit noch sehr eng.

„Grenzgängerin" Pinka

Neugier erwecken die Reste der *Martinskirche* am westlichen Siedlungsrand. Ein *Abstecher* dorthin ist vom Ortszentrum aus möglich. (Beim Kriegerdenkmal rechts, Schild: Grab jüdischer Zwangsarbeiter Distanz: ca. 800 m / pro Richtung). Bis 1274 befand sich hier ursprünglich das Dorf. Schon in der Römerzeit waren an dieser Stelle ein Friedhof und wohl ein Heiligtum. Die Martinskirche wurde im 15. Jahrhundert errichtet und verfiel ab dem 18. Jahrhundert, nachdem eine Kirche direkt im Dorf gebaut worden war. 1945 stürzte das Gebäude in sich zusammen. Im Umfeld begingen am 29. März 1945 SS-Männer ein Massaker an etwa sechzig ungarisch-jüdische Zwangsarbeiter (→ S. 256).

Reste der Martinskirche in Deutsch Schützen

Im Ort radeln wir an der Unteren Hauptstraße an der Kirche Mariä Namen aus 1930er-Jahren vorbei. Auf der Landstraße Richtung Süden hat das *alte Zollhaus* aus den 1920er-Jahren keine andere Funktion mehr, als den Straßengrenzübergang anzudeuten. Dieser existiert wieder seit 2006 und bringt uns nach Pornóapáti. Auf dem Weg passieren wir die Gemäuer eines ehemaligen Wirtschaftsgebäudes, *Ómajor (Althof)*. In früheren Jahrhunderten stand hier eine Klosteranlage. Die Ortsmitte ist nicht mehr weit.

Tipp für kunsthistorisch Interessierte: Etwas abseits unserer Route im Pinkaboden gibt es ein spätromanisches Juwel. In *Ják* überrascht die große Kirche zum hl. Georg der ehemaligen Benediktinerabtei aus dem 13. Jahrhundert.

Martinskirche

GPS: 47.1644733N, 16.4397361E

Pornóapáti (Pernau)

Der Name der Ortschaft hat Erklärungsbedarf: Pornó- (Pernau / Pornova) leitet sich von dem Namen eines Familiengeschlechts ab. Der Teil „-apáti“ verweist auf eine Abtei, die mit Unterbrechungen zwischen dem

Seehöhe: 226 m

Polgármesteri Hivatal Pornóapáti, Körmendi utca 27, Tel. +36 94 351 017, pornoapati.hu

12. und 18. Jahrhundert existierte und abwechselnd Benediktiner, Zisterzienser und Jesuiten beherbergte. Die Glocke des verschwundenen Klosters läutet noch in der *Kirche hl. Margarethe* auf dem Dorfplatz bzw. an der Kreuzung von Pernau. Sie gilt als die älteste noch funktionierende Glocke Ungarns (1493).

An der prominenten Stelle sehen wir die *Dreifaltigkeitssäule* von 1906, die laut Inschrift „Arbeiter in Amerika“ gestiftet haben (→ S. 294). Den Platz prägen verlassene Gebäude wie ein ehemaliger Getreidespeicher und die einstige Forstverwaltung des Grundbesitzers. Hier war im Kommunismus eine Kaserne der Grenzsoldaten.

Und schließlich zieht ein *Trianon-Denkmal* (auch: Treue-Denkmal) die Aufmerksamkeit auf sich. Pornóapáti zählt zu den „allertreuesten Gemeinden“. Den *Titel Communitas fidelissima* verlieh das ungarische Parlament im Dezember 2014 allen Dörfern im Pinkatal und am Eisenberg, die 1923 zu Ungarn zurückkamen (→ S. 282). Die Gedenkstelle zur Grenzkorrektur in Pornóapáti / Pernau geht auf die Zwischenkriegszeit zurück; eine Infotafel im Dorf nennt das Jahr 1933. (Die Angabe „Oktober 1922“ am Denkmal ist aufgrund der Chronologie fragwürdig.) Der ursprüngliche Gedenkstein erhielt 1948 eine Zusatztafel in Erinnerung an die Revolution 1848 und 2003 eine weitere in Gedenken an die Treue der Bevölkerung 1922/23. In der heutigen, erneuerten Form – mit Inschriften auf Ungarisch, Kroatisch und Deutsch – entstand das Treue-Denkmal 2021, auch wenn das Monument dies nicht dokumentiert. Dabei fand der Spruch aus der Zwischenkriegszeit Platz: „Ich glaube an die Auferstehung von Ungarn!“

Wir blicken in jene schwierige und unsichere Phase und erfahren Details aus Pernau. Anfang Oktober 1921 riefen Freischärler in Felsőőr (Oberwart) das Lajta-Bánság (Leitha-Banat) aus und forderten die Loyalität der westungarischen Gemeinden. Am 5. Oktober 1921 verschleppten Unbekannte den Pfarrer Franz (Ferenc) Pataki aus Pornóapáti (Pernau) und ermordeten ihn – wahrscheinlich, weil er für Österreich eintrat. Ende November / Anfang Dezember 1921 übernahm

Treue-Denkmal in Pornóapáti

Österreich die Verwaltung im Pinkatal. Am 9. März 1922 äußerten sich Vertreter der überwiegend deutschsprachigen Gemeinde gegenüber der Grenzziehungskommission mehrheitlich für Österreich. Doch vor allem der Großgrundbesitzer Franz von Bayern hatte Interesse an der Zugehörigkeit zu Ungarn. Auch sonst hielten viele die wirtschaftliche Ausrichtung nach Szombathely für lebenswichtig. Im April 1922 hatten Bundeskanzler Johann Schober und Bundespräsident Michael Hainisch bei ihrer Fahrt durch das Pinkatal versichert, dass Österreich „nicht einen Quadratmeter hergeben werde". Die Rückgabe an Ungarn war für jene, die sich für eine Zukunft in Österreich engagiert hatten, ein Schock.

Hinter dem Trianon-Denkmal führt uns ein anderer *Gedenkstein* (2001) in das Jahr 1946, als über zwanzig deutschsprachige Familien – mindestens neunzig Personen – aus dem Ort vertrieben wurden. Dabei blieb die Aussiedlung in Pornóapáti und in Vaskeresztes offenbar auf Volksbund-Mitglieder beschränkt. (vgl. → S. 26). Der Bischof von Szombathely, Sándor Kovács, intervenierte beim Premierminister Zoltán Tildy gegen eine umfassendere Maßnahme und verwies auf das loyale Verhalten der Gemeinden 1922.

Während der Ungarnkrise 1956 ergriffen viele Bewohner die Flucht, darunter die Familie von Emmerich „Imre" Koller. Der gebürtige Pernauer beschrieb in seinen Memoiren „Über die Grenzen" einfühlsam die frühere Lebenswelt des Pinkabodens. Heute wird der (sinkende) Anteil der Ungarndeutschen auf vierzig Prozent geschätzt, bei einer Gesamtbevölkerung von rund 360 Personen.

Von Pornóapáti nach Bildein

EV 13
Distanz: 3,3 km

Von Pornóapáti / Pernau nach Bildein radelt man auf der Landstraße vielleicht eine Viertelstunde, wenn

Dorf ohne Grenzen – Bildein

sich nicht gerade die Geschichte querlegt. Die beiden Orte sind traditionell über freundschaftliche und familiäre Kontakte verbunden. In den 1970er-Jahren bemühte man sich um die Überwindung des Eisernen Vorhangs trotz aller Hürden wie Visum oder Genehmigungen. Nach Möglichkeit sandten die Dörfer Delegationen zu besonderen Anlässen wie Kirtagen. Dafür mussten diese den umständlichen Umweg über die Grenzübergänge Rattersdorf (→ S 236) und Schachendorf (ab 1976) in Kauf nehmen.

Ab 1990 öffnete sich der kleine Grenzübergang nur fallweise. Daher begingen die Nachbarn im Dezember 2007 das Ende der Schengen-Grenzen ganz feierlich: mit Sonderstempelungen, Gesang an der Grenze, Glockengeläut um Mitternacht und gegenseitigem Besuch. Wir lassen den alten Grenzgraben hinter uns und fahren fröhlich weiter.

Bildein

Seehöhe: 225 m

Gemeindeamt Bildein, Florianigasse 1, Tel. +43 3323 25 97, bildein.at

Die Ortsstruktur von Bildein (Beled) ist etwas verwirrend, denn es besteht aus zwei ehemals eigenständigen Dörfern: Oberbildein und Unterbildein. Beide wurden 1971 mit der Großgemeinde Eberau vereint, und zusammen machten sie sich nach einer Volksbefragung 1993 als Bildein selbstständig. Das mithilfe von EU-Förderungen modernisierte *Dorfzentrum* liegt im nördlichen Teil von Unterbildein und wird durch den unübersehbaren *Schriftzug picture on* angezeigt. Hier gibt es einen Supermarkt, das Gemeindeamt, ein Wirtshaus (derzeit ohne Pächter) und die hübsche *Kirche hl. Veit.*

Bildein nimmt eine besondere Stellung ein: An drei Seiten wird das Dorf von der Staatsgrenze umklammert, und an der vierten Seite im Westen bildet die Pinka eine natürliche Grenze. Nur kleine Brücken halten die Verkehrsverbindung mit Österreich aufrecht. Der Ort mit 350 Einwohnern hat sich aber einen widerständigen und sympathischen Leitspruch gewählt: *„Dorf ohne Grenzen“*. Vereine wie der Kulturverein Grenzgänger und KuKuK Bildein engagieren sich seit Jahrzehnten für eine positive Entwicklung im Pinkaboden.

Einmal im Jahr, an einem Wochenende im August, spielt es sich in Bildein so richtig ab, wenn es heißt: *picture on* (Der Titel ist eine kreative Übersetzung von „Bildein“). Das im Jahr 2000 gegründete *Musikfestival* hat mit einem „frechen Stilmix“ über die Landesgrenzen hinweg Bekanntheit erlangt *(www.pictureon.at)*. Wer hätte gedacht, dass in dem Flecken im Pinkaboden Musiker aus mehr als zwanzig Ländern aufgetreten sind, wie etwa die Leningrad Cowboys? Außerdem gehört das *Mondscheinkino* im Juli zu den beliebten Höhepunkten im Jahr.

Zu „normalen“ Zeiten können sich Reisende der Entschleunigung hingeben, im Café Lendl plauschen oder einen guten Tropfen im *Weinarchiv* gustieren. Mit etwas Planung kann man mit dem Kanu auf der Pinka *(www.kanatour.at)* paddeln oder den Bioschafhof Elpons besuchen. Das burgenländische geschichte(n)

Bioschafhof Elpons Mühlweg 3, Führung nach Vereinbarung, Tel. +43 680 325 26 10, www.bioschaf.at

Weinarchiv Bildein Florianigasse 1, Ostersonntag bis 26. Okt., Sa, So, Fei 14–20 Uhr, Fr 17–20 Uhr, nach Voranmeldung unter Tel. +43 664 280 92 87 oder E-Mail: wolfgang.lechner@gmx.net

Am Grenzerfahrungsweg

haus am Dorfanger und der Grenzerfahrungsweg sind für uns besondere Angebote.

burgenländisches geschichte(n)haus Hauptstraße 119, www.geschichtenhaus.at, Ostern bis Mitte Nov. Sa, So, Fei 14–17 Uhr sowie nach Voranmeldung, Tel. +43 3323 219 99 od. +43 664 142 55 34

Grenzerfahrungsweg Start hinter dem Gemeindeamt Bildein, Übersichtsplan gratis im Gemeindeamt erhältlich, frei zugängliche, beschilderte Route, mit Rad befahrbar (tw. Schotterweg). Führung nach Anmeldung, www.bildein.at/grenzerfahrungsweg

burgenländisches geschichte(n)haus / Grenzerfahrungsweg

Im ehemaligen Feuerwehrhaus von Unterbildein können wir buchstäblich in der Geschichte der Region und des Burgenlands stöbern (Gestaltung: Andreas Lehner, 2001). Neugierige Blicke in die Schubladen und Kästen sind ausdrücklich erlaubt. Medienstationen haben zahlreiche Lieder, Interviews oder Videos im Programm: Volkslieder auf Hianzisch, Kroatisch und Ungarisch, Erzählungen über Amerikaaufenthalte, das Leben in Pernau und Bildein, die Grenzöffnung 1989 und anderes mehr. Zu den Öffnungszeiten darf man mit Einheimischen plaudern – lebendige Geschichte und Tratsch am Dorfplatz.

Wie für uns gemacht ist der „*Grenzerfahrungsweg*" – ein Erlebnisweg, den der Kulturverein Grenzgänger 2011 gestalten ließ. Die vier bis fünf Kilometer absolvieren wir am besten zu Fuß, denn so bekommen Gedanken über den vielseitigen Begriff „Grenze" mehr Raum. Ein *Labyrinth* gegenüber dem Friedhof steht symbolisch für die verschlungenen Wege des Lebens. An den Zweiten Weltkrieg erinnern ein *Bunker* und ein sowjetischer Panzer bei einem *Schützengraben.* Auch hier überwand die Rote Armee im Frühjahr 1945 den Südostwall (→ S. 256). Zwölf Tage dauerten die Kämpfe im Pinkaboden – kaum vorzustellen, wenn wir anschließend am friedlichen Fluss flanieren. Hier streifen wir Themen wie Migration, Globalisierung, Tourismus, Volksgruppen und Meditation. Nahe der Staatsgrenze erzählt ein *Wachturm des Bundesheeres* z. B. von der Bewährungsprobe bei der Ungarnkrise 1956 (→ S. 89) und den Assistenzeinsätzen im Burgenland (bis 2011).

An der *Grenzbrücke* steht die schwierige Geburt des Burgenlandes im Zentrum der Aufmerksamkeit. Am rechten Ufer der Pinka lassen wir die schöne Landschaft auf uns wirken und lesen eine *Sage* über eine Grenzsteinversetzung. Bei der Ortseinfahrt ruft ein *Wachturm mit Stacheldrahtzaun* die Schrecken des Eisernen Vorhangs ins Gedächtnis. Zum Schluss fordert die *Schwimmende Brücke* dazu auf, persönliche Grenzen auszuloten.

Von Bildein nach Eberau

EV 13, B57
Distanz: 3,9 km

Vom Dorfanger in Bildein radeln wir weiter südwärts. Auf der Landstraße bewegen wir uns auf die Grenze und den Ort Szentpéterfa / Petrovo Selo (Prostrum) zu, von dem wir schon gehört haben (→ S. 282). Doch wir umfahren das ungarisch-kroatische Dorf wie zu Zeiten des Eisernen Vorhangs. Denn es lockt eine reizvolle Fahrt über die Pinkataler Weinstraße. Und so nehmen wir bei der Statue, die Maria als Schutzheilige Ungarns zeigt, die Abzweigung nach Eberau (B57 Weinidylle). Der Ort ist ohnehin einen Besuch wert. Bei der Durchfahrt achten wir beim „Amerikanerkreuz" auf den „Einstieg" zum Hauptplatz.

Eberau

Seehöhe: 215 m

Marktgemeindeamt Eberau, Marktstraße 27, Tel. +43 3323 4003, www.eberau.at

Die Marktgemeinde Eberau (Monyorókerék / Eberava) unterscheidet sich mit seinem kleinstädtischen Touch deutlich von den Dörfern des Pinkabodens. Wir bemerken die eigenartigen Kurven in der Marktstraße mit dem modernen Gemeindeamt, bevor wir den Zugang zum historischen Ortskern finden. Bei einem

„Amerikanerkreuz" geht es nach links, nur herein! Ein freundlicher und besonderer Hauptplatz empfängt uns: Eberau ist ein jahrhundertealtes *Bollwerk* – mit einer noch erkennbaren Ortsumwallung und der größten *Wasserburg* Österreichs. Diese verbirgt sich hinter der Kirche hl. Joseph.

So blicken wir in den Pinkaboden des Mittelalters und der Neuzeit: Die ältesten Quellen erwähnen Eberau im Jahr 1221, als der letzte Erbe aus dem Geschlecht der Herren von Ják, Stephan, dem Zisterzienserkloster in Szentgotthárd (→ S. 321) eine Schenkung machte. Von den späteren Grundherren von Eberau sind die *Ellerbacher* (1369–1496) hervorzuheben: Sie bauten um 1400 eine vorhandene Wehranlage mit einer Wasserburg aus und schufen ein umfassendes Schutzsystem. Die Siedlung, die in den Vorstellungen der Ellerbacher eine Stadt werden sollte, war nur vom Norden über eine Brücke zu betreten. Offiziell konnte Eberau nie den Status einer Stadt erreichen, hatte jedoch lange stadtähnliche Privilegien. Der befestigte Ort spielte bis ins 17. Jahrhundert eine militärstrategische Rolle und bot der Bevölkerung des Pinkabodens Schutz.

Die Burg – das Schloss *Erdődy* – ist bereits über 400 Jahre im Besitz der Familie *Erdődy* (1496–1556 und

An der Pinkataler Weinstraße im Frühling

seit 1613). Nur zu besonderen Anlässen, wie bei den Schlossspielen der Gruppe Theater Grenzenlos *(www.theatergrenzenlos.at)* im Juni, öffnen sich die Tore zum Burgareal. Aber wir spähen von einem Pfad in die mittelalterliche Wehranlage (ökoEnergieland-Radweg). (Wasser-)Gräben und Wälle hinterließen deutliche Spuren im Gelände. Dazu gibt eine Infotafel genaue Hinweise.

Von Eberau über die Pinkataler Weinstraße zum Weinmuseum Moschendorf

ökoEnergieland, B57
Distanz: 7,7 km
↑ 71 m ↓ 63 m

Die ökoEnergieland-Route lotst uns aus der Wehranlage Eberau über den verschilften Rodlingbach und zur Hauptstraße in Kulm. Es geht weiter durch die Weinidylle (B57). Nach wenigen Metern auf der Bundesstraße 56 zieht es uns über eine mäßige Steigung auf die angenehm wellige Pinkataler Weinstraße, zuerst auf die Abhänge des *Prostrumer Bergs*. Der „Kulm-Prostrumer Weinberg" gehörte bis 1923 zu Szentpéterfa (dt. Prostrum) (→ S. 282). Manche Kellerstöckl verfielen, während ihre Besitzer hinter dem Eisernen Vorhang lebten. Aber das ist fast vergessen ... Überall auf der Weinstraße säumen hübsche Häuschen den Weg, manche davon sind für den Urlaub zu mieten.

Wassererlebniswelt Südburgenland Wasserwelt 1, Eberau, www.wassererlebniswelt.at

Naturpark in der Weinidylle Weinmuseum 1, Moschendorf, Tel. +43 3324 6318, office@weinidylle.at, www.weinidylle.at

Vielleicht finden wir einen geöffneten Buschenschank oder eine Radlerrast – nach dem Motto: „Ned hudln".

In den Gaaser Weinbergen thront die *Wallfahrtskirche Maria Weinberg*. Sie geht wahrscheinlich auf eine romanische Burgkapelle aus dem 12. Jahrhundert zurück, denn hier bewachte die *Burg Kertes* das Grenzgebiet. Im Zweiten Weltkrieg geriet Maria Weinberg in die Planungen des Südostwalls (→ S. 256), und nur über Interventionen blieb der Friedhof unbehelligt. Die Kämpfe im Frühjahr 1945 fügten der Kirche schwere Schäden zu, wovon heute erfreulicherweise wenig zu bemerken ist; ein Besuch der kunstvollen und kühlen Mauern lohnt sich. Beim Kircheneingang sehen wir ein Kriegerdenkmal, das 1925 „von Brüdern in Amerika" gestiftet wurde.

Gegen Ende der Weinstraße könnten Wasserratten in die nahe Wassererlebniswelt abtauchen. Uns erwartet das *Weinmuseum Moschendorf* mit dem Informationsbüro des Naturparks in der Weinidylle, der in dieser Form 1999 gegründet wurde (7270 ha).

Moschendorf

Seehöhe: 206 m

Gemeindeamt Moschendorf, Gemeindeweg 1, Tel. +43 3324 6521, www.moschendorf.at

Weinmuseum Moschendorf

Abseits vom eigentlichen Ortsgebiet liegt seit 1981 das Freiluftmuseum Moschendorf. Hier haben 15 ältere Gebäude, vor allem Weinkeller aus der Umgebung, eine neue Bleibe gefunden. Sonst wäre z. B. der Kreuzstadel aus dem Jahr 1663 für immer verschwunden. Im Weinmuseum finden Veranstaltungen wie Volkstanztreffen, Ausstellungen und Weinverkostungen statt: Eine Uhudler-Vinothek hält die Spezialität der Region bereit. Über den Direktträgerwein aus Amerika, der wegen der Reblauskatastrophe nach 1860 nach Europa kam, ist einiges zu erfahren (Infotafel, → S. 303).

Einmal im Jahr ist das „Dorf" sehr belebt. Anfang Juli reisen Auslandsburgenländer zum traditionellen *Burgenland-Picnic* an, vor allem aus Amerika. Dabei ist die Miss Burgenland, die in den USA alljährlich gewählt wird, anwesend. Zu diesem Anlass treffen sich

Weinmuseum Moschendorf

wohl einige Verwandte, denn aus dem Pinkaboden sind zahlreiche Menschen ausgewandert (→ S. 294). Dies gilt natürlich nicht nur für die burgenländischen, sondern auch für westungarische Orte. Nur ein Beispiel: Während der Ungarnkrise 1956 verließen die Menschen zu Hunderten die Grenzdörfer der Region, und viele suchten das Exil in den USA, wo bereits Bekannte und Familienangehörige lebten.

Weinmuseum Moschendorf
Moschendorf 122, www.weinmuseum.at, Informationsstelle des Naturparks Weinidylle

Vom Weinmuseum Moschendorf nach Moschendorf (Kirche)

EV 13,
ohne Markierung
Distanz: 2,8 km

Beim Weinmuseum quert die Bundesstraße 56 mit der Radroute nach Strem bzw. Güssing, und eine Abkürzung wäre möglich. Aber wir bleiben dem Motto Zickzack im Pinkaboden treu, denn auch Moschendorf und Pinkamindszent freuen sich über einen Besuch. Auf dem Radstreifen (EV 13) neben der Bundesstraße nach Moschendorf kommen wir auf einen Damm, der ein Stück nach Norden führt. Wir gelangen wieder auf die Landstraße Rechnitz–Körmend und biegen rechts ab (ohne Markierung). In Moschendorf beachten wir an der Kreuzung das *Amerikanerkreuz*. Dann radeln wir über die Dorfstraße bis zur Kirche mit dem Batthyány-Wappen.

Auswanderer aus Güssing

DIE „AMERIKANER" UND DAS BURGENLAND

Immer wieder entdecken wir auf unserer Fahrt Denkmäler, die von ehemaligen Landsleuten im fernen Amerika gestiftet wurden. Sie zeugen von einer bedeutenden Emigrationsbewegung aus Westungarn bzw. dem Burgenland, die schon Ende des 19. Jahrhunderts einsetzte. Eisenbahn und Dampfschiff ermöglichten eine Flucht aus schlechten Lebensbedingungen. Der Höhepunkt der Amerikawanderung wurde nach dem Ersten Weltkrieg erreicht: In den Jahren 1919 bis 1923 emigrierten 13.683 Personen aus dem umstrittenen Landstreifen in die USA. In der Zwischenkriegszeit gehörten die Burgenländer eindeutig zu den Auswanderungswilligsten in Österreich. Neben wirtschaftlichen Gründen gab es persönliche und politische Faktoren für die Auswanderung, wie den „Anschluss" 1938. Auch in den 1950er-Jahren verließen viele die Heimat mit der Hoffnung auf den amerikanischen Traum.

Die Amerikawanderung prägte das Burgenland nicht nur wegen des Bevölkerungsverlusts von mindestens 50.000 Personen. Jene, die zurückkehrten, steckten ihre Dollars in eine eigene Landwirtschaft und in den Bau von neuen Häusern. Jene, die in Amerika lebten, unterstützten oft tatkräftig ihre Verwandten in der alten Heimat. Nach dem Zweiten Weltkrieg schickten sie Hilfspakete und sammelten Geld für den Wiederaufbau. Die zahlreichen persönlichen Beziehungen mit der „großen weiten Welt" sind eine bemerkenswerte internationale Facette der Identität der Burgenländer. Und das jährliche „*Picnic*" der Auslandsburgenländer im Südburgenland entwickelte sich seit 1961 zu einer bekannten Tradition (→ S. 292).

Den Kontakt zwischen den Ausgewanderten und der alten Heimat pflegt die 1956 gegründete „Burgenländische Gemeinschaft". Etwa 80.000 bis 100.000 „*Burgenländers*" – Menschen mit Wurzeln im Burgenland – soll es in den USA geben, vor allem in New York und Chicago.

Ortszentrum Moschendorf

Moschendorf (Nagysároslak / Šerešlaka) ist ein beschaulicher Ort mit etwa 380 Einwohnern. Um 1900 lebten hier noch fast tausend Menschen, dann setzte ein stetiger Bevölkerungsverlust ein. Etwa 300 Personen emigrierten im 20. Jahrhundert nach Amerika. In der Zwischenkriegszeit wohnten wohl phasenweise mehr Moschendorfer jenseits des Atlantiks als im Pinkaboden. Die Kontakte erleichterten bei Bedarf kürzere Arbeitsaufenthalte für das „schnelle Geld". Der Dollar diente als Parallelwährung für Hauskäufe, Ablösen, Arbeitslohn oder Mitgift. Einige Gebäude in Moschendorf (und in anderen Dörfern) verdanken ihre Existenz diesem Phänomen.

Vom Moschendorf (Kirche) nach Pinkamindszent

Ohne Markierung
Distanz: 1,7 km

Der Nachbarort, Pinkamindszent in Ungarn, ist auf der erneuerten Landstraße schnell zu erreichen. 2016 war dieser Grenzzacken in den Medien, weil das österreichische Innenministerium unter dem Eindruck der Flüchtlingskrise 2015 an dieser und anderen Stellen einen Grenzzaun als „Leitmaßnahme" plante. Das Vorhaben scheiterte, weil Bischof Ägidius J. Zsifkovics der Errichtung auf kirchlichen Grundstücken nicht zustimmte.

Pinkamindszent

Seehöhe: 206 m

Polgármesteri Hivatal Pinkamindszent, Fő u. 98, Tel. +36 94 532 006, www.pinkamindszent.hu

Pinkamindszent (Allerheiligen an der Pinka) erinnert am Ortsrand an seine frühere Extremlage am Eisernen Vorhang. Ein Denkmal (2022) zeigt einen Riss im Stacheldrahtzaun und einige Daten der Ortsgeschichte, wie z. B. den Beitritt zur EU (2004) und zum Schengen-Raum (2007).

Im Ort gab es einmal einen Bahnanschluss für den Weg in die weite Welt. Die Stichbahn Körmend–Güssing (1899–1957/59) ereilte das typische Schicksal der kleineren Grenzbahnen am Eisernen Vorhang. Wir sehen noch das alte Bahnhofshäuschen und spüren den Bahndamm unter den Rädern. Für die zehn Kilometer nach *Körmend* und zum dortigen Bahnhof müsste man selbst in die Pedale treten; es gibt eine markierte Route. Die Stadt bietet Unterkünfte, ein Batthyány-Schloss und ein Museum, das den Namen von Ladislaus Batthyány-Strattmann (→ S. 305) trägt und die Geschichte Körmends sowie der Familie Batthyány beleuchtet *(www.muzeumkormend.hu)*.

Ohne Markierung, Paradiesroute
Distanz: 7,7 km

Von Pinkamindszent über den Grenzübergang Strem (Altes Zollhaus) nach Hagensdorf

Unsere nächste Station Hagensdorf bzw. Luising liegt etwa fünf Kilometer südlich, aber ein Grenzzacken fordert mehr Kilometer. Die Straße Richtung Güssing (Németújvár) auf leicht welligem Gelände nützen relativ wenige Autos. Es geht ein letztes Mal über die Pinka. Wir sehen einen landwirtschaftlichen Betrieb, einsame Wälder und Felder. Plötzlich taucht in der Ferne – wie eine Stecknadel auf der Landkarte – die Burg Güssing auf. Wir passieren den Grenzübergang, der am Tag des EU-Beitritt Ungarns, am 1. Mai 2004, geöffnet wurde.

Das *alte Zollhaus Strem* ist für uns der Start- und Endpunkt für die informelle *„Luisingzipfel"-Runde*. Hier biegen wir links in Richtung Heiligenbrunn ab, nach wenigen Metern wieder links in einen Schleichweg zur Straße nach Hagensdorf (Paradiesroute). Im Ort radeln wir bis zum Ende der Hauptstraße (Rastplatz).

Hagensdorf / Luising

Seehöhe: 201m

Ortsteile der Gemeinde Heiligenbrunn (→ S. 301)

In Hagensdorf (Karácsfa) begrüßt uns der regional bekannte Schwabenhof, dessen Name auf den Zuzug von Schwaben im 18. Jahrhundert hindeutet. Der Ort macht einen sehr strukturierten Eindruck, denn nach einem Großbrand 1843 wurde er wie eine Kolonistensiedlung wiederaufgebaut. Für uns ist das *Kriegerdenkmal* nahe der Kirche von Interesse. Das Monument aus dem Jahr 1926 listet die im Ersten Weltkrieg Gefalle-

Ortseinfahrt Luising

nen der Pfarrgemeinde Hagensdorf auf, zu der auch die Nachbardörfer Luising und Ungarisch Bieling (→ S. 301) gehörten. Die Bewohner dieser Dörfer gingen in Hagensdorf in die Kirche und Schule. Das wäre nicht weiter erwähnenswert, wenn hier die Festlegung der Staatsgrenze nicht besonders kurios und schicksalhaft verlaufen wäre (→ S. 298).

Von Hagensdorf nach Luising

B61 / ökoEnergieland
Distanz: 2,3 km

Von der Kirche Hagensdorf radeln wir tiefer in den ruhigen und idyllischen Winkel Österreichs. Etwa 250 m vor der Ortschaft Luising queren wir kaum merklich einen alten *Grenzgraben*. Beim Ortsschild lenken wir das Rad scharf nach links auf den Weg zur Haupteinfahrt (ohne Markierung).

Ortseinfahrt Luising

Hand aufs Herz – wer hat von Luising vor dieser Fahrt jemals schon etwas gehört? Doch immerhin ist Luising das jüngste Dorf des Burgenlandes. Diesen Titel trägt es nicht wegen der Altersstruktur der etwa siebzig Einwohner, sondern weil der Ort als letzter dem Staatsgebiet angegliedert wurde. Etwa alle zehn Jahre feiert Luising die Zugehörigkeit zu Österreich.

Webtipp: ORF-TVthek, Österreich-Bild, 10. Juli 1983 (24 Min.): tvthek.orf.at/history/Geschichte/9236870/Luising-Juengstes-Stueck-Oesterreichs/9084794

Zum sechzigjährigen Jubiläum 1983 kam sogar Bundespräsident Rudolf Kirchschläger ins Dorf. Von den Feierlichkeiten zum hundertsten Jahrestag 2023 blieb ein schlichter Gedenkstein beim Haus der Freiwilligen Feuerwehr (100 m).

★ WIE LUISING ZU ÖSTERREICH KAM

Im Gegensatz zu sämtlichen anderen Orten des heutigen Burgenlandes war Luising im Spätherbst 1921 in der Verwaltung Ungarns verblieben. Die Grenze gemäß der „Trianon-Linie" trennte Luising (Lovászad) vom Nachbarort Hagensdorf. Als der Grenzgraben gezogen wurde, zeigten sich rasch die Folgen im Alltag. So manche Äcker lagen in Hagensdorf, und die Weingärten in Heiligenbrunn. Für den Grenzübertritt durften die Luisinger nur den Weg am Südausgang verwenden. Bei Missachtung der Vorschrift drohte die Verhaftung. Es kam zu einigen Vorfällen, Schikanen – und auch Schüssen.

Gemeindevertreter von Luising wandten sich nach Güssing sowie an die Grenzkommission in Sopron und baten um eine Angliederung an das Burgenland. Gleichzeitig kämpften ungarische Freischärler um die Verschiebung der Grenze weiter nach Westen und griffen in der Nacht auf den 18. Juli 1922 Hagensdorf an. Die Besetzung des Ortes misslang, weil die österreichischen Gendarmen durch einen Hinweis gewarnt worden waren.

Am 20. August 1922, am ungarischen Feiertag (hl. König Stephan), sollte die Grenzziehungskommission die Lage in Luising prüfen. Genauere Informationen über deren Ankunft hielten die ungarischen Behörden zurück. Während die Luisinger die Messe in Hagensdorf besuchten, wurden ungarische Bauern aus Pinkamindszent nach Luising geschickt. Sie sollten als vorgebliche Einwohner die Kommission beeinflussen. Doch der Plan ging nicht auf. Die Kommission traf wegen der schlechten Straßenverhältnisse erst später ein, und die Luisinger waren rechtzeitig vom Kirchgang zurückgekehrt. Einen Monat später entschied der Völ-

„Zeitzeugen" in Luising

kerbundrat nach den Empfehlungen der Kommission zugunsten Österreichs. Die Grenze wurde weiter östlich entlang der Flüsse Pinka und Strem gezogen. Am 10. Jänner 1923 kam Luising als letztes Dorf offiziell zu Österreich.

Fahrt zu den Schachblumenwiesen

Rundfahrt: 2,5 km (tw. Schotterweg) B61

Wir radeln durch die Dorfstraße mit der Kirche hl. Anna, die 1932 erbaut wurde. Von der ungarischen Vergangenheit des Orts zeugt hauptsächlich ein *Kruzifix* am Südende von Luising mit der Inschrift: „Gewidmet von der Gemeinde Lovászad 1913". Es stand ursprünglich am Friedhofshügel außerhalb der Ortschaft (→ S. 300) und wurde 1917 zur Schlichtung von Streitigkeiten mit den Hagensdorfern hierher versetzt.

Beim Kruzifix starten wir zu einer Fahrt durch ein *Naturrefugium*: wunderschöne weite Wiesen und Felder, am Horizont Eschen- und Eichenwälder. Etwa um Ostern kann man mit viel Glück die Blüte der seltenen *Schachblume* beobachten. Allerdings macht ihr der gesunkene Wasserspiegel als Folge von Flussregulierungen zu schaffen. Aus dem „Luising-Zipfel" gibt es übrigens keinen „Hinterausgang": Ein Privatweg, der auf einem schmalen Landstreifen zwischen Pinka und

Im jüngsten Winkel des Burgenlands

Strem nach Ungarn führt, ist für die Allgemeinheit gesperrt. Wir radeln auf einem *Schotterweg* am Pinka-Entlastungskanal entlang und zurück nach Luising zum Feuerwehrhaus.

B61 / ökoEnergieland
Distanz: 3,1 km

Von Luising nach Hagensdorf

Nun nehmen wir den nordwestlichen Ausgang aus Luising. Am Weg liegen eine kleine Kapelle mit einer Gedenktafel für die Aktivisten von 1923 und die Villa des Großgrundbesitzers Mensdorff-Pouilly. Nach einer kurzen, unerwarteten Steigung radeln wir gemütlich der nächsten Station entgegen: dem *Friedhof von Luising und Hagensdorf*. Danach führt uns die Route nach Hagensdorf zurück.

Friedhof Hagensdorf-Luising

Viele fahren wohl achtlos an dem Friedhof vorbei, obwohl er Aufmerksamkeit verdient. Der vier Meter hohe künstliche Hügel geht vermutlich auf ein Hügelgrab aus dem 1. Jahrhundert v. Chr. zurück. Sicher ist, dass im 13. Jahrhundert hier eine kleine Wehranlage zur Überwachung des Pinka- und Stremtals bestand, es gab wohl Sichtkontakt mit Strem, Güssing und Eberau. Möglicherweise existierte auch eine Siedlung.

In späteren Jahrhunderten stand an dieser Stelle die Pfarrkirche von Hagensdorf, die 1788 abgetragen wurde. Das Material verwendete man beim Neubau der Kirche im Ort. Der Friedhof wird von Hagensdorf und Luising genutzt, wobei der Weg auf den Hügel die Gemeindegrenze bildet.

Von Hagensdorf nach Heiligenbrunn

Paradiesroute
Distanz: 4,7 km

Von der Hauptstraße in Hagensdorf weist ein Schild nach Deutsch Bieling. Auf der ruhigen Straße mit Blick auf die faszinierende Landschaft begegnen wir erstmals der Strem, die uns Grüße aus Güssing überbringt. In einer Kurve am Fuße der Hügellandschaft im Grenzgebiet stoßen wir auf die Gedenkstelle für *Ungarisch Bieling (Magyarbüks)*. 1921/22 war es bei Ungarn verblieben, obwohl enge Verbindungen zu Hagensdorf bestanden (→ S. 297). 1946 wurden die deutschsprachigen Bewohner ausgesiedelt, falls sie nicht schon nach Österreich geflohen waren. Der Ort fiel dem Eisernen Vorhang zum Opfer und wurde 1954 geschleift.

Die Nachbardörfer im Burgenland hatten im 20. Jahrhundert mehr Glück, wie etwa *Deutsch Bieling*. Wir radeln durch die hübsche Siedlung und über eine leichte „Welle" weiter nach Heiligenbrunn. Im Ort suchen wir die *Ulrichskapelle*, wo gewissermaßen der Ursprung von Heiligenbrunn zu finden ist.

Heiligenbrunn

Seehöhe: 223 m

Gemeindeamt Heiligenbrunn, Heiligenbrunn 33, Tel. +43 3324 7281, www.heiligenbrunn.at, www.kellerviertel-heiligenbrunn.at

Der Wallfahrtsort Heiligenbrunn (Szentkút / Šenkut) ist einer der touristischen Fixpunkte im Südburgenland. Und vielleicht stimmt es, dass schon im Jahr 863 die Slawenapostel Kyrill und Method hier vorbeikamen. Die „*heilige Quelle*" fand erstmals 1198 in einer Urkunde Erwähnung, als sie den Zisterziensern in Szentgotthárd (→ S. 321) geschenkt wurde. Noch heute sprudelt diese Quelle bei der *Ulrichskapelle*. Menschen kommen extra hierher und füllen das Wasser ab, denn es soll Heilwirkung auf die Augen haben. Daran glaubte auch der beliebte Arzt Ladislaus Batthyány-Strattmann (→ S. 305).

Kellerviertel Heiligenbrunn

Spaziergang/-fahrt: 870 m

Für die meisten ist das romantische Kellerviertel der Hauptgrund für den Besuch von Heiligenbrunn, das sich die *„Heimat des Uhudlers“* nennt. Von der Ulrichskapelle spazieren wir am Bürgerservice vorbei. Vor dem *ÖkoEnergiegarten* sitzt ein hölzerner Trinkkumpan, bei dem wir Details über den Wein aus Amerika erfahren. Jahrzehntelang geschmäht und für den Verkauf verboten, überlebten die Reben des Direktträgerweins als Hauswein im abgelegenen Südburgenland. In Heiligenbrunn soll in den 1970er-Jahren der (Spitz-) Name aufgekommen sein: So manche Ehefrau meinte angeblich zu ihrem betrunkenen Mann, dass er „wie ein Uhu“ schaue. Aus dem herben „Heckenklescher“ wurde inzwischen fast ein Kultgetränk.

Schaukeller Heiligenbrunn
www.kellerviertel-heiligenbrunn.at, Führungen ab 10 Personen nach Voranmeldung im Gemeindeamt, öffentliche Termine auf der Homepage

Wir folgen der Straße nach links ein Stück bergauf und finden bald die abschüssige Kellergasse (EV 13). Das bekannte *Kellerviertel* mit den vielen strohgedeckten Kellerhäusern wurde 1969 zum Landschaftsschutzgebiet erklärt. 108 Gebäude stehen seit den 1980er-Jahren unter Denkmalschutz. Die Holzblockbauten mit einem Verputz aus Lehm-Häcksel-Gemisch sind etwa 250 Jahre alt! Allerdings ist es nicht einfach, die Strohdächer zu erhalten. Wir sind in keinem Museum, sondern in einem noch genutzten Kellerviertel. Die Buschenschanken öffnen meist an Wochenenden, aber auch sonst findet sich wohl ein Gläschen des berühmt-berüchtigten Uhudlers.

Von Heiligenbrunn nach Güssing

Ohne Markierung, R1
Distanz: 11,7 km

Vom Ende der Kellergasse rollen wir rechts hinab zur Landstraße, die uns zum alten Zollhaus Strem geleitet. Wir melden: Ende der „Luising-Zipfel-Runde“. Weiter geht es links zum Kreisverkehr (Achtung!) und auf einen Güterweg. Schön ist der Blick über das Stremtal bis zur Burg Güssing, die Orientierung gibt.

Wir halten den Kurs auf die Burg und folgen dem R1 durch *Strem* (bis zur Kirche zugleich EV 13) *(www.*

Die Strem Richtung Ungarn

strem.co.at). Der R1 nützt dann die *alte Landstraße*, die sich faktisch in eine bequeme Radstraße verwandelt hat. Mit den vielen Obstbäumen im sanften Gelände gibt sie ein reizendes Bild ab. Autos nehmen die Bundesstraße auf der einstigen Bahntrasse Körmend–Güssing. Wir radeln durch *Urbersdorf*, dann – knapp 2 km weiter – müssen wir vorsichtig die Bundesstraße queren. Bis Güssing haben wir einen eigenen Radweg zur Verfügung. Der R1 lotst uns auf sicheren Schleichwegen am ehemaligen Bahnhof vorbei und weiter ins Zentrum.

Güssing

Seehöhe: 229 m

Stadtgemeindeamt Güssing, Hauptplatz 7, Tel. +43 3322 423 11, www.guessing.co.at
Tourismusverband Region Güssing +43 3322 440 03

Schon von weitem ist Güssing (Németújvár / Novigrad) durch die Burg auf dem erloschenen Vulkan im Stremtal zu erkennen. Auf dem Berg „Kyscen" stand bereits im Jahr 1157 eine Wehranlage, wie man aus einer Urkunde weiß. Über Jahrhunderte war Güssing eine wichtige Residenz der ungarischen Magnatenfamilie Batthyány (1524–1870). Heute bildet es als Bezirksvorort (Sitz der Bezirkshauptmannschaft) mit etwa 3.600 Einwohnern das Zentrum der südburgenländischen Weinidylle.

Unterwegs in der Heimat des Uhudlers

Stadtzentrum

Im Ortskern von Güssing, das 1973 (wieder) zur Stadt erhoben wurde, ist die *Klosterkirche Mariä Heimsuchung* am Franziskanerplatz die wichtigste Sehenswürdigkeit (1648/49). Die Kirche und das Franziskanerkloster stiftete Ádám I. Batthyány (1610–1659) nach seinem Wechsel vom Calvinismus zum katholischen Glauben. Er beendete damit die Zeit Güssings als bedeutendes Zentrum der Reformation. Unter der Kirche befindet sich die *Familiengruft der Batthyánys*, die mit der Kaiser-/Kapuzinergruft in Wien zu den größten Gruften Österreichs zählt.

So hat auch *Ladislaus (Lászlo) Batthyány-Strattmann* (1870–1931) in Güssing seine letzte Ruhestätte gefunden. Fast siebzig Jahre nach seinem Tod wurde der beliebte „Arzt der Armen“ am 23. März 2003 von Papst Johannes Paul II. seliggesprochen. Der studierte Adelige behandelte mittellose Patienten kostenlos und unterstützte die Ärmsten mit „Schmerzensgeld“ und Medikamenten. Eines der Spitäler von Batthyány-Strattmann sehen wir in Kittsee (→ S. 33), ein zweites gründete er in Körmend, wo Ladislaus nach 1920 als Fürst und Oberhaupt der Familie lebte. Er handelte nach dem Leitspruch „Wenn ihr glücklich sein wollt,

Klosterkirche Mariä Heimsuchung
Franziskanerplatz 1, www.pfarreguessing.at, Besuch der Gruft möglich nach Anmeldung unter Tel. +43 3322 423 39 (Pfarrkanzlei)

macht andere glücklich". Diesen Satz gibt uns sein Denkmal vor der Kirche mit auf den Weg (Bildhauer: Josef Lehner, 2008). Die sterblichen Überreste des seligen Ladislaus werden seit 2003 in einem *Reliquienschrein* im Kirchenraum aufbewahrt. Wegen des gewachsenen (Pilger-)Besuchs erhob Papst Franziskus im Jahr 2013 die Güssinger Klosterkirche zur *Basilica minor.*

Auf dem nahen *Hauptplatz* versorgt uns die Tourismusinformation im *Rathaus* mit Material. Gäbe es die Gedenktafel nicht, würde man nicht ahnen, dass hier früher die Synagoge von Güssing stand. Nach der Vertreibung von etwa siebzig jüdischen Mitbürgern im Frühjahr 1938 missbrauchten die Nationalsozialisten das Gebäude als Turn- und Festhalle. In den 1950er-Jahren errichtete Güssing nach Verhandlungen mit der Israelitischen Kultusgemeinde Graz das neue Amtshaus. Zum Gedenken an jüdische Schicksale wurden im Herbst 2021 die ersten Stolpersteine im Burgenland verlegt *(www.g-h-g.at/stolpersteine),* z. B. direkt vor dem Rathaus (Reste des jüdischen Friedhofs sieht man in der Stremtalstraße Nr. 13).

Zur Burg spazieren wir am besten zu Fuß (Schilder: „Burgaufgang", ca. 350 m). Nach einer Stiege am Hauptplatz passieren wir eine *Friedensgedenkstätte* von 1985 (1945 Friede – 1955 Freiheit – 1985 Hoffnung) und das *Kriegerdenkmal.* Darauf wurde im Jahr 2006 ein Name ergänzt: Major Hans Peter Lang starb im Libanon bei einer Friedensmission der UNO im Einsatz als UN-Peacekeeper. Eine Fliegerbombe der israelischen Luftstreitkräfte traf den UN-Stützpunkt in Khiam. Es bleibt die Hoffnung auf Frieden.

Denkmal für Ladislaus Batthyány-Strattmann

Burg Güssing

Der Aufstieg auf den einstigen Vulkan ist per pedes kurz – und steil (ca. 300 m / 47 Hm). Obwohl die Wehran-

Immer ein Blickfang – die Burg Güssing

lage nicht vollständig erhalten ist, wird schnell klar: Diese Burg war nur schwer zu erobern. Heute können wir mit einem Lift an der Ostseite die Festung „erstürmen". Allein der zugängliche Burghof und die *Burgkapelle Maria Schnee* aus dem 15. Jahrhundert sind einen Besuch wert. Der weite Rundblick spricht wortlos für den Standort. Seit 1157 wacht die Burg Güssing über das Stremtal, zunächst als Holzburg und dann als steinerne Wehranlage. Die Erwähnung der Steinburg als „Novum castrum" um 1200 lebte im ungarischen Namen Güssings weiter: Németújvár (Deutsch Neuburg). Sie gilt als die älteste Burg des Burgenlandes, sie könnte also viel erzählen.

Kurz gesagt bildete Güssing eine bedeutende Wehranlage im Burgengürtel, der im 12./13. Jahrhundert im umkämpften Grenzgebiet entstand. Sie war gewissermaßen der Gegenpart zur steirischen Riegersburg. Manche Burgherren lavierten zwischen ungarischen und österreichischen Herrschern und stritten um ihre Machtposition, wie die einflussreichen Güssinger (auch: Günser, → S. 240) im 13./14. Jahrhundert. Später, im Jahr 1459, wurde die Burg unter dem Besitzer Nikolaus (Miklós) Újlaki Schauplatz eines Streits um den

Burg Güssing Burgmuseum Batthyanystraße 10, www.burgguessing.at, Mitte März bis Ende Okt. Di–So, Fei u. Fenstertage 10–17, letzter Einlass: 16.30 Uhr. Burgareal frei zugänglich

Lift auf den Burgberg – (Betrieb zu Öffnungszeiten des Burgmuseums), Geldautomat: € 2,-

Radparkplatz beim unteren Burgtor (ohne Ständer)

Oberes Burgtor der Burg Güssing

ungarischen Thron: Gegner des Matthias Corvinus kürten hier einen Habsburger zum Gegenkönig, Kaiser Friedrich III. (→ S. 20). Unter den Batthyánys, die 1524 Güssing von König Ludwig (Lajos) II. erhalten hatten, wurde die Festung weiter ausgebaut. Sie hatte eine wichtige Abwehrfunktion in den Osmanischen Kriegen zu erfüllen.

Seit 1870 ist die Burg Teil der Fürst Philipp Batthyány'schen Stiftung. 1969 öffnete das *Burgmuseum* seine Pforten: Es präsentiert in zwanzig Räumen zahlreiche Kunstschätze, Gegenstände des Burg- und Militärlebens sowie Wechselausstellungen. Im *Ahnensaal* begegnen uns einige Batthyánys, die in Gemälden verewigt sind, z. B. Ferenc (1497–1566), der erste Batthyány in Güssing. Lebende Mitglieder der weitverzweigten Familie treffen sich jährlich hier, und eine moderne Galerie mit viel Geschichte ist im Internet zu finden *(www.batthyany.at)*.

Wer endlich die Perspektive der Festung einnehmen will, erklimmt die 141 Stufen auf den *Glockenturm*. Eine Vertiefungsmöglichkeit liegt im *Untergeschoß* mit dem Schwerpunkt zu den Klöstern der Region, insbesondere zu Szentgotthárd (→ S. 321). Kopien der Gemälde, die der bekannte Künstler Stephan Dorffmaister 1796 für das Kloster schuf, stimmen auf die Etappe im Raabtal ein. Sie zeigen z. B. Szenen von der Klostergründung und der Schlacht gegen die Osmanen im Jahr 1664 (→ S. 329).

Ramsargebiet Güssinger Teiche
Rundwanderweg frei zugänglich (Start: Freibad Güssing), Informationen über Führungen im Tourismusinformationsbüro Güssing

Die schöne Kulisse des *Burghofs* wird regelmäßig für kulturelle Veranstaltungen genutzt, wie für die Burgspiele *(www.burgspiele.eu)* und den Güssinger Kultur Sommer *(www.kultursommer.at)*. Im Alltag ist das Areal ideal für ein Picknick oder eine gemütliche Pause. Von der Terrasse an der Südwestseite der Burg sehen wir das Hügelland, das sich zwischen Güssing und Szentgotthárd erhebt, und auf die großen *Güssinger Fischteiche*. Sie stehen seit 2013 als Ramsargebiet unter besonderem Schutz. In dem wichtigen Feuchtgebiet machen Wasservögel auf der Reise zwischen Adria und Neusiedler See Rast.

Von der nördlichen Burgmauer bekommen wir einen Eindruck vom alten und neuen Güssing; wir blicken auf den Stadtkern und das Gewerbegebiet im Umfeld. Seit 1996 engagiert sich Güssing als Vorreiter in Sachen Nachhaltigkeit und positioniert die Region als „Ökoenergieland". Hier siedelte sich das Europäische Zentrum für erneuerbare Energie (EEE) an. Dadurch hat der Standort an Bedeutung und Kompetenzen gewonnen. Das „Modell Güssing" wird international beachtet. Wir genießen noch die Aussicht ins Alpenland, bevor wir den Vulkanhügel verlassen.

Auswanderermuseum
Stremtalstraße 2, www.burgenlaender.com, Mai bis Okt. Sa, So, Fei 14–18 Uhr und nach Vereinbarung, Tel. +43 3322 425 98

Auswanderermuseum

Wer Gelegenheit hat, sollte außerhalb des Stadtkerns ein *Spezialmuseum* in der Alten Hofmühle aufsuchen. Es beleuchtet seit 1994 die Auswanderungsbewe-

Glockenturm der Burg Güssing

gung aus dem Burgenland, vor allem nach Amerika (→ S. 294): Motive, Reisebedingungen, bevorzugte Siedlungsgebiete, das Leben in der neuen Heimat und die „Vereinsmeierei" der Auslandsburgenländer. Das Museum fungiert auch als Kontaktstelle für Familienforscher. Außerdem wird der Mundartdichter, Burgenlandaktivist und geborene Güssinger *Josef Reichl* (1860–1924) vorgestellt.

Der Standort des Museums ist kein Zufall, denn der Bezirk Güssing war im Burgenland am stärksten von der Amerikawanderung betroffen. In der Zwischenkriegszeit warben hier fünf Agenturen und 13 Schifffahrtslinien um Arbeitskräfte bzw. Emigrationswillige. 1992 griff die Burgenländische Landesausstellung in der Burg Güssing das Thema auf. Seit 1996 bezeichnet sich Güssing als „Stadt der Auslandsburgenländer".

Verbindungsroute zum Kap. 8: Zur Sankt-Emmerich-Kirche in Rönök

R1, ohne Markierung, EV 13
Distanz: 8,6 km
↑ 164 m ↓ 131 m

Wir nehmen Abschied von Güssing und ziehen weiter in den Süden. Vom Rathaus radeln wir am Burghügel entlang bis zum Ende der Hauptstraße (R1). Vor der Volksschule führt ein Radweg sicher über die Bundesstraße und links in die *Josef-Reichl-Straße*. Bald zweigt die Berggasse in Richtung Inzenhof ab. Eine Bergetappe auf der Landstraße mit Auf und Abs liegt vor uns (wenig bis mäßiger Verkehr). Ab Kleinmürbisch gibt es einen Begleitweg zum Schieben. Beim oberen Teil von *Kleinmürbisch (Ortsteil Glockenberg)* folgen wir der Landstraße in eine Linkskurve (ohne Markierung). Bei der Ortstafel Kleinmürbisch Unterberg und der Abzweigung nach Inzenhof lädt ein Rastplatz auf etwa 315 m Seehöhe zur Trinkpause ein.

Erfrischt geht es auf dem EV 13 flott hinab nach *Inzenhof*, wo die moderne Kirche von 1962 auffällt. Sie ist letztlich der Ersatz für die Sankt-Emmerich-Kirche, die hinter dem Eisernen Vorhang verschwunden war. Bei Inzenhof folgen wir dem EV 13 auf einem Güterweg zur Grenze, der teilweise zu einem holprigen Schotterweg wird. Wir tauchen in den Wald ein und bewältigen eine langgezogene mäßige Steigung. Ein Kreuzweg (Bildhauer: Thomas Resetarits, 2004) kündigt die Sankt-Emmerich-Kirche (→ S. 317) an und führt über die Grenze ins „Niemandsland".

Auf dem Weg zur Grenze

8 Der ferne Süden

An der Raab um Szentgotthárd

Blick vom Schlößlberg auf Szentgotthárd (Sankt Gotthard)

Route: 69 km
Verbindungsroute zum Start: 10,7 km

Kartenmaterial:
- freytag & berndt WK 423 Wander-Rad-Freizeitkarte: Südliches Thermenland / Südliches Burgenland / Steirisches Vulkanland (1:50.000)
- Raderlebnis Südburgenland (Tourismuskarte mit Radrouten/suedburgenland.info)
- Kompass Karte Burgenland WK 227 (1:50.000)

Wichtige Links zur Region:
- Tourismusverband Südburgenland: www.suedburgenland.info
- Naturpark Raab: www.naturpark raab.at
- Tourismusverband Region Szentgotthárd und Umgebung: www.hello-szentgotthard.hu

Naturpark Raab
Informationsstelle Jennersdorf, Kirchengasse 4, Tel. +43 3329 484 53, www.naturparkraab.at

Im fernen Süden um Szentgotthárd (Sankt Gotthard) erleben wir ein interessantes europäisches Terrain: Eine einsame Kirche im Grenzland steht symbolisch für die Überwindung des Eisernen Vorhangs. Dagegen kündet die große Barockkirche von Szentgotthárd im Raabtal von einem siegreichen Kampf gegen die Osmanen. Die grenzenlose Erinnerung an jene Schlacht von 1664, aber auch an die Kämpfe im Zweiten Weltkrieg, mündet in Mogersdorf in den Friedensweg: eine Mahnung.

Im grünen Tal der Raab und Lafnitz zeigen sich Grenzverlauf und Grenzöffnung auf verschiedene Arten: Einkaufstourismus, Businesspark, verschlafene und neue Verkehrswege, waldige Naturgebiete. Wir erreichen den letzten Höhenpunkt unserer Tour: das hügelige Dreiländereck Österreich – Ungarn – Slowenien. Der Dreiländerstein sah Schmuggler und Zöllner, Politiker und Touristen. Das marmorne Grenzzeichen ist heute ein oft besuchtes Wahrzeichen im Dreiländer-Naturpark Raab-Őrség-Goričko. Am Ende, in Jennersdorf, treffen wir auf den Ex-Kaiser/König Karl auf einer historischen Reise. Wer will, geleitet ihn noch bis ins steirische Fehring.

Gut zu wissen

Radfahren in der Region

Falls man die Etappe nicht direkt im Anschluss von Kapitel 7 fährt, kann man den *Etappenstart* bei der Sankt-Emmerich-Kirche über eine *Verbindungsroute* von Szentgotthárd aus erreichen (s. u.) und eine Rundfahrt machen. Überhaupt eignet sich die Stadt gut als Ausgangspunkt für die *Ausflüge* zum Schlößlberg und die Dreiländer-Tour (besser ohne Gepäck und Anhänger).

Das *Gelände* ist abwechslungsreich: Unsere Route verläuft in sanften bis mittleren Hügellandschaften und in den breiten Tälern der Raab und Lafnitz. *Trail-Abschnitte* gibt es: – 1. auf der Verbindungsroute zum Etappenstart (EV 13) (→ S. 315) – 2. auf den Wanderwegen zum Dreiländereck (→ S. 335). In den Tälern begegnet uns manchmal etwas (mehr) *Autoverkehr*, dem wir so gut wie möglich ausweichen. Daher vermeiden wir

zwei besonders schwierige Punkte – den internationalen Straßengrenzübergang Heiligenkreuz und die Mogersdorfer Landesstraße am Fuße des Schlößlbergs (Route R1). Nützlich ist der grenzüberschreitende *Schleichweg* durch den Industriepark Szentgotthárd / Heiligenkreuz (→ S. 332). Und im Raabtal zwischen Fehring, Jennersdorf, Mogersdorf und Szentgotthárd radelt man am besten auf dem EV 14.

Verbindungsroute zum Etappenstart: Von Szentgotthárd zur Sankt-Emmerich-Kirche in Rönök

Vom Hauptplatz in Szentgotthárd radeln wir nordwärts aus dem Zentrum. Der Radweg am Gehsteig neben der Füzesi út führt geradewegs an einem Markt bei der Raab-Lafnitz-Mündung und am grenzüberschreitenden Industriepark vorbei. Später legt sich die neue Autobahn quer, die in Österreich ab 2024/25 als Fürstenfelder Schnellstraße durch das Lafnitztal ziehen wird. Der EV 13 lotst uns durch eine Unterführung und

Őrsegi Nemzeti Park Igazgatosag Őrszentpeter, Siskaszer 26/a, Tel. +36 94 548 034 bzw. 036, www.orseginemzetipark.hu

Krajnski park Goričko Grad 191, Tel.+386 2 551 88 60, www.park-goricko.org

EV 13
Distanz: 10,7 km
↑155 m ↓124 m

Leichter bis mittlerer Trail ab Rábafüzes, Variante: Paradiesroute über Heiligenkreuz und Inzenhof (15,1 km)

dann beim „alten" internationalen Straßengrenzübergang nach *Rábafüzes (Raabfidisch / Fizeš)*. Eine Ampel regelt den Zugang über die Schnellstraße zur Siedlung. Auf der Dorfstraße fahren wir durch den ruhigen Grenzort, der schon lange keine Grenzsperrzone mehr ist, aber hinter den Straßenschneisen recht isoliert wirkt.

Am Ostende von Rábafüzes weist ein Schild (Kirche) ins einsame Hügelland hinein. Nach einer ersten Steigung biegen wir links auf einen Schotterweg ab und passieren eine ehemalige Grenzkaserne. Auf den kommenden 6 km erleben wir einen schönen Mischwald und eine stellenweise aufrüttelnde Forststraße mit Auf und Abs (150/129 Hm). Schließlich deutet ein Bio-Hof das nahe Ziel an. Über eine rumpelige Straße und einige Meter bergauf kommen wir zum Startpunkt der Etappe.

Verfallende Grenzkaserne bei Rábafüzes

Szent Imre-templom (Sankt-Emmerich-Kirche)

Seehöhe: 263 m

Keine Infrastruktur, Teil der Gemeinde Rönök, ronok.hu

Mitten im Wald, direkt an der Grenze, entdecken wir eine überraschend große Kirche: die *Sankt-Emmerich-Kirche*. Man ahnt sofort, dass hier ein besonderer Ort ist. Die Wallfahrtskirche geht auf das 14. Jahrhundert zurück und liegt gefühlt im Niemandsland. Wir befinden uns zwischen den Regionen Güssing und Szentgotthárd, genauer gesagt zwischen den Ortschaften Inzenhof und Rönök. Das nördliche Gebiet von *Felsőrönök (Oberradling)* ist seit 1950 Teil der Gemeinde Rönök (Radling, Ronok).

Aber hier sind nur noch wenig Siedlungsspuren zu sehen. Eine Gedenkstafel an der Südseite des Kirchturms erinnert an die Vertreibung der ungarndeutschen Bevölkerung 1946 aus Rönök (Radling) – insgesamt etwa tausend Personen. Überwucherte Reste des Friedhofs von Felsőrönök ruhen nordöstlich der Kirche hinter

Gedenkstein des Friedens

dem Grabstein des Pfarrers Jószef Bartl (1863–1948). Wenige Jahre später wurden die Gebäude in der Grenzsperrzone dem Erdboden gleichgemacht. Das Gotteshaus blieb von der Demolierung verschont, da es als Wachturm und Lagerraum genutzt wurde.

Den Kirchenbau von Felsőrönök hatte ein bekannter Architekt aus Wien geplant: Ludwig Schöne, dessen Werk wir z.B. auch in Kőszeg begegnen (→ S. 240). Er berücksichtigte, dass die Pfarre für mehrere Nachbarorte, wie Borosgödör (Inzenhof), Sándorhegy (Tschanigraben) und Alsórönök (Unterradling), zuständig war. Ab August 1904 gingen die Gemeindemitglieder in die neue Sankt-Emmerich-Kirche; daran änderte auch die Staatsgrenze von 1922 nichts.

In der Endphase des Zweiten Weltkriegs setzte die Wehrmacht die Kirche in Brand. Die Bevölkerung konnte das Feuer jedoch schnell löschen. So wurden hier noch Messen gefeiert, bis sich der Eiserne Vorhang senkte. Aufgrund des politischen Drucks entschloss sich *Pfarrer János Kömíves* zur Flucht: Am 9. Dezember 1951 um 18.30 Uhr schnitt er mit einer Zange ein Loch in den Grenzzaun und überwand mit Glück das Minenfeld. Das Werkzeug ist im Original zusammen mit Resten des Stacheldrahtzauns im *„Gedenkstein des Friedens“* am Ort des Geschehens eingearbeitet (Bildhauer: Thomas Resetarits, 2016).

Den Verfall der Wallfahrtskirche am Eisernen Vorhang konnten die österreichischen Zöllner gut beobachten. 1980 errichtete die Zollwacheabteilung Inzenhof aus Anlass „150 Jahre Österreichische Zollwache“ unter einer mächtigen Winterlinde das *Zöllnerkreuz*. Bei ihm fanden in den 1980er-Jahren Gedenkgottesdienste statt – immer am österreichischen Nationalfeiertag und unter den Augen der ungarischen Grenzwache. Zu dieser Zeit keimte in Inzenhof unter Gläubigen die Idee, die Ruine der Emmerichskirche wieder zum Leben zu erwecken. Der burgenländische *Bischof Stephan Lászlo* nahm sich der Sache an und hatte die Vision von der Wallfahrtskirche als Brücke zwischen Ost und West. Der Bischof von Szombathely, *István Konkoly*, unterstützte das Vorhaben. Das Jahr 1989 brachte als wichtigen Schritt das Ende des Eisernen Vorhangs.

Ab Herbst 1989 wurde die Wallfahrtskirche in grenzüberschreitender Zusammenarbeit renoviert. Wir sehen noch eine Tafel mit dem Aufruf des Vereins „Rettet die St. Emmerichskirche als internationale Begegnungsstätte". Unter den vielen Spendern war auch der geflüchtete Pfarrer Kömíves, der als Ungarnseelsorger in Augsburg lebte. Um die Bauarbeiten, den Grenzübertritt und den Kirchenbesuch zu erleichtern, schlossen Österreich und Ungarn ein eigenes Abkommen, das ab Anfang 1991 galt. Ab 14. September 1991 zierte den Turm ein neues Kreuz, das Papst Johannes Paul II. am 19. August 1991 während seines ersten Ungarnbesuchs gesegnet hatte. Die Einweihung der Kirche nahmen die Bischöfe Lászlo und Konkoly am 20. September 1992 vor. Etwa 5.000 Menschen feierten die Messe auf Ungarisch, Deutsch, Slowenisch und Kroatisch.

An dem stimmungsvollen Ort kommen Wanderer, Radfahrer und Wallfahrer aus Nah und Fern vorbei.

Symbol für ein grenzenloses Europa – St.-Emmerich-Kirche

Auf dem Weg nach Szentgotthárd

In welch desolatem Zustand das Gebäude 1989 war, sieht man auf Fotos vor Ort. Wir machen einen Blick hinein. Den schlichten, aber freundlichen *Innenraum* schmücken bunte Glasfenster (Künstlerin: Erzsebet Szabó): Über dem Altar erscheinen die Heiligen Emmerich (Mitte), König Stephan (rechts) und Elisabeth (links), während seitlich der heilige Martin und die selige Gisela zu sehen sind. Den Altarraum, die Holzskulpturen und den Kreuzweg gestaltete der burgenlandkroatische Bildhauer Thomas Resetarits. Das Leben hielt wieder Einzug: Hochzeiten, Taufen, Konzerte und andere Veranstaltungen finden statt – und jeden Samstagnachmittag Messen. Heute gilt die Sankt-Emmerich-Kirche in der ehemaligen Grenzsperrzone als Symbol für ein grenzenloses Europa.

Ohne Markierung, Radroute
Distanz: 15 km

Von der St. Emmerich-Kirche in Rönök nach Szentgotthárd

Von der Kirche* rollen wir auf einer holprigen Straße ein Stück bergab und weiter geradeaus an einer Kapelle vorbei. Ab hier erleben wir nur leichtes Gelände. Wir ziehen durch die sanfte, ruhige Landschaft in den Ortskern von Rönök *(ronok.hu)*. Dort stoßen wir auf eine Straße mit mäßigem Verkehr. Wir wenden uns nach Osten und kommen durch den Ortsteil Alsórönök (Unterradling). Am östlichen Ortsrand nehmen wir die Straße nach Öriszentpeter, radeln über eine Brücke über die Autobahn und am *Bahnhof Alsórönök* vorbei. Eine Baumallee geleitet uns durch das breite Raabtal. Beim Kreisverkehr in *Csörötnek* folgen wir zügig der Radroute auf der Landstraße nach Szentgotthárd. Hier ist phasenweise etwas mehr Verkehr zu spüren. Aber im Stadtgebiet steht uns ein Radstreifen zur Verfügung.

* Varianten: – 1. EV 13 durch den Wald und über Hügelland nach Rábafüzes (leichter bis mittlerer Trail). Von dort auf asphaltierten Radwegen nach Szentgotthárd. – 2. Paradiesroute ab Inzenhof auf eine Anhöhe mit 344 m Seehöhe und auf einer alten Landesstraße nach Heiligenkreuz ins Lafnitzal (wenig bis mäßiger Verkehr). Südlich der Fürstenfelder Schnellstraße (in Bau) nutzen wir einen Schleichweg (→ S. 315) nach Szentgotthárd.

Szentgotthárd (Monošter)

Szentgotthárd (Sankt Gotthard / Monošter) liegt an der Stelle, wo sich die Lafnitz mit der Raab vereinigt und wo mehrere Sprachen aufeinandertreffen. Drei Namen sind für die westlichste Stadt Ungarns gebräuchlich. Die slowenische Bezeichnung Monošter (Kloster) betont die Vergangenheit als Sitz eines wichtigen Klosters. Zur Erschließung der Grenzregion hatte der ungarische *König Béla III.* Zisterziensermönche aus Frankreich (Trois-Fontaines) gerufen und dem Orden Land geschenkt. Die Gründung des Zisterzienserklosters im Jahr 1183 gilt als Ursprung von Szentgotthárd. Anlässlich der 800-Jahr-Feier wurde Szentgotthárd zur Stadt erhoben und auf dem Hauptplatz ein Denkmal für Béla III. errichtet (Künstler: László Gömbös, 1983).

Seehöhe: 223 m

Tourinform Szentgotthárd, Széll Kálmán tér 7, Tel. +36 94 554 106, www.helloszentgotthard.hu, szentgotthard.hu

ÖBB Steirische Ostbahn (Graz-Szentgotthárd), GYSEV (Szentgotthárd-Szombathely)

Gedenken an König Béla III.

Barockkirche / ehemaliges Zisterzienserkloster

Das Zisterzienserkloster Szentgotthárd war über Jahrhunderte ein wichtiger Faktor in der Region, allerdings mit Unterbrechungen: Die erste Phase endete nach fast 400 Jahren in den politisch-religiösen Wirren des 16. Jahrhunderts. Spuren dieser frühen Zeit liegen noch neben der Barockkirche bei der *„Scheunenkirche"*. Auf den Resten der ersten romanischen Kirche, die als Festung herhalten hatte müssen und 1605 gesprengt wurde, ließ der Erzbischof von Kalocsa, György Széchényi, 1676/77 erneut ein Gotteshaus erbauen. Als hundert Jahre später wieder die Barockkirche entstand, verlor es seine Funktion, und die Mauern dienten nach 1790 profanen Zwecken: als Getreidespeicher, was den Spitznamen erklärt. Seit 1988 befindet sich darin ein Theater, und außerdem hat dort die Tourismusinformation ihr Büro.

Überdachte Radparkplätze beim ehemaligen Klostergebäude (Gemeindeamt, Széll Kálmán tér 11)

Die *Barockkirche* symbolisiert den Neubeginn des Zisterzienserklosters in Szentgotthárd, den Kaiser Karl VI. ermöglichte. Nach komplizierten Besitzverhältnissen und -streitigkeiten schenkte er es 1734 dem Stift Heiligenkreuz im Wienerwald. Die beeindruckende *Kirche* und das neue Klostergebäude wurden nach den Entwürfen des bekannten österreichischen Architekten *Franz Anton Pilgram* ab 1748 errichtet. Die Bauarbeiten und die reichhaltige Innengestaltung dauerten Jahrzehnte und blieben eigentlich unvollendet: Denn an Stelle der „Scheunenkirche" war noch ein Nordflügel des Klosters geplant.

Der Tag der Einsegnung, der 5. August 1764, war nicht zufällig gewählt: Man feierte den hundertsten Jahrestag der *Schlacht von Szentgotthárd* (→ S. 329) gegen die Osmanen. Damals war das vom Laienbruder Matthias Gusner geschaffene Altarbild mit der Darstellung der Mariä Himmelfahrt und einige andere prächtige Werke bereits zu sehen. Die offizielle Kirchweihe des Gotteshauses erfolgte erst 1779 durch den ersten Bischof von Szombathely, János Szily.

Das historische Hauptthema sollte sich auch im Innenraum widerspiegeln. Für die künstlerischen Arbeiten suchten die Mönche noch länger nach einem geeigneten „würdigeren Pinsel" und fanden ihn in *Stephan Dorffmaister.* Sein *Deckenfresko* (1784) ist als Quelle der regionalen Gedenkkultur zur Schlacht von 1664 anzusehen. Im Mittelpunkt stehen die heilige Maria als Schutzpatronin Ungarns (Patrona Hungariae) und die Dreifaltigkeit. Rundum können wir wilde Szenen verfolgen: einen Kampf des Christentums gegen den „Halbmond", den Islam. Ein Engel überbringt dem kaiserlichen Feldherrn Raimondo Montecuccoli einen Lorbeerzweig als Zeichen des Sieges.

1878 wechselte das Kloster Szentgotthárd (Sankt Gotthard) aus politischen Gründen vom Stift Heiligenkreuz in die ungarische Ordensverwaltung. Das traditionsreiche Zisterzienserkloster fand schließlich im Jahr 1950 – bald nach der Errichtung des kommunistischen Regimes – ein abruptes Ende. Am 7./8. Juni verschleppten Mitarbeiter der Staatssicherheitsbehörde die Mönche, und Teile der Klostereinrichtung wurden ins Unga-

Ehemaliges Zisterzienserkloster Szentgotthárd (Sankt Gotthard)

Dorffmaisters Deckenfresko (Detail)

rische Nationalmuseum nach Budapest verbracht. 1970 zog das *Amtshaus* in das einstige Klostergebäude ein.

Vor der Barockkirche beginnt ein *Lehrpfad* zum Leben der Zisterzienser, der uns durch den einstigen *Klostergarten* leitet. Einzelne Bäume sind alte Zeitgenossen, wie zwei riesige Platanen, die über 200 Lenze zählen. Der barocke Charakter des Parks wurde in den letzten Jahrzehnten nach historischen Unterlagen wiederhergestellt.

Im Stadtzentrum Szentgotthárds

Im Zentrum der Kleinstadt kann man gedanklich durch die Zeit flanieren. Hier versammeln sich Gebäude aus verschiedenen Perioden – vom Barock zum Realsozialismus, und an manchen Häusern sieht man zudem historische Ansichten. Der Hauptplatz ist dem ungarischen Parlamentsabgeordneten *Kálmán Széll* (1843–1915) gewidmet. Er steht für eine Zeit, als Szentgotthárd einen industriellen Aufschwung erlebte: Mit der Fertigstellung der Eisenbahn (1872/73) konnten Märkte bis Graz und Győr und darüber hinaus erschlossen werden.

Die Entwicklung des zentralen Orts im Raabtal war bzw. ist stark von Grenzverläufen und Grenzregimen abhängig. So wirkte sich die Staatsgrenze von 1921/22 wirtschaftlich negativ aus, was der Eiserne Vorhang noch verstärkte. Heutzutage eröffnet die Dreiländerregion Österreich – Ungarn – Slowenien viele Möglichkeiten, wie der grenzüberschreitende Businesspark am Ortsrand zeigt (→ S. 333). Dennoch sinkt die Bevölkerungszahl derzeit leicht; heute leben etwa 8.300 Personen in der Stadt.

Szentgotthárd Spa & Wellness, Füzesi út 3/A, gotthardfurdo.hu/de

Grenzenloses Einkaufen und Essen ist nach wie vor beliebt, aber die Boomjahre scheinen vorüber zu sein. Szentgotthárd versucht sich im Tourismus weiterzuentwickeln, wirbt seit 2007 mit der Therme *Szentgotthárd Spa & Wellness* und ebenso mit der Lage am *Nationalpark Őrség*. Der Name der Region *Őrség* (Wache) verweist einmal mehr auf das alte umkämpfte Grenzland. Und im Veranstaltungskalender hat die Schlacht von 1664 (→ S. 329) ihren fixen Platz. Sie dient seit 2003 als Anlass für Festivitäten am letzten Juliwochenende (Szentgotthárdi Történelmi Napok – Historische Tage in Szentgotthárd, *www.tortenelminapok.hu).*

Pável Ágoston Museum für Ortsgeschichte und die slowenische Nationalität / Pável Ágoston Helytörténeti és szloven Nemzetiségi Múzeum Hunyadi János utca 6, sztgmuzeum.hu, Mo–Sa 10–15 Uhr

Auf der *Hunyadi János utca*, die vom Hauptplatz zum Bahnhof führt, treffen wir auf das industrielle Erbe Szentgotthárds. Von der Raab-Brücke sind die Reste der bekannten Sensenfabrik zu sehen, die von 1902 bis 2001 existierte. Das verfallene Gebäude erhält zukünftig vielleicht ein zweites Leben als Kulturzentrum. In die ehemalige Arbeiterunterkunft dieser Fabrik, das „Steierhaus“, zog bereits 1983 das *Regionalmuseum* ein. Es zeigt eine ethnografische Sammlung zur slowenischen Volksgruppe und Schwerpunkte z. B. zur Schlacht von 1664 und zu den alten Fabriken, aber auch Wechselausstellungen.

Grabstein für sowjetische Soldaten

Schlößlberg-Runde (15 km)

EV 14
Distanz: 3,8 km

Von Szentgotthárd nach Mogersdorf

Szentgotthárd ist Start- und Endpunkt unserer kleinen *Schlößlberg-Runde.* Am Nordende des Hauptplatzes brechen wir auf und radeln über die *Hunyadi János utca* (→ S. 325) mit etwas Verkehr in den Westen. Auf dem knappen Kilometer bis zur Abzweigung zum Bahnhof kommen wir durch eine städtebauliche Mischung, z. B. Einkaufshäuser der 1980er-/1990er-Jahre, einstige Fabriksgebäude des 19. Jahrhunderts, die zum Teil von Villen kaum zu unterscheiden sind, und (kleinere) Plattenbauten.

Für uns geht es geradeaus weiter, ab dem Siedlungsrand geleitet uns ein Radweg zur Grenze, die von einem alten Zollhaus beim Bahnübergang angekündigt wird. Auf dem gegenüberliegenden *Friedhof* nähern wir uns dem Thema Krieg und Frieden. Über 370 Soldaten der Roten Armee, die im Zweiten Weltkrieg bei Szentgotthárd ihr Leben ließen, sind hier begraben, die meisten davon namenlos … Dann bewegen wir uns durch die einstige Sperrzone des Eisernen Vorhangs, erblicken das Kreuz am Schlößlberg (→ S. 331) und die Kirche von Mogersdorf. Linker Hand grüßen die Auen der Raab, die sich frei (unreguliert) über die Grenze schlängelt.

Das österreichische „*Zollhüttl*" nimmt unseren Grenzübertritt kaum zur Kenntnis. In den Revolutionstagen von 1956 staunten die österreichischen Zollbeamten nicht schlecht, als einige Ungarn spontan nach Mogersdorf spazierten. Wenig später flüchteten Menschen aus Szentgotthárd über die zugefrorene Raab nach Österreich.

Auf dem – teils rumpeligen – Begleitweg neben der Mogersdorfer Landstraße erreichen wir den Nachbarort Szentgotthárds. *Achtung:* Im Ortsgebiet gibt es keine Radspur. Bei starkem Verkehr spaziert man besser am Gehsteig am Zollhaus aus den 1920er-Jahren vorbei bis zur *Kirche hl. Josef.*

Mogersdorf

Seehöhe: 226 m

Marktgemeindeamt Mogersdorf, Mogersdorf 2, Tel. +43 3325 8200, www.mogersdorf.at

ÖBB Steirische Ostbahn (Graz–Szentgotthárd)

Über Jahrhunderte war Mogersdorf (Nagyfalu / Modinci) mit Szentgotthárd eng verbunden. Die Siedlung entstand um 1187 als Grangie (Agrarbetrieb) des dortigen Zisterzienserklosters. Bis zur Grenzziehung 1921/22 war der Lebensalltag der Bevölkerung nach Szentgotthárd ausgerichtet. Die Pfarrer kamen von dort, der große Nachbarort bot Arbeitsplätze, einen Markt, ein Gymnasium und weitere Infrastruktur. Als Burgenländer orientierten sich die Mogersdorfer allmählich nach Jennersdorf (→ S. 342) und dem steirischen Fürstenfeld um.

Die „Abnabelung" von Szentgotthárd brachte es mit sich, dass der Name Mogersdorf als Zentrum der „Schlacht von Sankt Gotthard" 1664 betont wurde. Einen guten Anlass bot der 300. Jahrestag im Jahr 1964, als die Gemeinde Veranstaltungsort von Gedenkfeiern war (→ S. 331) und zum Markt erhoben wurde. Der Ort mit etwa 1.100 Einwohnern pflegt bis heute einen bemerkenswerten Umgang mit dem historischen Ereignis. Die Kanonenkugel in einem Hausportal am Hauptplatz (Nr. 2) ist nur ein winziger Teil einer Erinnerungslandschaft.

Pfarrkirche hl. Josef

Ähnlich wie in Szentgotthárd ist die Kirche von Mogersdorf ein zentraler Gedenkort der „Türkenschlacht" von 1664. Es heißt, dass der kaiserliche Feldherr Montecuccoli in dem damaligen, nur beschädigten Gotteshaus einen Dankgottesdienst abhalten ließ.

Der bestehende Bau stammt aus dem Jahr 1775 und wurde nach einer Erweiterung 1857 mit mehreren großen *Fresken* zur Schlacht ausgestaltet (Künstler: Girolamo Vian / Christoph Wöhrmann). Sie wirken wie ein volkstümliches Geschichtsbuch, das historische Persönlichkeiten neben bekannten Heiligen (vor-)stellt: Kaiser Leopold I. und der heilige König Stephan, Feldherr Raimondo Montecuccoli und der heilige Ladislaus zieren prominent den Triumphbogen. Über der Empore sind der Kommandant der Rheinbundtruppen Julius von Hohenlohe-Gleichen und der heilige Martin, der französische General Jean de Coligny-Saligny und die heilige Anna zu sehen. Letztere wird als Mutter Marias und als schützende Kraft dieser „Türkenschlacht" verehrt.

Diese interessanten Darstellungen wurden um 1900 übermalt, und über hundert Jahre lang war nur das jüngere Fresko im dritten Langhausjoch zu sehen (Josef Rösch, 1912). Es soll den Oberbefehlshaber der kaiserlichen Kavallerie, Johann von Sporck, kurz vor dem Gegenangriff zeigen. Unter diesem Bild schlummert weiterhin ein älteres. Die Fresken entdeckte man erst bei Restaurierungsarbeiten vor dem 350. Jahrestag der Schlacht. Bis 2014 brachte man sie wieder zum Vorschein.

Fresko in der Kirche von Mogersdorf (1912)

DIE SCHLACHT VON SZENTGOTTHÁRD / MOGERSDORF (1.8.1664)

1663 wurde der schwelende Konflikt zwischen dem Habsburgerreich und den Osmanen wieder „heiß“. Als im Herbst die wichtige Festung Neuhäusel / Érsekújvár (heute: Nové Zámky) fiel, suchte Kaiser Leopold I. beim Reichstag und in Europa nach Verbündeten – mit Erfolg. Der kaiserliche Feldherr *Raimondo Montecuccoli* erhielt Unterstützung von deutschen Allianztruppen und Hilfskorps aus Frankreich.

Nach Scharmützeln bei Körmend am 26. Juli 1664 zogen die gegnerischen Armeen – durch die Raab getrennt – weiter in die Region Szentgotthárd. Zwischen Rábatótfalu und Alsószölnök fanden die Osmanen eine günstige Stelle für den Flussübertritt. In den Morgenstunden des 1. August begann der Angriff. Etwa sieben Stunden dauerten die heftigen Kämpfe um Mogersdorf, in denen das Hochwasser der Raab zum Sieg der christlichen Seite beitrug. Ein Vordringen der Osmanen nach Wien war abgewehrt. Für eine weitere Gegenoffensive fehlten der Allianz die Kräfte, und auch *Großwesir Köprülü Fâzıl Ahmed Pascha* bevorzugte die Beendigung des Krieges.

Von den vielen Schlachten in den *Osmanischen Kriegen* gilt jene von Szentgotthárd als die erste, die eine breite Allianz aus christlichen Truppen „im offenen Feld“ gewann. Der schnell geschlossene *Friede von Vasvár (Eisenburg)* sah einen Waffenstillstand für zwanzig Jahre vor. Dass damit zugleich osmanische Eroberungen in Ungarn anerkannt wurden, sorgte bei den Magnaten für großen Unmut.

Friedensweg Mogersdorf, friedensweg.mogersdorf.at, Folder beim Gemeindeamt Mogersdorf, Führungen nach Anmeldung unter Tel. +43 3325 8200

Besichtigungsroute bis zum Schlößlberg: ca. 7 km

Friedensweg Mogersdorf

In Mogersdorf haben sich über die Jahrhunderte einige Denkmäler zur Schlacht von 1664 angesammelt. Heute bilden sie Stationen des Friedenswegs Mogersdorf, den der Schlösslverein erarbeitet hat. Dieser engagiert sich seit über fünfzig Jahren für den Friedensgedanken und für Völkerverbindung.

Die *Annakapelle* am westlichen Ortsrand wurde bald nach dem Kampfgeschehen, um 1670, vermutlich von Angehörigen von Gefallenen errichtet. Wegen der leichten Ähnlichkeit mit einem Zelt erzählt die Legende, dass Türken die Andachtsstätte gebaut hätten. Bis um 1900 wäre jedes Jahr eine Delegation aus dem Osmanischen Reich hergereist. Ein eindeutig türkisches Denkmal ist der *Obelisk* (2015), und auch ein französischer Gedenkstein gesellte sich hinzu. Bei der Annakapelle ehrt man nun am Tag der heiligen Anna (26. Juli) alle Frauen, die sich für den Frieden einsetz(t)en, wie die Friedensnobelpreisträgerin Bertha von Suttner. Die Tafel des Friedenswegs mahnt: „Das Wissen über die Folgen der Kriege wach halten für eine Zukunft in Frieden".

In der Nähe, in einem Hain hinter dem Ortsschild, steht das „*Weiße Kreuz*" aus dem Jahr 1840: Inschriften auf Deutsch, Latein, Französisch und Ungarisch erinnern an die Gefallenen der internationalen, christlichen Koalition. Allerdings kämpften nicht alle Soldaten „für Gott, *Kaiser* und Vaterland". Tatsächlich hieß es ursprünglich „für Religion und Vaterland". Bei einer Renovierung des Kreuzes, das im Zweiten Weltkrieg beschädigt worden war, kam es zu dieser etwas rätselhaften Textänderung. Daneben markiert der *Friedensstein* (Bildhauer: Thomas Resetarits, 1984) den Schritt zu einem gemeinsamen Gedenken an die türkischen Gefallenen. Das Denkmal, das den Frieden in fünf Sprachen beschwört, enthüllten am 26. Mai 1984 der burgenländische Landeshauptmann Theodor Kery und der türkische Botschafter Erdem Erner.

Vom einstigen Schlachtfeld wechseln wir auf den *Schlößlberg* (331 m), der 1664 als Feldherrenhügel der

Kapelle am Schlößlberg

christlichen Koalitionstruppen fungierte. Von der Mogersdorfer Kirche führen Ziegelsteine im Boden in die richtige Richtung. Sie zählen die *Friedensjahre* in Österreich seit 1945, als der Zweite Weltkrieg zu Ende ging. Bei den Steinen „2017“ / „2018“ biegen wir links ab, es geht den Hügel hinauf (1,4 km / 91 Hm). Oben liegen strategisch günstig das gemütliche Lokal Kreuzstadl und der *„Gedenkraum 1664“* (seit 1979). In der 2014 erneuerten Ausstellung verschaffen wir uns einen Überblick über die Schlacht. Und in der Umgebung gibt es weitere kreative Stationen des Friedenswegs, z. B. „Aufeinander schaun“, künstlerische Arbeiten, „Konflikttransformation“ und „Über die Grenzen“.

Auf der *Anhöhe des Schlößlbergs* stand schon früher eine Kapelle, die jedoch im Zweiten Weltkrieg zerstört wurde. 1964 wurde sie als Mahnmal des Friedens in einer modernen Version wiederaufgebaut (Architekt: Ottokar Uhl). Bei der Einweihung am 2. August 1964 waren etwa 12.000 Gäste anwesend. Der 300. Jahrestag der Schlacht von 1664 verlief unter dem Eindruck des Zweiten Weltkriegs und des Kalten Kriegs. Das 15 Meter hohe Betonkreuz war zweifellos ein Signal hinter den Eisernen Vorhang und sollte ein „Zeichen der europäischen Einheit“ sein. Eigentlich als Brücke gedacht, wirkte

Türkenschlacht Museum Mogersdorf Mogersdorf 77, www.mogersdorf.at, ganzjährig geöffnet, tägl. außer Di, Mai bis Aug. 9–20 Uhr, Sept. bis April 9–18 Uhr, freier Eintritt, Multimedia-Stationen mit Münzeinwurf (€ 1,– u. € 2,–). Führungen nach Voranmeldung unter Tel. +43 3325 8200

das christliche Symbol auf der kommunistischen Seite zumindest zwiespältig. Als wissenschaftliche Brücke wurde damals das *Internationale kulturhistorische Symposion Mogersdorf* initiiert, das 1969 erstmals stattfand. Bis heute werden in diesem Rahmen Aspekte des pannonischen Raums beleuchtet. Forschende und Interessierte aus dem Burgenland, der Steiermark, Kroatien, Slowenien und Ungarn treffen sich regelmäßig an wechselnden Orten zum Austausch.

Paradiesroute, ohne Markierung
Distanz: 7,1 km

Von Mogersdorf (Schlößlberg) nach Szentgotthárd

Wir rollen die Straße an der Nordwestseite des Schlößlbergs hinab ins Lafnitztal (1,2 km / 80 Hm). Ein Hinweisschild verrät einen versteckten *Bunker* aus dem Zweiten Weltkrieg, wo einige Berichte von Soldaten lagern. In der Region tobten die Kämpfe zwischen Wehrmacht und Roter Armee etwa zwei Wochen lang, die Zerstörungen waren groß. So dauerte z. B. der Wiederaufbau von Heiligenkreuz im Lafnitztal bis in die 1960er-Jahre.

Bunker bei Deutsch-Minihof
GPS: 46.9664597N, 16.2454847E

Vom Bunker bei Deutsch-Minihof folgen wir der Paradiesroute zur Mogersdorfer Landesstraße und über die Lafnitzbrücke. Es ist eine Fahrt zwischen unberührter Natur, Verkehrsschneise und Industriegebiet. Hier hätte ab 1931 eigentlich die Bahnstrecke Güssing–Mogersdorf entstehen sollen (vgl. → S. 201). Dafür war bei der Grenzziehung ein schmaler Streifen neben der Landesstraße unterhalb des Schlößlbergs berücksichtigt worden.

Wir radeln genüsslich ein Stück die Lafnitz entlang, unterqueren auf Schotter die Landesstraße und gelangen auf einen Damm. Auf der einen Seite sehen wir Heiligenkreuz sowie eine „Bauminsel" und auf der anderen den *grenzüberschreitenden Industriepark*, der 1997 gegründet und ein wichtiger regionaler Faktor wurde.

www.heiligenkreuz-lafnitztal.at

Das Industriegelände nützen wir für einen Schleichweg über die Grenze: Dort, wo die Paradiesroute vom Damm in einer scharfen Kurve Richtung Heiligenkreuz führt – in der Nähe der „Bauminsel" (Foto), biegen wir zum

Grenzstelle mit Barrieren (2023)

Industriepark ab. Bei der ersten Querstraße fahren wir links und dann rechts in die Werkstraße. An deren Ende ziehen wir nach den Industriegleisen nach links, nach Osten. Wir nähern uns geradewegs einer *Grenzübergangsstelle* und wechseln nach Ungarn. Über einen kurzen Schotterweg landen wir vor einem *Bahnübergang auf der Füzesi út* in Szentgotthárd und im Jahr 1956 (s. u.).

Ein Radweg führt uns sicher ins Zentrum von Szentgotthárd. Beim 1956er-Denkmal gegenüber dem Gymnasium am Beginn der Hunyadi János utca schließen wir die Schlößlberg-Runde ab.

Bahnübergang auf der Füzesi út in Szentgotthárd

Nur wenige Meter liegen zwischen den Schienen der Bahnstrecke Körmend–Szentgotthárd und der österreichischen Grenze bei Heiligenkreuz im Lafnitztal (Neuheiligenkreuz). Es ist eine eher unauffällige Stelle:

Gleise, Güterweg, Grenze. Doch während der Ungarnkrise 1956 verleitete diese exponierte Lage zu *Fluchtversuchen*. Zugpassagiere zogen in diesem Bereich die Notbremse oder sprangen sogar während der Fahrt aus dem Waggon und liefen Richtung Heiligenkreuz. Zumindest ein Todesopfer ist bekannt: Der 34-jährige Ungar *Janos Királу* starb am 27. November 1956 bei der waghalsigen Flucht. Grenzsoldaten schossen auf Király, der es noch auf österreichisches Gebiet schaffte. Dort brach er tot auf dem Feld in der Nähe des Grenzsteins C 99/3 zusammen.

Dreiländer-Tour

36 km (Szentgotthárd - Dreiländerecke - Jennersdorf)

Proviant mitnehmen! Kein schweres Gepäck

Selbstverständlich steht auch der südliche Dreiländerstein auf dem Programm, ein *Ausflug*, der etwas genauer zu planen ist. Die sogenannte *Dreiländerecke* befindet sich auf einer Art Kegel, den wir nur über *Wanderwege* erreichen können. Auf dem ungarischen Zugang ist Radfahren nicht erlaubt. In Slowenien weist der Forstweg zwei sehr steile, schwierige Abschnitte auf (ca. 1 km). Die *Rundfahrt* durch drei Länder ist also stellenweise sehr sportlich, aber natürlich am reizvollsten.

Am leichtesten kommt man von der österreichischen Seite zum Ziel (→ Alternativroute, S. 336).

Von Szentgotthárd zur Dreiländerecke

Hármashatár kerékpárút, EV 13, R7, Wanderweg
Distanz: 22,2 km

Vom Südende des Hauptplatzes in Szentgotthárd folgen wir dem Hármashatár kerékpárút gerade über den Kreisverkehr. Die dritte Querstraße rechts (Bethlen Gábor utca) führt zur Ausfallsstraße mit dem EV 13 nach Alsószölnök (6,8 km). Zunächst bringt uns ein Radweg nach *Rábatótfalu / Slovenska ves (Windischdorf)*; der Blick reicht über die Raabauen bis nach Österreich, das Gelände ist leicht wellig. Dann müssen wir mit dem manchmal regen Autoverkehr auf der Landstraße radeln. Dreisprachig begrüßt uns *Alsószölnök / Dolnij Senik / Unterzemming (www.alsoszolnok.hu)* (→ Wechsel zur *Alternativroute).* Über die Vergangenheit Unterzemmings in der Grenzsperrzone ist Gras gewachsen, gar ein Wäldchen erobert die verlassene Grenzkaserne am südlichen Ortsende.

In angenehmer Steigung ziehen wir ins ruhige Hügelland – etwa 7 km immer geradeaus (EV 13). *Felsőszölnök / Gornij Senik (Oberzemming)* erscheint zunächst als Streusiedlung, dann taucht der hübsche Ortskern des ungarisch-slowenischen Dorfs auf *(www.felsoszolnok.hu).* Da der Wanderweg von Felsőszölnök zur Dreiländerecke nicht zum Radeln ist, fahren wir über Slowenien. Wir passieren wieder eine ehemalige *Kaserne*. Die Landstraße zur Grenze führt dann recht steil bergauf (12 %, 2 km / 100 Hm).

Dobrodošli! Willkommen in *Slovenija* und in der Region *Goričko*. Auf einer Anhöhe verabschieden wir uns nach vielen gemeinsamen Kilometern vom EV 13 und halten uns rechts (R7, Kuzma). Bei einem Sportplatz achten wir auf die Abzweigung nach rechts (R7, Tromeja / Schild: Bike Park Tromeja). Die Siedlung Trdkova hält eine flotte Abfahrt ins Tal bereit. In der Nähe der *Kyrill-und-Method-Kapelle* erreichen wir den südlichsten Punkt unserer Tour.

Etwas später sehen wir die Abzweigung zur Dreiländerecke (Schild *Tromejnik / Gozdna učna pot).* ⊙ Ab

Im westlichsten Zipfel Ungarns – Felsőszölnök

hier führt ein Forstweg zum Ziel (1,8 km). Nach einem gemütlichen Anfang erweist sich der letzte Kilometer als ein sehr steiler Abschnitt (18 %) mit Schotter (ca. 100 Hm). Bei einer etwas unklaren Stelle halten wir uns links. Die letzten Meter sind eine gewisse Herausforderung.

Teilw. schwieriger Trail: mit schwerem Rad, Gepäck oder Anhänger meiden (Wanderung oder → Variante★)

★ Variante (8,7 km): Man fährt auf der Straße von Trdkova weiter bis Matjaševci und über eine sportliche Bergetappe ins burgenländische *Tauka*. Der B70 Richtung Norden führt zum *Gasthaus Lang* in Kölbereck (→ Alternativroute).

Alternativroute zur Dreiländerecke (ab Alsószölnök)

Ohne Markierung, B70, Wanderweg 07
Distanz: 16,2 km

Von Alsószölnök geht es recht gemütlich im Raabtal weiter über die Grenze nach Neumarkt und Sankt Martin an der Raab. Die Oberdrosener Straße im Tal ist ruhig und angenehm. Ab Oberdrosen begleitet uns der B70 bergauf bis zum *Gasthaus Lang* in Kölbereck. Von dort radelt man auf dem Wanderweg 07 (leichter Trail) zum Ziel (2 km) und kann unterhalb der Anhöhe das Rad abstellen.

Gasthaus Lang

GPS: 46.8646456N, 16.0949803E

Dreiländerecke / Hármashatár / Tromejnik

Ein waldiger Platz im Hügelland ohne Aussicht – und doch ein beliebtes Ausflugsziel: Hier markiert seit 26. Mai 1924 ein *Grenzstein aus Marmor* die Dreiländerecke und den Abschluss der Arbeit der Grenzziehungskommission in der umstrittenen, ethnisch gemischten Region. Gleichzeitig ist hier der westlichste Punkt Ungarns. Das Denkmal mit den Staatswappen wurde von den damaligen Nachbarstaaten errichtet: Republik Österreich, Königreich Ungarn und Königreich der Serben, Kroaten und Slowenen. Die Daten verweisen auf die Unterzeichnung der Verträge von Saint-Germain-en-Laye und Trianon (→ S. 23). Lange waren im abgeschiedenen Dreiländer-Hügelland hauptsächlich Schmuggler, Zöllner und Soldaten unterwegs.

Seehöhe: 387 m

Kleine Ausschank im Sommer, Rastplatz 46

GPS: 46.8690592N, 16.1138864E

Dreiländerstein Österreich – Ungarn – Slowenien

Nach der Entfernung des Eisernen Vorhangs trafen sich hier am 27. Mai 1989 die Bürgermeister Andrej Gerenčer von Murska Sobota, Erich Kospach von Fürstenfeld und Jenő Kercsmár von Körmend zu einem *Friedensfest*. Leider verliefen die folgenden Jahre für das damalige Jugoslawien nicht friedlich: Zerfall und Bürgerkrieg. Für *Slowenien*, das am 25. Juni 1991 seine Unabhängigkeit erklärte, war der militärische Kampf aber nach zehn Tagen überstanden. Seit 1993 prangt das Wappen Sloweniens am Dreiländerstein.

Am 1. Mai 2004 feierten hier die Nachbarn den EU-Beitritt Sloweniens und Ungarns. Hundert Jahre nach seiner Errichtung ist der Dreiländerstein von EU-Sternen umrahmt und ein symbolträchtiger Treffpunkt im Dreiländer-Naturpark Raab-Őrség-Goričko. Bei der Dreiländerecke saßen am 26. Mai 2015 die drei Staatspräsidenten Borut Pahor, János Ader und Heinz Fischer beisammen. Sie betonten die Bedeutung des Naturraums, der seit 2003 den einzigen Naturpark Europas bildet, an dem drei Staaten beteiligt sind (Österreich: 142 km^2, Ungarn: 440 km^2, Slowenien: 462 km^2).

Blick auf das Raabtal und Jennersdorf

Von der Dreiländerecke nach Sankt Martin an der Raab

Wanderweg 07,
Paradiesroute
Distanz: 9 km

Von der Grenzpyramide nehmen wir den gut befestigten Grenzwanderweg 07 ins Burgenland. Einige Meter nach dem Dreiländerecke-Kegel wählen wir die *Abzweigung nach Oberdrosen.* Es geht teilweise stark abschüssig, aber problemlos geradeaus durch den Wald hinunter (1,4 km / 100 Hm). Das letzte Wegstück ist asphaltiert. Schließlich landen wir auf einer ruhigen Landstraße im Tal und radeln durch die reizende Landschaft. Nach Oberdrosen, bei einer Abzweigung versteckt sich schwer erkennbar ein *römisches Hügelgrab.* Hier schickt uns die Paradiesroute wieder hinauf (800 m / 80 Hm). Der Weg über *Eisenberg an der Raab* bietet weitere schöne Ausblicke und die Möglichkeit für Rast und Unterkunft. Auf dem Rücken des Hügels rollen wir weiter und schließlich bergab bis Sankt Martin an der Raab zur Kirche und hinunter zum Hauptplatz.

Seehöhe: 274 m

Marktgemeindeamt Sankt Martin a. d. Raab, Hauptplatz 7, Tel. +43 3329 453 66, st-martin-raab.at

Museum „Römische Begegnungen“ Hauptplatz, Mo–Fr 7–18 Uhr. Führungen nach Vereinbarung: Tel. +43 3329 453 66, +43 664 820 40 88. Infos bei der Gemeinde

Lehrpfad Römerweg (3 km), Startpunkt, Übersichtsplan: St. Martin

Römische Gräberstraße frei zugänglich

GPS: 46.9214522N, 16.1413531E

Ohne Markierung, R1
Distanz:4,5 km

Sankt Martin an der Raab

Sankt Martin an der Raab (Rábaszentmárton / Sveti Martin) hieß bis 1907 *Alsó Strasa (Unterdrosen).* Der Namensteil „-drosen“ geht auf das slawische *straža* (Wachposten) zurück. Und von der *Kirche hl. Martin* hat man das Raabtal gut im Blick. Das war in einer Region, die jahrhundertelang in Konfliktzonen lag, sicher kein Nachteil. Aber im 17. Jahrhundert strahlte der Machtbereich der Osmanen von Kanizsa bis ins Neuhauser Hügelland aus. Deren Streifzüge zwangen die Bevölkerung in der Umgebung zeitweise zu „Huldigungszahlungen“. Gleichzeitig blieben die Verpflichtungen gegenüber Batthyány als Grundherren aufrecht.

Im Ortszentrum geraten wir noch tiefer in die Geschichte und haben *„Römische Begegnungen“*: In dem *Museum* am Hauptplatz, das 1998 mithilfe der Ziel-1-Förderung der EU errichtet wurde, werden regionale Spuren der Antike gezeigt. Im Raabtal kann man auf dem *Lehrpfad Römerweg* (2,5 km) einiges über das römische Leben erfahren (Übersichtstafel an der Ecke zur Hauptstraße). Auf den nächsten Kilometern besuchen wir jedenfalls die rekonstruierte *römische Gräberstraße.*

Von Sankt Martin an der Raab nach Jennersdorf

Vom Hauptplatz in Sankt Martin radeln wir ein Stück nach Osten auf der Landstraße in Richtung Neumarkt an der Raab, das für sein Künstlerdorf bekannt ist. Doch vorher zieht es uns in die *„Römerstraße“ (Gräberstraße).* Wir fahren bis an ihr Ende und stoßen zu einem Güterweg mit mehreren Radrouten. Ostwärts geht es mit dem R1 der Raab entlang bis zur Straße Neumarkt–Jennersdorf. Auf ihr queren wir die Raab, den größten Fluss des Burgenlandes, auf dem Weg nach Győr. Kurz vor dem Bahnübergang sehen wir das Vossen-Werk. Die Route leitet durch die Wollingergasse ins Zentrum von Jennersdorf, und wir fahren zur Kirche. Vom dortigen Kreisverkehr führt dann der Bahnhofring zur letzten Station.

Naturraum Raab

Zur Info: Die Dreiländer-Tour kann man über den EV 14 im Raabtal zurück nach Szentgotthárd als Runde vollenden (12,7 km).

Jennersdorf

Seehöhe: 242 m

Stadtgemeindeamt Jennersdorf, Bahnhofring 15, Tel. +43 3329 452 00, www.jennersdorf.eu
Tourismusverband Südburgenland – Büro Jennersdorf, Kirchengasse 4, Tel. +43 57 610 410, www.naturparkraab.at
ÖBB Steirische Ostbahn (Graz-Szentgotthárd)

Vor etwa hundert Jahren war Jennersdorf (Gyanafalva / Ženavci) eine überwiegend bäuerliche Siedlung, die ihren Ursprung als Gut des Klosters Szentgotthárd (→ S. 321) hatte. Nach 1921 stieg diese zum Bezirksvorort im südlichsten Burgenland auf, denn Jennersdorf sollte auf lange Sicht Szentgotthárd als politisches und wirtschaftliches Zentrum der Region ersetzen. Die Gemeinde bemühte sich um die Ansiedlung von Betrieben, um mehr Arbeitsplätze zu schaffen. Als Meilenstein gilt der Aufbau der Firma Vossen-Frottier in den 1960er-Jahren. 1977 erhielt Jennersdorf schließlich den Rang einer Stadt. Inzwischen ist das Umfeld von Gewerbeparks geprägt. Touristisch profitiert der Ort mit über 4.000 Einwohnern von der nahen Therme im steirischen Bad Loipersdorf und vom Dreiländer Naturpark.

Im Stadtzentrum drängt sich die Frage auf, weshalb der Platz vor der *Pfarrkirche zum hl. Wenzel* nach

Karl Habsburg in Jennersdorf (Gyanafalva)

KARLS LETZTE ABENTEUER

Zwei Jahre nachdem der letzte Kaiser, Karl I., von Eckartsau ins Schweizer Exil gefahren war, sorgte der Habsburger für große Aufregung. Als König Karl (Károly) IV. wollte er auf den ungarischen Thron zurückkehren. Inkognito und illegal fuhr er Ende März 1921 per Bahn nach Wien und dann in Begleitung von Thomas Erdödy im Auto über Pinkafeld nach *Szombathely* (→ S. 268). Das Erscheinen von „Karl dem Plötzlichen" in der Osternacht überraschte selbst den getreuen Oberst Anton Lehár. Obwohl Vertraute dem Ex-Herrscher von dem Vorhaben abrieten, suchte Karl am 27. März (Ostersonntag) den Reichsverweser Miklós Horthy in Budapest auf.

Allerdings verweigerte der ehem. k. u. k. Admiral Horthy die Machtübergabe und verwies auf die Gefahr einer militärischen Intervention. Karl blieb noch einige Tage in Szombathely. Am 5. April verließ er mit dem Zug das Land. In *Gyanafalva (Jennersdorf)* besichtigte er noch eine Gendarmerieschule. Dann fuhr der Ex-Kaiser unter strenger Bewachung ab Fehring zum letzten Mal in seinem Leben quer durch Österreich zurück in die Schweiz.

Doch Karl Habsburg glaubte an seine göttliche Sendung und unternahm einen zweiten Versuch. Am 20. Oktober 1921 brach er mit seiner Frau Zita per Flugzeug auf und landete in Dénesfa bei *Sopron.* Allerdings erhielt Anton Lehár das Telegramm über die Ankunft Karls zu spät. So konnten die Königstreuen das Überraschungsmoment nicht nützen. Karl vereidigte in Sopron noch einige Minister und die Truppen von Gyula Osztenburg auf sich. Mit Verzögerung fuhren sie mit dem Zug Richtung Budapest. Horthy setzte am 23. Oktober Militär ein. Nach ersten blutigen Auseinandersetzungen gab der Ex-Herrscher auf. Karl und Zita traten am 4. November 1921 endgültig von der politischen Bühne ab. Ein britisches Schiff brachte sie auf die Insel Madeira ins Exil. Dort starb Karl Habsburg fünf Monate später mit nur 34 Jahren.

Mutter Teresa benannt ist. Am 20. Oktober 1982 machte die bekannte Missionarin und Friedensnobelpreisträgerin auf Einladung des Stadtpfarrers einen Kurzbesuch in Jennersdorf. Für ihr Wirken wurde die in Skopje geborene Anjezë Gonxhe Bojaxhiu (1910–1997) als Mutter Teresa von Kalkutta im Jahr 2016 heiliggesprochen.

In jüngster Zeit bildete sich in Jennersdorf der *Historische Verein „Pulverturm"*, eine Initiative, die sich für die Errichtung eines Denkmals für 29 ermordete ungarisch-jüdische Zwangsarbeiter einsetzte (Schulstraße, Einweihung: 26. Juni 2022). Nun bereitet der Verein ein Museum vor und bietet gelegentlich historische Spaziergänge an *(www.pulverturm-jennersdorf.at)*.

Ein interessanter Punkt ist der *Bahnhof* von Jennersdorf, wo seit Herbst 2021 eine Tafel an den Zwischenstopp von Ex-Kaiser Karl I. am 5. April 1921 erinnert: ein Nachmittag in einem politisch turbulenten Jahr (→ S. 342). Für uns ist Jennersdorf offiziell die letzte Station einer erlebnisreichen und spannenden Tour.

Tipp zu Abschluss

Mit einer Fahrt entlang der Raab flussaufwärts nach *Fehring* in die Steiermark können wir unsere Reise schön ausklingen lassen (EV 14 / R11, teilweise leichter Trail, Distanz Jennersdorf–Fehring: ca. 17 km).

Literatur und Internetquellen
(Auswahl)

300 Jahre St. Andrä am Zicksee. Die Chronik. 1696–1996. St. Andrä am Zicksee 1996.

Ambrus, Lajos: Perlen Westpannoniens. Kulturhistorische Werte. Steinamanger 2005.

Bachkönig, Wolfgang: Hart an der Grenze: Tragödien an der Grenze. Der Fall des Eisernen Vorhanges, Aufsehen erregende Kriminalfälle, Exekutive im Einsatz für das Burgenland. [Teil I. u. II]. 2. Aufl. Ranshofen / Osternberg 2010.

Bachkönig, Wolfgang: Sommer 1989 ...: ... Durch den Eisernen Vorhang in die Freiheit. Zeitzeugen aus drei Staaten erzählen. Munderfing 2019.

Bachkönig, Wolfgang: Ungarnaufstand 1956. „Heimat, warum musste ich dich verlassen?" Zeitzeugen erzählen. Munderfing 2016.

Bariska, István: Ausflug im Gebiet Güns – Unter den Bergen. Sopron 2004.

Baumgartner, Gerhard / Brettl, Herbert: „Einfach weg!" Verschwundene Romasiedlungen im Burgenland, Wien 2020.

Bayer, Pia (Hg.): Konsens und Konflikt: Schattendorf 1927 – Demokratie am Wendepunkt. Begleitband zur Ausstellung. Eisenstadt 2007 (= Wissenschaftliche Arbeiten aus dem Burgenland; 119).

Békési, Sándor: Verklärt und verachtet: Wahrnehmungsgeschichte einer Landschaft. Der Neusiedler See. Frankfurt am Main u. a. 2007.

border(hi)stories. 100 Jahre Grenzgeschichte. 100 éves határtörténet. 100 years of border history. www.borderhistories.eu (zuletzt abgerufen am 18.1.2024).

Brettl, Herbert: „... verzeiht mir, dass ich euch nicht schon früher geschrieben habe". Briefe, Dokumente und Berichte. Zur Geschichte des Burgenlandes (1921–2021). Halbturn 2020.

Brettl, Herbert: Halbturn im Wandel der Zeit. Mattersburg 1999.

Brettl, Herbert: Von Albrechtsfeld bis Ziegelhof. Die Meierhöfe im Bezirk Neusiedl am See, Halbturn 2009.

Brunner, Karl: 800 Jahre Mogersdorf. Unter Berücksichtigung d. Ortsteile Deutsch Minihof u. Wallendorf. Mogersdorf [1987].

Chronik der Marktgemeinde Andau. Andau 1992.

Dautermann, Roswitha. Chronik der Marktgemeinde St. Martin an der Raab. Geschichte, Brauchtum, Kultur, Glaube, Gesellschaft, Heimat. 2000.

Deinhofer Elisabeth / Horvath, Traude: Grenzfall. Burgenland 1921–1991, Großwarasdorf, Kanica 1991.

Ernst, August: Der Anschluß der Gemeinde Luising an Österreich. In: Burgenländische Heimatblätter Jg. 35 (1973), H. 4, S. 145–163.

Feichtinger, Johannes / Heiss, Johann (Hg.): Geschichtspolitik und „Türkenbelagerung". Wien 2013 (= Kritische Studien zur Türkenbelagerung; 1 Kritik & Utopie).

Fiebig, Kurt / Gruber, Oswald: 25 Jahre Verein zur Erhaltung der römischen Bernsteinstrasse 1989–2014. Lutzmannsburg 2014.

Gemeinde Mönchhof (Hg.): 800 Jahre Mönchhof.1217–2017. Mönchhof 2017.

Gemeinde Pama (Hg.): 800 Jahre Pama Bijelo Selo. Chronik Pama 1208–2008. Pama 2008.

Geographisches Jahrbuch Burgenland 33 (2009) [Schwerpunkt Sopron]

Gmasz, Paul u. a.: Chronik Stadtgemeinde Frauenkirchen. Frauenkirchen 1988.

Graf, Maximilian / Lein, Richard (Hg.): Das Burgenland als internationale Grenzregion im 20. und 21. Jahrhundert. Wien 2012.

Gürtler, Wolfgang u. a. (Hg.): Die Familie Esterházy im 17. und 18. Jahrhundert. Tagungsband der 28. Schlaininger Gespräche, 29. Sept. – 2. Okt. 2008. (= Wissenschaftliche Arbeiten aus dem Burgenland; 128).

Gürtlich, Gerhard: Alles auf Schiene. Festschrift 125 Jahre Neusiedler Seebahn 1897–2022. Wien 2022.

Holzinger, Gregor (Hg.): Das Drama Südostwall am Beispiel Rechnitz: Daten, Taten, Fakten, Folgen. Eisenstadt 2009 (= Burgenländische Forschungen; 98)

Horvath, Traude / Müllner, Eva (Hg.): Hart an der Grenze. Burgenland und Westungarn, Wien 1992.

Janisch, Christian u. a. (Hg.): Das Ende des Neusiedler Sees? Eine Region in der Klimakrise. Herausforderungen, Perspektiven, Lösungen. Salzburg, Wien 2023.

Karner, Stefan / Lesiak, Philipp (Hg.): Der erste Stein aus der Berliner Mauer. Das paneuropäische Picknick 1989. Graz 2019 (= Veröffentlichungen des Ludwig Boltzmann Instituts für Kriegsfolgenforschung, Graz, Wien, Raabs; 30).

Kelemen, Dorottya: „Vor 30 Jahren fiel der Eiserne Vorhang". (Bericht vom 26.6.2019). burgenland.orf.at/stories/3001728/ (zuletzt abgerufen am 4.1.2024).

Kelemen, István / Kiss-Lokács Melinda: Soproner Feuerturm. Historischer Turmführer in Bildern. Sopron 2014.

Körtvélyesi, Erzsébet (Hg.): Zu Gast in Ungarn. Bd. 2: Sehenswürdigkeiten im Komitat Győr-Moson-Sopron. Miskolc 1997.

Kovács, Elisabeth: Untergang oder Rettung der Donaumonarchie? Die österreichische Frage. Kaiser und König Karl I. (IV.) und die Neuordnung Mitteleuropas. 2 Bde. Wien u. a. 2004 (= Veröffentlichungen der Kommission für Neuere Geschichte Österreichs; 100).

Kropf, Rudolf (Hg.): Der Erste Weltkrieg an der „Heimatfront". Tagungsband der 33. Schlaininger Gespräche, 22. – 26. September 2013. Eisenstadt 2014 (= Wissenschaftliche Arbeiten aus dem Burgenland; 148).

Kropf, Rudolf u. a. (Hg.): Die Familie Nádasdy vom 16. bis ins 20. Jahrhundert. Tagungsband der 29. und 30. Schlaininger Gespräche 2009/2010. Eisenstadt 2015 (= Wissenschaftliche Arbeiten aus dem Burgenland; 154).

Lappin-Eppel, Eleornore: Ungarisch-jüdische Zwangsarbeiter und Zwangsarbeiterinnen in Österreich 1944/45: Arbeitseinsatz, Todesmärsche, Folgen. Wien u. a. 2010.

Lehár, Anton: Erinnerungen. Gegenrevolution und Restaurationsversuche in Ungarn 1918–1921. Hg. von Peter Broucek. München 1973.

Maar, Grete. Einführung in die Geschichte der westungarischen Stadt Scarbantia – Ödenburg – Sopron. Wien 2000.

Marktgemeinde Schattendorf (Hg.): Schattendorf: seine Geschichte und seine Menschen / (Red.: Karl Bauer). Schattendorf 2003.

Mindler, Tobias u. a.: Grenzenlose Menschlichkeit. Wie das Rote Kreuz Burgenland 1989 den DDR-Flüchtlingen half. Eisenstadt 2014.

Mogersdorf. Pfarrkirche zum Hl. Josef – Annakapelle – Gedächtniskapelle auf dem Schlösslberg. Passau 2015.

Molnár, István János: Entwicklungsmöglichkeiten der Eisenbahn im Burgenland. Dipl.-Arb. Wien 2017 (https://doi.org/10.34726/hss.2017.43782).

Murber, Ibolya: Grenzziehung zwischen Ver- und Entflechtungen: Eine Entstehungsgeschichte Deutsch-Westungarns und des Burgenlandes. Wiesbaden 2021.

Oplatka, Andreas: Als Frühliberaler zwischen allen Stühlen. Das Lebensdilemma des ungarischen Grafen Stephan Széchenyi. https://kulturforum.info/de/beitrag/1313-1005174-als-frhliberaler-zwischen-allen-sthlen (zuletzt abgerufen am 18.1.2024).
Österreichische Akademie der Wissenschaften – „Türkengedächtnis". www.oeaw.ac.at/tuerkengedaechtnis (zuletzt abgerufen am 18.1.2024).
Pável Ágoston Múzeum Szentgotthárd. Múzeumi katalógus | Muzejski katalog | Museumskatalog. Szentgotthárd [2020].
Perschy, Jakob (Hg.): 800 Jahre Zisterzienser im pannonischen Raum. Eisenstadt 1996 (= Burgenländische Forschungen; Sonderband 18).
Polster Gert (Hg.): Historischer Atlas Burgenland. Eisenstadt 2022 (= Wissenschaftliche Arbeiten aus dem Burgenland; 141).
Prickler, Harald: Das Dach des Burgenlandes. In: Archivar und Bibliothekar. Bausteine zur Landeskunde d. burgenländisch-westungarischen Raumes. Festschrift für Johann Seedoch zum 60. Geburtstag. Eisenstadt 1999 (= Burgenländische Forschungen; Sonderband 22).
Rathkolb, Oliver u.a. (Hg.): Burgenland schreibt Geschichte. 1921–2021. 2 Bde. Eisenstadt 2021.
Redepenning, Dorothea (Hg.): Franz Liszt. Musik im Spannungsfeld zwischen nationalem Denken und Weltbürgertum: Franz Liszt zum 200. Geburtstag. Heidelberg 2015 (= Germanisch-romanische Monatsschrift; Beiheft 67).
Reisner, Markus: Die Schlacht um Wien 1945. Die Wiener Operation der sowjetischen Streitkräfte im März und April 1945. Berndorf 2020.
Richthofen, Luisa von: Auf den Spuren von Ungarns tragischer Diva Katalin Karády. 2.12.2018. Deutsche Welle https://p.dw.com/p/38c2t (zuletzt abgerufen am 18.1.2024).
Schlag, Gerald: Aus Trümmern geboren ...: Burgenland 1918–1921. Eisenstadt: Burgenländisches Landesmuseum. 2., verbesserte und erweiterte Aufl. Eisenstadt 2021 (= Wissenschaftliche Arbeiten aus dem Burgenland; 106).
Solncev-Zasekin, A.: Pobeg generala Kornilova iz avstrijskogo plena. Sostavleno po ličnym vospominanijam, rasskazam i zapiskam drugich učastnikov pobega i samogo generala Kornilova. Moskva 2014.
Spaziergänge in Sopron-Ödenburg: Fremdenführer stellen die Stadt vor. [Sopron] 2014.
Sperl, Karin / Scheutz, Martin / Strohmeyer, Arno (Hg.): Die Schlacht von Mogersdorf / St. Gotthard und der Friede von Eisenburg / Vasvár 1664. Rahmenbedingungen, Akteure, Auswirkungen und Rezeption eines europäischen Ereignisses. Eisenstadt 2016 (= Burgenländische Forschungen; 108).
Stefánka, Lászlo: Streifzüge durch Köszeg / Güns. Sopron 2005.
Stefánka, László / Krisch, András: Ausflug am Ufer des Neusiedler Sees. Sopron 2014.
Steiner, Erich (Hg.): Chronik Pamhagen. Pamhagen 2008.
Szabolcs, Szita: Die Todesmärsche der Budapester Juden im November 1944 nach Hegyeshalom-Nickelsdorf. In: Zeitgeschichte, Wien, 22. Jg. (1995), H. 3/4, S.124–148.
Tschögl, Gert (Hg.): Jüdische Kulturwege im Burgenland. Rundgänge durch die „Sieben Gemeinden" (Scheva Kehillot) und die Gemeinden des Südburgenlandes: Kittsee, Gattendorf, Frauenkirchen, Eisenstadt, Mattersburg, Kobersdorf, Lackenbach, Deutschkreutz, Rechnitz, Stadtschlaining, Oberwart, Güssing. Eisenstadt 2016.

Vasi szemle. Tudományos és kulturális folyóirat / Zeitschrift für Wissenschaft und Kultur. 76. Jg. (2022). Különszám / Sonderheft. border(hi)stories
Weisgram, Wolfgang: In Bronze gegossene Geschichte. In: Der Standard, 11.12.2021, (Album) A4.
Zwickl, Ludwig: GySEV – die Raaberbahn: Brücke zwischen Ost und West. Betriebsgeschichte der österreichischen Linien. [Wien] 2011.
Weitere publizierte Ortschroniken von: Agfalva (Agendorf), Bildein, Deutschkreutz, Deutsch Jahrndorf, Eberau, Fertőrákos (Kroisbach), Güssing, Heiligenbrunn, Horitschon, Jennersdorf, Kittsee, Lockenhaus, Moschendorf, Mörbisch, Rechnitz, Wallern im Burgenland

Sprachreiseführer

Aussprache: Betonung immer auf der ersten Silbe

a, e	Dumpfes a [o], ä
á, é, í, ó, ú	lang ausgesprochene Vokale
ö, ü	ö, ü (kurz ausgesprochen)
ő, ű	ö, ü (lang ausgesprochen)
gy	dj
ly	j
ny/ty	nj / tj
r	Zungenspitzen – r
c	ts/z
cs	tsch
dzs	dsch
s	stimmloses sch
sz	stimmloses s
z	stimmhaftes s
zs	stimmhaftes sch
v	w

Basics

Hallo!/Servus!	Szia!
Auf Wiedersehen!	Viszontlátásra!
Guten Tag!	Jó napot!
Guten Abend!	Jó estét!
Guten Morgen!	Jó reggelt!
Gute Nacht!	Jó éjszakát!
Herr/Frau ...	... úr / ...-né
Tschüss!	Viszlát!/Szia!
Danke!	Köszönöm!
Vielen Dank!	Köszönöm szépen!
Bitte (gern geschehen)	Szívesen!
Bitte	Kérem
ja	igen
nein	nem
vielleicht	talán
Entschuldigung ...	Elnézést...
Ich spreche kein Ungarisch.	Nem beszélek magyarul.
Sprechen Sie ...?	Beszélsz ... ?
... Englisch?	... angolul?
... Deutsch?	... németül?
Ich verstehe.	Értem
Ich verstehe nicht.	Nem értem.
Wie heißen Sie?	Hogy hívják?/Az Ön neve?
Ich heiße ...	A nevem ...
Könnten Sie das bitte aufschreiben?	Felírná ezt, kérem?
Haben Sie ...?	Van ... ?
Ich komme aus Österreich	Ausztriából jövök
... Deutschland	Németországból ...
... der Schweiz	Svájcból ...
Ich möchte ...	Szeretnék ...
Wie geht es Ihnen?	Hogy vagy?

Danke, gut.	Köszönöm, jól.
Und Ihnen/dir?	És ön/te?

Fragewörter, Wichtige Fragen

wer	ki
Wer ist das?	Ki ez?
was	mi
Was ist das?	Mi az?
Was ist die nächste Station?	Mi a következő állomás?
wie	hogy(an)
wo	hol
Wo sind die Toiletten?	Hol van a WC?
wohin	hova
Wohin fährt dieser Zug?	Hová megy ez a vonat?
wann	mikor
Wann fährt der Zug nach Wien?	Mikor indul a vonat Bécsbe?
wie viel	hány /mennyi
Wie viel kostet das?	Mennyibe kerül?
warum	miért

Museum, Öffnungszeiten, Eintritt

Tage	napok
Montag	hétfő
Dienstag	kedd
Mittwoch	szerda
Donnerstag	csütörök
Freitag	péntek
Samstag	szombat
Sonntag	vasárnap
Werktag	munkanap
Feiertag	ünnepnap
täglich	minden nap
Öffnungszeiten	Nyitva tartás
geöffnet	nyitva
geschlossen	zárva
Ermäßigung	kedvezmény
freier Eintritt	ingyenes belépés
Monate	hónapok
Jänner	január
Februar	február
März	március
April	április
Mai	május
Juni	június
Juli	július
August	augusztus
September	szeptember
Oktober	október
November	november
Dezember	december
Eintrittspreise	Belépőjegy árak
Erwachsene	felnőtt
Kinder	gyermekek

Unterwegs

Fahrrad	kerékpár/bicikli
Radweg	kerékparút
Radfahrer	kerékpáros
Fahrradkarte	kerékpáros térkép
... tilos	... verboten
Durchfahrt verboten!	Áthaladás tilos!
Außer für Fahrräder	kivéve kerékpár
Straße, Gasse	út, utca
Platz	tér
Zug	vonat
Bahnhof/ Haltestelle	vasútállomás / megálló
Fahrkarte	menetjegy
Wo kann man Fahrkarten bekommen?	Hol lehet jegyet kapni?
Wo ist ...?	Hol van ... ?
Wie komme ich zum Bahnhof?	Hogyan jutok el a vasútállomásra?
rechts, nach rechts	jobb, jobbra
links, nach links	bal, balra
geradeaus	egyenesen
Ist das noch weit?	Az még messze van?
Radservice	kerékpárszerviz
Achtung!	Vigyázat! / Figyelem!
Staatsgrenze	Államhatár
Hilfe!	Segítség!
Könnten Sie mir bitte helfen?	Elnézést, tudna segíteni?

Rufen Sie bitte Hilfe!	Kérem hívjon segítséget!
Ich habe Schmerzen.	Fájdalmaim vannak.

Quartier

Unterkunft	szállás
Hotel, Pension	szálloda / hotel, panzio
Herberge	turistaház
Appartement	apartman
Preis/Preisliste	ár/árjegyzek
Angebote	ajánlatok
Person/Nacht	fő / ej
Haben Sie ein freies Zimmer?	Van szabad szobájuk?
Zimmer	szoba
Einbettzimmer	egyágyas szoba
Zweibett-zimmer	kétágyas szoba
Fahrradab-stellraum	kerékpártároló

Essen, Einkaufen, Lokal

Frühstück	reggeli
Mittagessen	ebéd
Abendessen	vacsora
Prost!	Egészségedre!
Guten Appetit!	Jó étvágyat!
Gasthaus	vendégház/ vendéglő
Restaurant	étterem / vendéglő
Kneipe	kocsma
Ist dieser Platz frei?	Szabad ez a hely?
Die Rechnung, bitte!	Kérem a számlát!
Essen	étel
Getränk	ital
Wasser	víz
Wein	bor
Bier	sör
Kaffee	kávé
Tee	tea
Fruchtsaft	gyümölcslé
Tagesmenü	napi menü
Speisekarte	étlap

Zahlen

0	nulla
1	egy
2	kettő / két
3	három
4	négy
5	öt
6	hat
7	hét
8	nyolc
9	kilenc
10	tíz
11	tizenegy
12	tizenkettő
13	tizenhárom
14	tizennégy
15	tizenöt
16	tizenhat
17	tizenhét
18	tizennyolc
19	tizenkilenc
20	húsz
21	huszonegy
30	harminc
40	negyven
50	ötven
60	hatvan
70	hetven
80	nyolcvan
90	kilencven
100	száz
200	kétszáz
300	háromszáz
400	négyszáz
500	ötszáz
600	hatszáz
700	hétszáz
800	nyolcszáz
900	kilnecszáz
1000	ezer
2000	kétezer
10.000	tízezer
100.000	százezer
1 Million	egymillió
1 Milliarde	egymilliárd

Bildnachweis

Das Copyright an den Fotos liegt bei Julia Köstenberger.

Außer bei folgenden Fotos:

Seite 25: www.shutterstock.at/Boris Stroujko

Seite 55: Erich Janzso, Neufeld an der Leitha / Quelle: Burgenländisches Landesarchiv, BF-Fotoarchiv, 558 BF.

Seite 65, 123: Österreichische Nationalbibliothek

Seite 77: Quelle: Burgenländisches Landesarchiv, Fotoarchiv, 7015 LM

Seite 89: Bundesheer / Quelle: www.bmlv.gv.at

Seite 117: www.shutterstock.at/posztos

Seite 123 oben: www.shutterstock.at/ Travel Enthusiast

Seite 142: Dirk Eisermann / laif / picturedesk.com

Seite 155: Quelle: Burgenländisches Landesarchiv, Fotoarchiv, 41251 LA

Seite 163: www.shutterstock.at/Old Town Tourist

Seite 167: www.shutterstock.at/Maran Garai

Seite 171: Sammlung J. Köstenberger

Seite 179: www.shutterstock.at/rrobee

Seite 188: Archiv Seemann / brandstaetter images / picturedesk.com.jpg

Seite 216: privat

Seite 230: Robert Hunt Library / Mary Evans / picturedesk.com

Seite 233: www.shutterstock.at/Karl Allen Lugmayer

Seite 239: www.shutterstock.at/berni0004

Seite 241: www.shutterstock.at/A great shot of

Seite 271: www.shutterstock.at/skovalsky

Seite 275: Wikicommons

Seite 294: Quelle: Burgenländisches Landesarchiv, Fotoarchiv, 32814 LA

Seite 342: Archiv Forjan/Tamweber

Semmering
Mürzzuschlag
Hirschenkogel
Stuhleck
Ma. Schutz
Grimmenstein
Kirchberg/W.
Feistritz/W.
Edlitz
Lichtenegg
Hollenthon
Wiesmath
Trattenbach
St. Corona /W.
Aspang Markt
Wechsel
Hochwechsel
Krumbach
Rettenegg
Feistritzwald
Mönichkirchen
Zöbern
Kirchschlag in der Buckl. Welt
Wechselpaß
St. Kathrein
Ratten
St. Jakob im Walde
Schäffern
Hochneukirchen
Hutwisch
Ungerbach
Falkenstein
Mönichwald
Bruck/Lafnitz
Friedberg
Pinggau
Gschaidt
Dechantskirchen
Wenigzell
Strallegg
Vorau
Bernstein
Rohrbach a. d. Lafnitz
Miesenbach bei Birkfeld
Lafnitz
Grafenschachen
Pinkafeld
Mariasdorf
Birkfeld
Masenberg
Grafendorf bei Hartberg
Loipersdorf i. Burgenland
Bad Tatzmannsdorf
Seibersdorf
Stadtschlaining
Rabendorf
Pöllauberg
Krughofkg.
Pöllau
Markt Allhau
Oberwart
Hartberg
Anger
Wolfau
Rotenturm an der Pinka
Stubenberg am See
Kaindorf bei Hartberg
St. Magdalena am Lemberg
Großpeters
Kulm
Stubenberg-see
St. Johann b. Herberstein
Stinatz
Litzelsdorf
Weiz
Neustift bei Sebersdorf
Neudau
Ollersdorf im Bgld.
Pischelsdorf in der Stmk.
Bad Waltersdorf
Stegersbach
Ruprecht an der Raab
Großpesendorf
Gersdorf a.d.F.
Hohenbrugg
Burgau
Großhartmannsdorf
Bad Blumau
Rohr im Burgenland
Eggersdorf bei Graz
Gleisdorf
Sinabelkirchen
Kalsdorf/I.
Deutsch-Kaltenbrunn
Ilz
Altenmarkt bei Fürstenfeld
Kukmirn
Güssing
Markt Hartmannsdorf
Fürstenfeld
Rudersdorf
St. Margarethen an der Raab
Breitenfeld a. d. Rittschein
Neustift bei Güssing
Krumegg
St. Marein bei Graz
Loipersdorf bei Fürstenfeld
Eltendorf
Königsdorf
Studenzen
Riegersburg
Heiligenkreuz im Lafnitztal
Kirchberg a. d. Raab
Lödersdorf
Hohenbrugg an der Raab
Mogersdorf
Heiligenkreuz am Waasen
Feldbach
Jennersdorf
Paldau
Mühldorf b.F.
Fehring (272)
Welten
Neumarkt a. d. Raab
Alsószölnök
Kirchbach i. Stmk.
Hohenwart
St. Martin an der Raab
Etappe 8
St. Stefan im Rosental
Kapfenstein
Felsőszölnök
St. Georgen an der Stiefing
Gnas (279)
Bad Gleichenberg
Neuhaus am Klausenbach
Minihof-Liebau
Tauka
Dolenci
0 5 10 km
Jagerberg
Wolfsberg im Schwarzautal
St. Anna am Aigen
Salovci
SLOWENIEN
Straden